L'IMPOT DU SANG

PARIS. — IMPRIMERIE DE E. DONNAUD
9, RUE CASSETTE, 9.

J.-FRANÇOIS D'HOZIER

L'IMPOT DU SANG

OU

LA NOBLESSE DE FRANCE

SUR LES CHAMPS DE BATAILLE

PUBLIÉ

PAR LOUIS PARIS

Sur le manuscrit unique de la Bibliothèque du Louvre
brûlé dans la nuit du 23 au 24 mai 1871,
sous le règne de la Commune

TOME DEUXIÈME

PREMIÈRE PARTIE

PARIS

Au CABINET HISTORIQUE | Et chez DUMOULIN
RUE DES GRANDS-AUGUSTINS 5, | QUAI DES AUGUSTINS, 43

1875

L'IMPOT DU SANG

OU LA

NOBLESSE DE FRANCE

SUR LES CHAMPS DE BATAILLE

5305. FAUTRIÈRES (Pierre de), commandant le régiment de Lyonnois, tué dans les guerres de Louis XIV.

5306. FAUTRIÈRES (François de), son frère, tué dans les mêmes guerres.

5307. FAUTRIÈRES (Thibaud de), autre frère, tué à la tête du régiment de Dauphiné.

5308. FAUTRIÈRES (Philippe de), leur neveu, capitaine de grenadiers au même régiment, tué à la bataille de la Marsaille en 1693.

5309. FAUTRIÈRES (Claude de), autre frère, lieutenant dans le même régiment, tué à la même bataille.

5310. FAUTRIÈRES (Thibaud de), frère du précédent, capitaine au même régiment, tué à la bataille d'Hochstet.

5311. FAUTRIÈRES (Jean de), autre frère, capitaine au régiment de Lyonnois, tué au siége de Philisbourg, en 1688.

5312. Fautrières (Charles de), autre frère, commandant au régiment de Périgord, tué au passage de la Hogue.

5313. Fautrières (Charles de), lieutenant au même régiment, tué au même passage.

> Le combat de la Hogue, où la flotte françoise fut battue et dispersée sur les côtes de Bretagne et de Normandie, eut lieu le 29 mai 1692 ; elle étoit cependant commandée par Tourville, contre l'amiral Russel, dont la flotte était de quatre-vingt-huit vaisseaux contre quarante-quatre.

5314. Fautrières (Claude-Marie, dit le *comte* de), autre frère, capitaine au régiment du Plessis-cavalerie, lieutenant de roy du Charolois et gouverneur de la ville de Charolles, reçut quatre blessures dans une affaire en Piémont, en allant reconnoître des retranchements dont il se rendit maître, malgré la supériorité des ennemis.

5315. Fautrières (Louis-Marie), dit aussi le *comte* de), filleul du roy Louis XV et de la reine, son épouse, chevalier de Saint-Louis et mestre de camp de cavalerie, eut deux chevaux tués sous lui à la bataille de Rosbach en 1737, et y reçut plus de 30 coups de sabre et un coup de pistolet au bras ; épuisé par ses blessures, il resta longtemps confondu parmi les morts, et fut enlevé ensuite par les Prussiens : on lui tira plus de trente esquilles de la tête. Il reçut une pension en considération de ses blessures.

> Cette famille, si cruellement éprouvée sous Louis XIV, était de Bourgogne, et portoit : d'argent au sautoir de sable chargé de cinq coquilles d'or.

5316. Fauze (le sʳ de), capitaine au régiment de Champagne, blessé à la jambe à la bataille d'Hastembeck en 1757.

5317. Favas (le capitaine), mestre de camp, tué à la défense de Metz en 1552.

5318. Favas (le capitaine), lieutenant du seigneur de Montluc, fut l'un des quatre baron, compris dans la capitulation du siége de Navarreins et qui furent tous massacrés par ordre du comte de Montgommery, chef des religionnaires, en 1569.

5319. FAVERGÉ (le s^r), du comté de Neufchâtel, capitaine lieutenant de la compagnie d'Offry du régiment du jeune Stuppa, tué à la bataille de Steinkerque en 1692.

5320. FAVEROLLES (Gilles de), seigneur de Bléré, capitaine aux gardes-françoises, puis mestre de camp au régiment de Picardie, tué à la défense de Pontoise en 1589 à l'âge de vingt-quatre ans.

5321. FAY (Thibault de), tué à la bataille d'Azincourt en 1415.

5322. FAY DE PEYRAUD (Jean de), tué au service du roy en 1595.

5323. FAY (Henry de), marquis de Peyraud et de Vezenobre, maréchal de camp et sénéchal de Beaucaire et de Nîmes, mort à Narbonne le 23 octobre 1637 d'un coup de mousquet qu'il reçut au bras droit le 29 septembre précédent au combat de Leucote.

5324. FAY DE PEYRAUD (François de), dit *le chevalier de Périgny*, capitaine au régiment de la Marche, tué au siége de Verüe en 1705, faisant les fonctions de major de tranchée.

5325. FAY DE PEYRAUD (François de), seigneur de la Gibotière, chevalier de Saint-Louis, capitaine d'infanterie, puis major de Belle-Isle, en Bretagne, eut une jambe cassée à la bataille de Fleurus en 1690.

5326. FAY DE PEYRAUD (Pierre-Bazile de), chevalier de Saint-Louis, capitaine du régiment de royal-artillerie, blessé d'un éclat de bombe au siége de Fribourg en 1744.

5327. FAY-D'ATHIS (Claude du), marquis de Cély, chevalier, grand-croix de l'ordre royal et militaire de Saint-Louis, lieu-

tenant général des armées du roy, blessé à la défense des
lignes du pays de Vacs, reçut encore deux autres blessures
à la bataille d'Almanza le 25 avril 1707, au gain de laquelle
il eut beaucoup de part. Il mourut en 1738.

5328. Fay d'Issoudun (du), enseigne de vaisseau du port de
Rochefort, mort à Saint-Domingue sur *le Portefaix*, commandé par M. Tilly, le 7 octobre 1722.

Fay (du). V. de Cisternay du Fay.

Les familles du nom de du Fay sont nombreuses; la principale, celle
des *du Fay-Peyraud*, marquis de la Tour-Maubourg, maison du Vivarais, porte : de gueules à la bande d'or chargée d'une fouine d'azur.
— Les du Fay d'Athis sont de Champagne ; ils portent : d'argent semé
de fleurs de lis de sable.

5329. Fayard (le sr de), chevalier de Saint-Louis, major de
vaisseau du roy, blessé au combat d'Ouëssant en 1678.

5330. Faydeau du Vaugiens, lieutenant de vaisseau du port
de Brest, tué sur *le Dauphin*, commandé par M. de Rocque-
feuil, le 14 mai 1707.

5331. Faye (le seigneur de la), de Saintonge, blessé au
combat de Saint-Jean-de-Luz en 1423.

5332. Faye (le sr de la), capitaine au régiment de Champagne, blessé au siége de Lérida en 1646.

5333. Faye (le sr de la), capitaine au régiment de Saluces,
blessé à la bataille de Rosbach en 1757.

5334. Faye (le sr de la), cornette au régiment de Poly-
cavalerie, blessé à la bataille de Minden en 1759.

5335. Faye (le sr de la), capitaine au régiment de Normandie, blessé à la bataille de Clostercamps en 1760.

Les de la Faye étoient sans doute de la famille de ce Jean-François
Lériget de la Faye, colonel du régiment de Royal-comtois, secrétaire du
cabinet du roi et mort à Gênes le 12 mai 1747.

5336. FAYEL (le seigneur de), tué en 1405, à l'entreprise du château de Mercq.

5337. FAYET (le s^r de), lieutenant au régiment de Champagne, blessé à la bataille de Fleurus en 1690.

5338. FAYET (de), commissaire général d'artillerie du port de Rochefort, mort à Saint-Domingue le 12 août 1737.

5339. FAYET (le s^r du), capitaine au régiment de Briqueville, blessé à la bataille de Clostercamps en 1760.

5340. FAYET (de), capitaine de vaisseau et du port de la Rochelle, mort à Saint-Domingue le 12 août 1737.

5341. FAYET DE LA DEUZE (Jean-Baptiste-Jérôme du), chevalier de Saint-Louis, capitaine au régiment de Condé-infanterie, blessé à l'épaule à la bataille de Minden en 1759.

5342. FAYETTE, capitaine du régiment de Champagne, blessé à mort à la bataille de Fleurus le 1er juillet 1690.

Peut-être est-ce le même que le sieur de Fayet n° 5337 qui précède.

FAYETTE (de la). V. Motier de la Fayette.

5343. FAYOL (le s^r), officier au régiment de Béarn, blessé au combat de Senef en 1674.

5344. FAYOLE (le s^r de), blessé au siége de Granvelian en 1644. (*Mercure* de 1644.)

5345. FAYOLLE (le s^r de), capitaine au régiment de Navarre, tué à la bataille de Nerwinde en 1693.

5346. FAYOLLE Jean-Antoine de), chevalier de Saint-Louis, capitaine au 3e régiment de chasseurs, blessé de trois coups de sabre dans un détachement, sous Louis XV.

5347. FAYOLLE (le s^r de), capitaine, enseigne de la compagnie du seigneur de Randan, tué à la défense de Metz en 1552.

5348. FAYOLS (le s^r), lieutenant au régiment de Royal-vaisseaux, tué à la bataille de Laufeldt en 1747.

5349. FAYON (Jacques de), baron de Montbrun et d'Olliers, capitaine au régiment d'Escars-cavalerie, tué à la bataille de Rosbach en 1757.

5350. FEBVRE DE MEMARQUE (Jean-Baptiste), chevalier de Saint-Louis, capitaine au régiment de Béarn, puis au régiment d'Agenois, blessé à la bataille de Creweldt en 1758.

5351. FEBVRE (Adrien-Augustin le), capitaine d'infanterie, blessé à la bataille de Raucoux, où le maréchal de Saxe défit complétement les alliés en 1746.

5352. FEDEAU (le s^r), lieutenant au régiment de Champagne, blessé au combat de Valcour, sur les rives de la Meuse, en 1689. (V. Feydau, au cas que ce soit la même famille.)

5353. FAGELIN (le s^r), du canton de Fribourg, lieutenant aux gardes-suisses, tué au combat d'Oudenarde en 1708.

5354. FEGELIN DE SEEDOZFF (Antoine-Joseph), commandant la demi-compagnie de Forell au régiment de Pfeffer, blessé à la cuisse au siége de Lille en 1708.

5355. FEILLENS (Ami de), chevalier, seigneur de Feillens, capitaine au service du roy, tué à la bataille de Pavie en 1525.

5356. FEILLENS (Louis de), seigneur de Feillens, lieutenant-colonel du régiment de Condé, puis maréchal de camp, tué au combat de Fribourg en 1644.

5357. FEILLENS (Léonard de), son fils, seigneur de Feillens, blessé à la jambe au siége de Lérida en 1647.

5358. FEILLENS (Pierre de), fils du précédent, tué au siége de Landau, servant dans le régiment du Perche.

5359. FEILLENS (Jacques-Joseph de), son autre fils, chevalier de Saint-Louis et lieutenant de vaisseau, blessé à la tête d'un éclat de grenade au siége de Barcelone, servant à la tête des grenadiers de la marine, eut ensuite une jambe coupée à Beguié, près d'Alexandrie, en voulant sauver le vaisseau du roy *l'Éole*, et fut encore blessé à la tête au siége de Toulon.

5360. Feleon (Guillaume de), seigneur de Beaulieu, capitaine d'infanterie dans les guerres du comté Venaissin, fut tué au mois d'octobre 1562 à Mérindol, où il avoit été traîtreusement invité d'entrer avec quelques autres capitaines catholiques.

5361. Felingon (le sr de), chevalier de Saint-Louis, lieutenant-colonel du régiment de Piémont, tué en 1709 à la bataille de Malplaquet où il fit des prodiges de valeur.

5362. Felitscher (le sr de), major du régiment prince Lubomirsky au corps des Saxons, blessé à la jambe à la bataille de Minden en 1759.

5363. Félix Luxembourg (le sr de), capitaine de galère, fut blessé considérablement au combat des quinze galères de France contre pareil nombre de celles d'Espagne en 1638. (*Mercure* de cette année.)

5364. Félix de la Reynarde (le sr de), tué dans le combat d'une mousquetade. (*Mercure* de 1638.)

Félix est le nom de plusieurs familles : en Bretagne, en Provence et dans le Lyonnois.

5365. Felonnière (Jean de la), seigneur de Bolan et de Fossoy, comparut à l'appel des nobles du bailliage de Château-Thierry, pour le ban et arrière-ban des années 1634, 1636 et 1639; mais il fut exempté d'y servir à cause de son vieil âge et des blessures qu'il avoit reçues pour le service du roy ; il mourut âgé d'environ 81 ans, le 5 janvier 1646.

5366. FEMELLON (le chevalier de), enseigne de vaisseau du port de Rochefort, mort d'une jambe emportée devant Alger, le 30 octobre 1682.

FENDILLES (de). Voy. *Fontaines* de Fendilles.

5367. FENIS (Gabriel de), dit *le chevalier de la Combe*, chevalier de Saint-Louis, lieutenant de vaisseau, obtint en 1766 une pension de 400 francs, en considération de la perte qu'il avoit faite d'un bras, dans la combat de la frégate *la Malicieuse*.

5368. FENIS-DE-SUZAUGES (le sr de), chevalier de Saint-Louis, capitaine au régiment de Navarre, puis lieutenant de roy de la citadelle de Cambray, fut grièvement blessé à la défense de Cassel en 1764.

Bonne famille originaire du Limousin, les Fenis, dont d'Hozier a dressé la généalogie dans le 11e registre de l'*Armorial général*, ont possédé les seigneuries de Gouzon, du Theil, de la Combe, de la Prade et du Tourondel. On ne sait par quel bizarre caprice d'ambition et de vanité, un des derniers représentants de cette famille s'est produit sous la Restauration et le gouvernement de Juillet avec les titres de prince de Rohan-Rohan, duc de Soubise et de Ventadour, et à l'aide de titres prétendus clairs et qui l'étoient fort peu se donnoit pour l'aîné, chef de nom et d'armes de l'illustre maison dont il usurpoit le nom : ridicule prétention dont les tribunaux ont eu à s'occuper. — Les Fenis aujourd'hui survivants, complétement étrangers à cette folie, portent : d'azur au phénix d'or, sur un bûcher de gueules, regardant un soleil d'or à dextre.

5369. FENOUILLAC (le sr de), chevau-léger de la garde du roy, blessé au siége de Mons en 1691.

5370. FÉRA (Léon de), seigneur de Rouville, capitaine au régiment des fuzeliers, depuis corps royal d'artillerie, blessé grièvement à la bataille de Fleurus en 1690, mourut le 28 novembre 1728.

5371. FÉRANT (le sr), lieutenant au régiment d'Aquitaine, blessé à la journée de Grebenstein, le 24 août 1762.

5372. FERAPORTE (le sr), lieutenant de galère (neveu du

bailly de Forbin), fut tué en 1638 au combat des quinze galères de France contre pareil nombre de celles d'Espagne. (*Mercure* de cette année).

5373. Feraudière (la), capitaine au régiment de Languedoc, blessé au siége de Grave, le 16ᵉ ou le 17ᵉ d'octobre 1674.

5374. Ferchant (Jean), tué à la bataille de Poitiers en 1356.

5375. Ferdin (le sʳ), colonel d'un régiment de dragons anglois, tué à la bataille de la Marsaille en 1693.

5376. Fergeol (Louis de), seigneur de Veillers, reçut un coup de feu à l'épaule droite à la bataille de Rocroy en 1643, où il servoit comme volontaire.

5377, Fermo (Suporoso de), blessé à la bataille de Marciano en 1554 (de Thou).

5378. Ferniout (le sʳ de), chevalier de Saint-Louis, commandant de bataillon au régiment du Piémont, mort à Mersbourg le 12 novembre 1747, des suites d'une blessure qu'il reçut à la bataille de Rosbach.

5379. Feron (le sʳ), capitaine au régiment de Navarre, tué au siége de Montpellier en 1622.

5380. Feron (le sʳ), lieutenant au régiment de la marine, tué au siége de Taragone en 1644. (*Mercure* de cette année.)

5381. Feron (le sʳ), lieutenant au régiment de Picardie, blessé au combat de Senef en 1674.

5382. Feronnière (le sʳ de la), capitaine au régiment de Normandie, blessé au combat de Chiari en 1701.

5383. Feronnière (le sʳ de la), lieutenant au même régiment, tué au siége du château de Vinarque, en Espagne, en 1708.

5384. FERRACIÈRES (le s^r de), maréchal de camp, blessé en 1643 dans la guerre d'Espagne. (*Mercure de 1643.*)

5385. FERRAGE (le s^r), lieutenant au régiment royal des vaisseaux, tué au combat de Senef en 1674.

5386. FERRIÈRE (le chevalier de), capitaine de brûlot du port de Brest, mort à Carthagène, commandant la marine, le 20 mai 1697.

5387. FERRAGUES (le s^r de), mousquetaire de la garde du roy, blessé au siége de Maëstrick en 1673.

5388. FERRAGUES (le s^r de), lieutenant au régiment d'Auvergne, blessé à la bataille de Clostercamps en 1760.

5389. FERRAND (le s^r), lieutenant au régiment de Piémont, blessé au siége de Luxembourg en 1684.

5390. FERRAND (Michel-Isaac), chevalier de Saint-Louis, conseiller au parlement de Paris et précédemment sous-lieutenant aux gardes-françoises, perdit une jambe à la bataille de Fontenoy en 1745.

5391. FERRAND (le s^r), chevalier de Saint-Louis, premier capitaine au régiment de Béarn, avec rang de lieutenant-colonel, blessé à la bataille de Laufeldt en 1747.

5392. FERRAND (le s^r) de la Caussade, capitaine au régiment de Normandie, grièvement blessé à la bataille de Clostercamps en 1760.

Depuis major commandant de Valenciennes, il servit depuis avec la plus grande distinction sous Dumouriez et dans les guerres de la République; arrêté comme noble, il dut sa liberté au 9 thermidor; depuis préfet de la Meuse-Inférieure. Il est mort à la Planchette, près Paris, en 1805; — on a de lui: *Précis de la défense de Valenciennes.*

5393. FERRANT (le s^r), lieutenant au régiment de Guyenne, tué à l'affaire de l'Assiette en 1747.

5394. FERRIER (le s^r du), chevalier de Saint-Louis, lieutenant-colonel du régiment royal des vaisseaux, tué au combat de Turin en 1706.

Il y a en Provence une famille de ce nom, qui fut anoblie en 1475 par le roi René, et qui a donné des officiers distingués : d'or à cinq écusson de gueules, posés 2, 2 et 1.

5395. Ferrière (le sr), capitaine au régiment suisse de Bettens, tué à la bataille de Laufeldt en 1747.

5396. Ferrière (le comte de), du port de Dunkerque, capitaine de vaisseau, mort de ses blessures sur *l'Amphitrite*, le... aoust 1704.

5397. Ferrière (le chevalier de), lieutenant au régiment de Normandie, blessé à la bataille de Clostercamps en 1760.

5398. Ferrière (Etienne de la), tué au siége de Montreuil (il étoit frère de Jean de la Ferrière), vidame de Chartres, mort en 1585.

5399. Ferrière (la), lieutenant-colonel du régiment de Vermandois, blessé à la main d'un coup de mousquet le 1er juillet 1690, à la bataille de Fleurus.

5400. Ferrière (Charles-Maurice de la), chevalier de Saint-Louis, brigadier des armées du roy, lieutenant-colonel du régiment de Vermandois, puis commandant à Belle-Isle, mourut en 1708 criblé de blessures.

5401. Ferrière (Pierre-Auguste de la), chevalier de Saint-Louis, capitaine au régiment de Piémont, puis dans celui de l'Ile-de-France, blessé au siége de Prague en 1642.

5402. Ferrière (le sr de la), lieutenant au régiment de Champagne, tué à la bataille de Guastalla en 1734.

5403. Ferrière (le sr de la), capitaine au régiment de Normandie, tué à la bataille de Clostercamps en 1760.

Plusieurs familles ayant droit à la noblesse portent ce nom. — Il s'en trouve en Normandie, en Bretagne et ailleurs encore.

5404. Ferrières (Raoul de), tué à la bataille d'Azincourt en 1415.

5405. Ferrières (le seigneur de), lieutenant de la cornette de René d'Anglure de Givry, tué en 1553 dans un combat contre les impériaux, près Valenciennes (de Thou).

5406. Ferrières (M... de), de Sauvebeuf, officier distingué (dit le *Mercure* de 1638), fut blessé au siége de Poligny en cette même année.

5407. Ferrières (N... de), marquis de Sauvebeuf, colonel du régiment de Dauphin-dragons, blessé d'un coup de mousquet dans la gorge, en Hollande, en 1672, servant alors comme cadet dans les gardes du corps, fut tué à la bataille de Consarbrück en 1675 (V. de Sauvebeuf).

Les Ferrières-Sauvebeuf, de l'Auvergne, dont l'un des derniers rejetons s'est éteint misérablement en Champagne, au commencement de ce siècle, avoient longtemps occupé une haute position dans le Midi et portoient : de gueules au pal d'argent à la bordure denticulée du même.

5408. Ferron (Claude), porte-enseigne des carabiniers, blessé à la bataille de Creweldt en 1758.

5409. Ferron de Ferronnais (François), seigneur de Belleval, tué au service du roy en 1570.

5410. Ferron du Kengo (le sr), chevalier de Saint-Louis, capitaine de vaisseau, tué sur *l'Amphion* qu'il commandoit dans le combat du comte d'Estaing contre l'amiral Byron, près de la Grenade, le 6 juillet 1779.

5411. Ferron (le sr le), chevalier de Saint-Louis, sous-aide-major des gardes-françoises, fut grièvement blessé au bombardement de Bruxelles, sous Louis XIV.

5412. Ferron (le chevalier le), capitaine au régiment de Normandie, blessé au siége de Tournay en 1745, fut tué au siége de Bruxelles en 1746.

Ferron de la Ferronnais, famille noble et ancienne de Bretagne, a donné son nom à la terre de la Ferronnais, située près de Dinan, en Bretagne : l'histoire de cette province fait mention de cette famille dès l'an 1148. Elle a produit plusieurs grands capitaines et des chevaliers de l'ordre. — D'azur à six billettes d'argent au chef cousu de gueules chargé de trois annelets du sec. *Devise : In hoc ferro vinces.*

5413. Ferté (Jean de la), tué à la bataille de Saint-Denis en 1567.

5414. Ferté (le s^r de la), enseigne de M. de Bonouvrier, fut blessé au siége d'Issoire en 1577, servant dans le parti du roy.

5415. Ferté (le marquis de la), blessé à la tête au combat d'Altenheim en 1675.

5416. Ferté (la), dit le chevalier de Senneterre, tué d'un boulet de canon au siége de Lamothe en 1634, au moment où, à l'ombre de quelques arbres et dans un jour de repos, il dînoit en compagnie de gentilshommes de son âge.

5417. Ferté-Senneterre (le marquis de la), combattant en vaillant soldat et brave capitaine, fut blessé de deux coups de pistolet et de trois coups d'épée et eut son cheval tué sous lui à la bataille de Rocroy en 1643, où il se mêla si avant parmi les ennemis qu'il fut prisonnier quelque temps, puis bientôt délivré par le gain de la bataille à laquelle il contribua beaucoup. (*Mercure de* 1643.)

5418. Ferté (de la), lieutenant au régiment d'Anjou, tué au siége de Mayence en septembre 1689.

5419. Ferté (la), capitaine au régiment de Cambrésis, blessé à la bataille de Staffarde le 18 août 1690.

5420. Ferté-Senneterre (Henry-François, *duc* de la), fils du marquis dont la notice précède, prit part au passage du Rhin et à la prise de Maëstrick (1672-1673) ; colonel d'infanterie, on le retrouve au siége de Fribourg où, sous les ordres du maréchal de Créqui, en qualité de brigadier d'infanterie, il fut blessé à l'assaut ; mort en 1703.

5421. Ferté (le s^r de la), capitaine au régiment d'Auvergne, blessé à la bataille de Clostercamps en 1760.

> Les La Ferté-Senneterre, maison qui paroît éteinte aujourd'hui, tiroient ce nom de Senneterre ou Saint-Nectaire, petit village de l'arrondissement d'Issoire (Puy-de-Dôme) ; originaires de l'Orléanois. Armes : D'azur à cinq fusées d'argent rangées en fasce. — Il y a de curieux documents, dans le t. VII *du fonds Saint-Esprit* de la bibl. nat., sur un des descendants de l'illustre maréchal de ce nom, sans doute celui dont Saint-Simon disoit qu'il *étoit un étrange garnement.*

5422. Fervaques (le capitaine), tué au siége de Chartres en 1591.

5423. Fesquet (N... de), seigneur de Saint-André de Valborgne, tué au mois de septembre 1704 dans la même guerre.

5424. Fessier (Gilles le), seigneur du Fay, chevalier de Saint-Louis, exempt des gardes du corps, eut son cheval tué sous lui dans la mêlée, à la bataille de Ramillies en 1706, et un autre tué d'un coup de canon à celle de Malplaquet en 1789, où il fut blessé à la tête par le renvoi des os fracassés de la tête de ce cheval.

5425. Féste (Louis), capitaine de cavalerie au régiment d'Hocquincourt, fut tué à la bataille de Rethel en 1650.

5426. Feste (Pierre), son frère, tué au secours de Candie, en 1669, dans le combat du 25 juin, en servant comme volontaire sous le duc de Beaufort.

5427. Feu (le s^r du), mousquetaire de la garde du roy, tué au siége de Maëstrick en 1673.

Feugères (de). V. de Fougères.

5428. Feugré (Alexandre), mort dans les guerres du Piémont sous Louis XIII.

5429. Feugré (Charles de), son fils, seigneur de Montain-
ville, capitaine de cavalerie au régiment de Picardie, blessé
de deux coups de mousquet sous Louis XIV, en repoussant
un parti ennemi près de Menin.

5430. Feuillade (le sʳ de la), sous-lieutenant de grenadiers
au régiment de Béarn, blessé aux batailles de Clostercamps
et Johansberg en 1760 et 1762.

Feuillans (de). V. Defeuillans.

5431. Feuloles (le seigneur de), tué à la bataille d'Azincourt en 1415.

5432. Feuquières (le sʳ de), sous-lieutenant aux gardes-
françoises, tué à la bataille de Saint-Denis en 1678.

5433. Feuquières (le sʳ de) fils, blessé en 1638 au siége de
Poligny, en Franche-Comté. (*Mercure* de 1638.)
> Famille de Picardie : d'or au maillet de gueules couronné du même.

Voy. Pas de Feuquières.

5434. Fèvre (le sʳ le), sous-lieutenant commandant des
grenadiers au régiment de Toloze, blessé dans les tranchées
de Namur le 4 juin 1692, pendant le siége de cette ville par
Vauban.

5435. Fèvre de la Boiserie (Philippe le), tué au siége de
Saint-Audemer (l'on présume que ce fut sous Henry IV).

5436. Fèvre de Caumartin (Méry le), chevalier de Malte, tué
au siége de Candie en 1669.

5437. Fèvre (le), officier d'artillerie, tué au siége de Grave
le... octobre 1674.

5438. Fèvre de Caumartin (Henry-Louis le), marquis de
Cailly, capitaine au régiment royal de Roussillon-cavalerie,
fut tué au combat de Turin en 1706.

5439. Fèvre de Caumartin (Félix le), chevalier de Malte, tué aussi à l'armée sous Louis XIV.

Les Lefèvre-Caumartin (Champagne, Picardie, Ile-de-France), maison éteinte en 1803, portoient : d'azur à cinq triangles d'argent.

5440. Fevret, lieutenant de vaisseau du port des colonies, mort à Léogane le 8 juin 1720.

5441. Feydeau (Antoine), tué au siége de Montauban, sous Louis XIII.

5442. Feydeau (Pierre-Nicolas), lieutenant de vaisseau, tué au service sur mer en 1707. (V. Feydeau, peut-être de la même famille.)

Ces Feydeau étoient sans doute de la famille de Feydeau, marquis de Brou, l'habile intendant de Bourgogne, qui a donné son nom à l'ancien théâtre de l'Opéra-Comique et qui portoit : d'azur au chevron d'or accompagné de trois coquilles de même.

5443. Feyrac (le chevalier de), lieutenant du régiment Dauphin, blessé au siége de Mayence en septembre 1689.

5444. Fief Gérard d'Ouesseau, maréchal des logis, enseigne de vaisseau du port de Brest, tué sur *le Neptune*, le 25 octobre 1747.

5445. Fiefes (le seigneur de) et son fils, tués à la bataille d'Azincourt en 1415.

5446. Fielmont (le sr de), chevau-léger de la garde du roy, blessé au siége de Mons en 1691.

5447. Fiennes (Enguerrand de), tué au siége d'Acre en 1191.

5448. Fiennes (Collart de), chevalier, tué à la bataille d'Azincourt en 1415.

5449. Fierville (le chevalier de), lieutenant au régiment de Champagne, blessé à la bataille de Creweldt en 1758.

5450. Fiesque (Scipion de), comte de Lavagne, de Saint-

Valentin et de Calestan, chevalier des ordres du roy, gentil-homme ordinaire de sa chambre, conseiller en son conseil privé, capitaine de ses galères, chevalier d'honneur de la reine et ambassadeur près l'empereur Maximilien, reçut deux blessures en allant reconnoître par mer la ville de la Rochelle en 1572; il mourut en 1598.

5151. FIESQUE (François de), comte de Lavagne et de Bressuire, mestre de camp d'un régiment, tué au siége de Montauban en 1621.

5152. FIESQUE (Jean-Louis de), chevalier de Malte, tué au siége de Mardick en 1646.

> Les Fiesques (Fieschi, au singulier Fiesco), nom de l'une des quatre principales familles de Gênes et certainement l'une des plus anciennes d'Italie, s'allièrent à la plupart des maisons royales de l'Europe; leurs services en France datent surtout du bannissement des Fiesques de la République de Gênes, après la mort du célèbre conspirateur de ce nom, en 1547.

5153. FIEUX DE MONTAUNET, chevalier de Saint-Louis, lieutenant général des armées et gouverneur de Mont-Dauphin, eut son chapeau emporté et la peau du crâne enlevée d'un coup de canon au siége de Barcelone en 1697, et mourut en 1706 d'un coup de feu dans le corps qu'il reçut devant le Montjouy, en faisant pour la deuxième fois le siége de Barcelone : il avoit toujours servi dans le génie.

5154. FIGAN (le s^r de), sous-lieutenant aux gardes-françoises, tué au siége de Maëstrick en 1673.

5155. FIGEAC (de), lieutenant au régiment du Maine, blessé au siége de Mayence en septembre 1689.

5156. FIGEAC (le s^r de), capitaine, puis aide-major au régiment de Champagne, blessé aux batailles de Fleurus et de Steinkerque en 1690 et 1692.

5457. Figuières (le seigneur de), major du régiment de Champagne, tué au siége de la Rochelle en 1573.

5458. Filhet de la Curée (Gilbert), seigneur de la Curée, chevalier des ordres du roy, gentilhomme ordinaire de sa chambre, conseiller en son conseil privé, capitaine de 50 hommes d'armes de ses ordonnances, maréchal de ses camps et armées, capitaine lieutenant de 200 chevau-légers de sa garde, et mestre de camp de la cavalerie légère de France, blessé d'un coup d'arquebuse au bras au combat de Crépy en 1594; mourut le 3 septembre 1633.

5459. Filicamp (le sr de), officier au régiment de Normandie, blessé au siége de Grave en 1674.

5460. Filion, capitaine au régiment de Saint-Mauris, blessé à la bataille de Staffarde le 18 août 1690.

5461. Fillesin (le sr de), mousquetaire de la garde du roy, tué au siége de Maëstrick en 1673.

5462. Filley (Pierre de), chevalier de Saint-Louis, ingénieur et maréchal de camp, tué au siége de Nice, sous Louis XIV.

5463. Filley (Pierre de), chevalier, commandeur de l'ordre royal et militaire de Saint-Louis et lieutenant général des armées du roy, blessé au siége de la citadelle de Tournay et du fort Frédéric-Henry, le fut encore d'un éclat de bombe entre les deux jambes au siége de Maëstrick, sous Louis XV.

5464. Fillière (le sr de la), chevalier de Saint-Louis et capitaine de vaisseau, reçut trois blessures dans le combat naval du mois de mai 1776, livré aux Anglois vers l'isle d'Oléron; il étoit alors capitaine en deuxième sur le vaisseau *l'Aquilon*.

5465. FILS-DU-ROY (c'est ainsi que s'expriment les *Annales d'Acquitaine*), tué à la bataille de Poitiers en 1356.

5466. FILTZ (le s^r), chevalier de Saint-Louis et lieutenant, blessé aux batailles de Fleurus et de Nerwinde en 1690 et 1693.

5467. FILTZ (le chevalier de), lieutenant au régiment d'Enghein, blessé à la bataille de Minden en 1759.

FIMARCON. Voy. Cassagnet.

5468. FIN (Jacques de la), seigneur de la Nocle, chevalier des ordres du roy, gentilhomme ordinaire de sa chambre, conseiller en son conseil privé, capitaine de 50 hommes d'armes de ses ordonnances, premier chambellan du duc d'Alençon, gouverneur de Touraine et de Langay-sur-Marne, dont il soutint le siége en 1590 et où il fut blessé.

> Lafin, seigneur de Beauvais-la-Nocle, gentilhomme du Nivernais, joua un rôle important sous Charles IX, Henri III et Henri IV. Voir notamment les *Mémoires du duc de Nevers*.

5469. FINER (le capitaine Jean-Jacques), officier suisse au service du roy, fut tué au combat de Marciano en 1544.

5470. FINIELS (le s^r), protestant, d'abord du parti des Camisards, s'érigea ensuite persécuteur de ceux de sa religion, et le maréchal de Montrevel lui donna un brevet de capitaine et une compagnie de volontaires : il fut tué en 1703 dans une embuscade de Camisards.

5471. FIRMIN (le s^r), lieutenant au régiment de Mailly, blessé à la bataille de Rosbach en 1757, paroît être le même que le sieur *Firmy*, ainsi dénommé parmi les lieutenants du même régiment, qui périrent en 1759 dans le combat naval du maréchal de Conflans livré aux Anglois, à la hauteur de Bellisle.

5472. Fischer (Antoine), officier de Berne, tué dans l'armée du roy, au combat de la Bicoque en 1522.

5473. Fischer (N...), chevalier de Saint-Louis et lieutenant aux gardes-suisses, blessé à la bataille de Fleurus en 1690.

5474. Fiscle (de), lieutenant au régiment des gardes-suisses, eut le visage et les bras brûlés à la bataille de Fleurus, le 1er juillet 1690.

5475. Fisson (Renault), lieutenant aux gardes du roy sous Henry III, mourut au siége de Livron, en Dauphiné.

5476. Fistole (le sr de la), lieutenant aux gardes-françoises, tué au siége de Fribourg en 1713.

5477. Fitte (Gédéon de), seigneur de Chantonville, de Boiteau et de Baudicourt, capitaine de cavalerie au régiment de la Rablière et lieutenant de la Louveterie du roy, tué au siége de Lille en 1708.

5478. Fitte (Barthélemy de), chevalier de Saint-Louis, capitaine, puis major du roy au régiment de Berry-infanterie, eut en 1742 deux doigts gelés à la retraite de Prague, et fut blessé aux batailles de Dettingen, de Fontenoy, et de Rosbach en 1743, 1745, 1757.

5479. Fitte de Pelleport (N... de la), exempt des gardes du corps et gouverneur de Péguny, en Languedoc, tué au combat de Leuze en 1691.

5480. Fitte (N... de la), capitaine au régiment de Navarre, blessé au siége de Landau en 1713.

5481. Fitte (Jean de la), chevalier de Saint-Louis, capitaine au régiment royal, puis dans celui de la Brie au siége du fort Saint-Philippe en 1756, obtint en 1779 une pension de retraite de 1,000 livres.

5482. FITTE (N... de la), capitaine au régiment de Rochefort, fut blessé au même siége, d'une pierre à la poitrine.

5483. FITTE (N...; de la), cornette au régiment de Moutier, blessé à la bataille de Minden en 1759.

5484. FITTE (le chevalier de la), lieutenant au même régiment, blessé à la même bataille.

> *Nota.* Dans un arrêt du Conseil qu'obtint sur sa noblesse Pierre de la Fitte-de-Pelleport, le 12 février 1665, il est dit que plusieurs de ses antérieurs avoient été tués ou estropiés au service ; l'on n'a pu se procurer d'autres détails. — Cependant il nous faut ajouter qu'il y a une famille du nom de la Fitte dans le Gers, originaire de Bretagne et qui porte : d'argent à une branche de myrthe de sinople en pal.

5485. FITZ-GERALD-GERALDIN (Maurice), chevalier de Saint Louis, commandant du régiment irlandois de Bulkeley, fut dangereusement blessé à la bataille de Laufeldt en 1747 du même coup de feu qui tua son fils à ses côtés.

> Ancienne maison d'Irlande dont l'arbre généalogique remonte au règne d'Edouard le Confesseur : — d'hermine au sautoir de gueules.

5486. FITZ-JAMES (Jacques), duc de Berwick et de Fitz-James de Liria et de Xérica, au royaume de Valence, pair et maréchal de France, pair d'Angleterre, chevalier des ordres du roy, de ceux de la Jarretière et de la Toison-d'Or, grand d'Espagne, gouverneur du Limousin et commandant en Guyenne, fut tué d'un coup de canon au siége de Philisbourg en 1734.

> « Il monta à cheval vers les sept heures, accompagné de Milord Edouard, son fils, de Milord Clare et de plusieurs officiers. Il fut à la tranchée, et de là à l'endroit qui causoit un différend entre les deux ingénieurs. On eut beau lui représenter le danger auquel il s'exposoit, vu le grand feu des assiégés, son intrépidité l'emporta. C'est là qu'il fut tué d'un coup de canon entre Milord Edouard et le duc de Duras : le premier) fut couvert du sang de son père, et le dernier fut blessé par le piquet d'un gabion que le boulet avoit percé. » (*Mém. de Mil., duc de Berwik.*

5487. FIZICAT (Michel de), seigneur de Beauregard, chevalier de l'ordre du roy, gentilhomme ordinaire de sa chambre, brigadier de ses armées, lieutenant-colonel du régiment Dauphin et gouverneur de Villefranche, en Roussillon, reçut quatre coups de mousquet au siége de Rethel et fut blessé aussi d'un coup de canon à celui d'Inglesniel, ce qui l'obligea à se faire trépaner : il mourut à Perpignan le 11 août 1684.

5488. FLACOURT (le s^r de), capitaine du régiment de Piémont, blessé à la bataille de Luzara le 15 août 1702.

> « Les troupes du prince Eugène s'attribuèrent alors la victoire : mais le régiment de Piémont eut l'honneur de coucher sur le champ de bataille, et le lendemain nos troupes s'emparèrent de Luzara dont le roy avoit voulu se rendre maistre sachant que tous les magasins de l'énnemi s'y trouvoient. » (*Hist. du rég. de Piémont.*)

5489. FLAHAULT (Jérôme-François de), seigneur de la Billarderie, chevalier grand-croix de l'ordre royal militaire de Saint-Louis et lieutenant général des armées du roy, gouverneur de Saint-Quentin, fut blessé au bras à la bataille de Malplaquet en 1709.

5490. FLAHAULT (César-Charles de), seigneur de la Billarderie, chevalier, commandeur dudit ordre militaire de Saint-Louis, lieutenant des gardes du corps, maréchal de camp et gouverneur de Saint-Venant, fut blessé aussi à la même bataille.

> Maison de Picardie qui possédoit dès la fin du XVIe siècle, la seigneurie de la Billarderie, en Boulonnois, et reçut le titre de Comté à la fin du dernier siècle, a fourni plusieurs officiers distingués et des célébrités de plus d'un genre : d'argent à trois merlettes de sable.

5491. FLAMENC (Raoul de), seigneur de Cany, tué à la bataille de Courtray en 1302.

5492. FLAMENC (Jean le), dit *Baudran*, tué à la bataille de Nicopolis en 1396.

5493. FLAMENC (Jean le), son frère, tué à la même bataille.

Les Flamenc, grande famille de Normandie, seigneurs de Cany, Varennes et autres lieux, qui s'éteignit en la personne d'Aubert le Flamenc, seigneur de Cany, qui épousa en 1389 Marie d'Enghien : de laquelle, dix-sept ans après son mariage, le duc d'Orléans eut Jean d'Orléans, comte de Dunois, dont sont issus les ducs de Longueville.

5494. FLAMENVILLE (le sr de), officier au régiment de Piémont, blessé à la bataille de la Marphée en 1644.

5495. FLANDRES (Philippe, *comte* de), tué au siége d'Acre en 1191.

5496. FLANDRES, DE NEVERS ET DE RETHEL (Louis, *comte* de), pair de France, tué à la bataille de Crécy en 1346.

5497. FLANDRES, DE NEVERS ET DE RETHEL (Louis, *comte* de), son fils, pair de France, grièvement blessé à la même bataille, mourut le 30 janvier 1383.

5498. FLANDRES (Louis *bâtard* de), dit le *Haze*, tué à la bataille de Nicopolis en 1396.

5499. FLANDRES (Raul ou Raoul de), chevalier, fut tué à la bataille d'Azincourt en 1415.

Nous ne doutons pas qu'on ne puisse augmenter cette liste des princes de la maison de Flandres, tués ou blessés au service de France.

5500. FLANTIN (le sr), officier de Cipayes, blessé sur *le Sphynx*, dans le combat du bailly de Suffren aux Indes, le 20 juin 1783, contre l'amiral Hugues.

5501. FLAQUET (le sr), lieutenant d'infanterie, tué au siége de Philisbourg en 1734.

5502. FLAVIGNY (Balthasar de), seigneur de Malaise et de Chambry, commandant pour le roy à Nêle, et lieutenant de la compagnie des hommes d'armes de M. d'Haraucourt, tué au siége de Rouen en 1592.

5503. FLAVIGNY (Valentin de), seigneur de Chambry et de

Malaise, capitaine au régiment de Manicamp-cavalerie, tué au combat d'Etampes en 1652.

5504. FLAVIGNY (le sr Louis de), enseigne aux gardes-françoises, tué à la bataille de Consarbrick en 1675.

5505. FLAVIGNY (Jean de), lieutenant au même régiment, tué au combat de Senef en 1674.

5506. FLAVIGNY DE RENAUSART (N... de), son frère, enseigne au même régiment, fut tué à la bataille de Cassel en 1677, enveloppé dans son drapeau qu'il ne voulut jamais rendre; le roy, ayant appris sa mort, dit : *J'ai encore perdu un Renausart qui est mort comme un César.*

5507. FLAVIGNY (N... de), autre frère, pareillement enseigne aux gardes, mourut à Paris des blessures qu'il reçut au combat de Valcour en 1689.

5508. FLAVIGNY (Louis-Agathon, *comte* de), chevalier, grand-croix de l'ordre royal et militaire de Saint-Louis, capitaine lieutenant des gendarmes d'Aquitaine, puis lieutenant général des armées du roy et ministre plénipotentiaire à la cour de Parme, fut blessé à la bataille de Minden en 1759.

5509. FLAVIGNY (le sr de), lieutenant au régiment d'Argentré, blessé à la journée du 13 août 1762.

5510. FLAVIGNY DE LA CHANLAY (Louis de), chevalier de Saint-Louis, capitaine au régiment de Piémont, blessé aux batailles de Rosbach et de Berghen en 1757 et 1759.

Il existoit trois familles de ce nom de Flavigny, deux en Picardie dont l'une anoblie par lettres de Henry III en 1586, la troisième dans le Cambrésis. — Elles portoient toutes trois pour armes: un champ, échiqueté avec quelques variations dans les émaux ou dans les pièces accessoires. — Il y a des représentants. (*Ann. de la noblesse*, 1849-50.)

5511. FLESSAN (le capitaine de), au régiment de Picardie et mestre de camp, tué au siége d'Amiens en 1597.

5512. FLEURAT (le s^r de), capitaine au régiment de Piémont, blessé en 1672 à l'attaque des retranchements des ennemis devant Woërden, le fut encore au siége de Maëstrick en 1676 et mourut peu de jours après.

5513. FLEURE (le s^r de la), capitaine au régiment de Piémont, tué au siége de Luxembourg en 1684.

5514. FLEURY (le s^r de), lieutenant au régiment de Piémont, blessé au siége de Douay en 1710.

5515. FLEURY (le *marquis* de), mestre de camp du régiment de Fleury-cavalerie, tué à la bataille de Dettingen en 1743.

Dans sa lettre datée du camp de Selingenstatt le 29 juin 1743, M. de Noailles rendant compte au roi de cette affaire de Dettingen s'exprime ainsi : « Cette action qui est plutôt un combat qu'une bataille a été très-vive. On n'exagérera point quand on dira avant tout que les vieux officiers n'ont jamais vu un feu si considérable ni si suivi... je crois la perte plus grande du côté des ennemis que du nôtre par l'effet de notre artillerie qui a été très-bien servie. On la fait monter aux environs de 5,000 hommes tant tués que blessés, et la nôtre, ne va guère qu'autour de 2,000, » mais il y a un grand nombre d'officiers tués ou blessés dont je suis fâché : et de marque, M. le marquis de Fleury y a été également tué...

5516. FLOBERT (le s^r), chevalier de Saint-Louis, brigadier des armées du roy en 1750, et commandant les troupes de débarquement, fut blessé d'un coup de feu à la jambe à l'attaque de Karickfergus, en Islande, le 21 février 1760, il mourut en 476....

5517. FLOCELLIÈRE (de la), lieutenant de vaisseau du port de Rochefort, mort à la Martinique sur... le 14 mai 1700.

5518. FLOGEAT (le capitaine) *vaillant chef d'une des compagnies du régiment de feu comte de Brissac* (aux termes de l'*Histoire des troubles*, imprimée à Bâle en 1578, livre VII, pages 222 et 223), fut tué au siége de Niort en 1569.

5519. FLOQUES ET D'AVRECHER (Robert de), dit *Floquet*, chevalier, conseiller, chambellan ordinaire du roy, maréchal héréditaire de Normandie, gouverneur et bailly de Conches, d'Evreux et de Honfleur, tué à la bataille de Montlhéry en 1465.

5520. FLORENT (Paul de), seigneur de St-Estève, d'abord mousquetaire de la garde du roy, puis capitaine au régiment de Varenne-cavalerie, fut blessé à la gorge d'un coup de feu au combat de Sintzheim en 1674 : Turenne contre les Impériaux.

5521. FLORENT (Claude de), son frère, capitaine au régiment de Rouërgue, tué au combat d'Altenheim en 1675.

5522. FLORICHEL (le sr), lieutenant aux gardes-suisses, tué à la bataille de Senef en 1674.

5523. FLORIDOR, lieutenant au régiment de Clérembault, blessé à Staffarde le 18 août 1690.

5524. FLORIN DE LA BOISSIÈRE (le sr), capitaine au régiment de Rouërgue, tué à la bataille de Minden en 1759.

5525. FLORIS (le sr de), commandant de bataillon au régide Champagne, tué au siége de Fauconnier en 1674.

5526. FLOTTE (Pierre), seigneur de Revel, chevalier, chancelier de France sous Philippe le Bel, tué à la bataille de Courtray en 1302.

> Il joua un grand rôle dans la lutte des princes contre la papauté, et fut envoyé à Rome en 1297 avec le duc de Bourgogne et le comte de Saint-Paul pour la canonisation de Saint-Louis : plus tard ayant suivi l'armée françoise qui marchoit contre les Flamands, il périt à la désastreuse bataille de Courtray en compagnie de toute la chevalerie de France.

5527. FLOTTE (Antoine, dit le *Floton*), chevalier, seigneur de Revel, mort à la bataille de Rosbecque en 1382.

5528. FLOTTE (Jean-Augustin de), capitaine au régiment de Soissonnois, mort des blessures qu'il reçut à la bataille de Fleurus en 1690.

5529. Flotte (de), enseigne de vaisseau du port de Toulon, mort à la Havanne sur *l'Oriflamme*, commandé par M. Pollas, le 8 juin 1702.

5530. Flotte (le sr de), chevalier de Saint-Louis, capitaine au régiment de Normandie, blessé au siége de Berg-op-Zoom en 1747, le fut encore à la bataille de Clostercamps en 1760.

Il y avoit en Provence comme en Dauphiné plusieurs familles de ce nom avec des armes différentes et dont plusieurs ont encore leurs représentants.

5531. Floyd (Charles-Augustin, dit le *chevalier de*), chevalier de Saint-Louis, sous-aide-major, puis capitaine au régiment de la reine-infanterie, ensuite major du port Louis et de l'Orient, fut blessé en 1758 à l'affaire de Carillon, en Canada.

Famille d'origine angloise du Devonshire, en Bretagne, où elle a ses représentants.

5532. Flume (Jean du), écuyer, tué à la bataille de Poitiers en 1356.

5533. Focan (le sr de), lieutenant au régiment de Bouzols, depuis Guyenne ; ayant été détaché avec des hommes pour la garde d'un château lors du siége de Fribourg en 1744, il fut forcé et tué après avoir soutenu pendant longtemps l'effort des ennemis.

5534. Fock (Charles-Gustave de), chevalier de Saint-Louis, lieutenant-colonel et ancien premier capitaine commandant au régiment royal-Suédois, obtint en 1753 une pension de 500 fr., motivée sur ses services et sur les blessures qu'il avoit reçues au siége d'Harbourg.

5535. Foetis (le sr de), capitaine au régiment de Mailly, blessé à la bataille de Rosbach en 1757.

Fogeon (de). V. de Fovion.

5536. Foisse (le chevalier de), lieutenant de carabiniers, blessé à la bataille de Minden en 1759.

5537. Foissy (le seigneur de), colonel de vingt-deux enseignes de guides-pied, tué d'une arquebusade au siége de Vézelay en 1569, servant dans le parti catholique.

5538. Foissy (Henry de), seigneur de Crenay, homme d'armes des ordonnances du roy, fut tué à l'âge de quatre-vingts ans d'un coup de canon qui lui emporta la tête, sur les remparts de la ville de Saint-Dizier lorsqu'elle fut assiégée par l'empereur Charles V en 1544. (V. de Crenay, si cette mention concerne cette famille.)

5539. Foix (Gaston de), duc de Nemours, pair de France, comte d'Etampes et de Beaufort, vicomte de Narbonne, chevalier de l'ordre du roy, généralissime de ses armées en Italie, gouverneur de Dauphiné, puis du Milanois, appelé *la Foudre d'Italie* à raison de ses grands exploits, donna les plus grandes preuves de valeur à la bataille de Ravenne, qu'il gagna ; ce prince étant tombé de son cheval qui avoit eu les jarrets coupés, il combattit à pied et fit avec sa seule épée plus d'exploits que jamais héros n'en fit avant lui : enfin il reçut tant de coups qu'il en avoit quatorze ou quinze dans le visage seulement ; il mourut enseveli dans sa victoire le 11 août 1512.

5540. Foix (Odet, *comte de*), de Rethel, de Cominges et de Beaufort, seigneur d'Orval et de l'Esparre, vicomte de Fronsac, de Lautrec, de Villemer et de Barbazan, maréchal de France, chevalier de l'ordre du roy, gentilhomme ordinaire de sa chambre, gouverneur de Milan et de Languedoc, amiral et gouverneur de Guyenne, sénéchal et gouverneur d'Aquitaine, blessé à la cuisse en 1507 à la défaite des Génois, reçut vingt blessures à la bataille de Ravenne en 1512, où il fut laissé comme mort sur le champ de bataille. Il mourut de maladie au siége de Naples en 1528, avec la réputation d'un des plus grands hommes de guerre de son siècle.

5541. Foix (André de), seigneur de l'Esparre , comte de Montfort, vicomte de Villemer et de Castillon, chevalier de l'ordre du roy, l'un de ses chambellans, capitaine de cent lances de ses ordonnances et sous-lieutenant général en Guyenne, perdit la vue par la quantité de coups de massue qu'il reçut sur són casque à la bataille qu'il livra aux Espagnols près de Pampelune, et mourut en 1547.

5542. Foix (Thomas de), vicomte de Lescun, comte de Lech et de Beaufort, maréchal de France, chevalier de l'ordre du roy, capitaine de cent lances de ses ordonnances et sous-lieutenant général dans le Milanois, blessé au visage en 1522 au combat de la Bicoque où il eut un cheval tué sous lui : le fut encore d'un coup d'arquebuse qui lui fracassa le bras à la bataille de Pavie en 1525 où il combattit près la personne du roy, lui servant comme de bouclier à tous les coups qu'on lui portoit et mourut peu de jours après ayant reçu, suivant d'autres, « une arquebusade dans la cuisse qui lui entroit dans le petit-ventre. »

5543. Foix-Candole (Jean de), comte d'Astarac, *brave et honnête seigneur*, dit Monluc, fut blessé au siége de Naples en 1528, d'une arquebuse au bras dont il mourut.

5544. Foix (Henry de), comte de Candole, de Benauges et d'Astarac, captal de Buch, chevalier de l'ordre du roy, gentil-homme ordinaire de sa chambre, capitaine de 50 hommes d'armes de ses ordonnances, maire et gouverneur de Bordeaux, fut tué d'un coup d'arquebuse dans la bouche par les religionnaires en 1573, à une attaque du château de Sommières, en Languedoc.

5545. Foix (Odet de), comte de Carmain, blessé en 1562

dans un combat qu'il soutint contre les protestants (de Thou).

5546. Foix (Phœbus de), tué au siége de Montauban en 1625, d'après Imhoff.

5547. Foix (Jean-Baptiste-Gaston de), comte de Fleix, gouverneur de Mâcon et lieutenant de roy du Mâconnois, tué dans une sortie au siége du fort de Maëstrick le 13 août 1646.

5548. Foix (Louis, dit *le chevalier* de), son frère, tué au combat de Sillery, en Champagne, en 1657.

5549. Foix (Henry de), autre frère, comte de Meille, maréchal de camp, blessé dans la guerre de 1644, mourut d'une blessure qu'il reçut à la cuisse à la bataille de Dames en 1658.

5550. Foix (N... de), chevalier de Saint-Louis, commandant de bataillon au régiment Orléans-infanterie, blessé à la bataille de Parme en 1734.

5551. Foix (N... de), chevalier de Saint-Louis et sous-brigadier des chevau-légers de la garde, blessé à la bataille de Dettingen en 1743.

La grande maison de Foix, issue des comtes de Carcassonne et de Comminges, s'étoit dès le XIIIe siècle divisée en deux branches, l'une continuant la race des comtes de Carcassonne qui finit vers la fin du règne de Saint-Louis, l'autre ayant pour auteur Bernard qui fut comte de Foix en partage. Sa descendance mâle s'éteignit en 1398 par la mort de Mathieu, comte de Foix, vicomte de Béarn, cousin et successeur de Gaston Phœbus. Isabelle, sœur et héritière de Mathieu, porta en dot son riche patrimoine à Archambaud de Grailly, captal de Buch : ainsi finit la première maison de Foix, qui avoit pour armes : d'or à trois pals de gueules.

Cette seconde race des comtes de Foix se partagea en trois branches : l'aîné eut pour dernier rejeton Gaston de Foix, duc de Nemours, cousin-germain de Catherine de Foix, bisaïeul de Henri IV, et neveu par sa mère du roi Louis XIII qui lui confia le gouvernement du Milanois, et qui entre autres hauts faits gagna la bataille de Ravenne le jour de Pâques, 11 avril 1512, où il finit glorieusement ses jours.

La seconde branche, celle des vicomtes de Lautrec, illustrée par Odet de Foix, comte de Comminges, maréchal de France n'eut que deux fils morts jeunes et sans postérité. — La troisième branche de la maison Grailly de Foix, comtes de Candole, ducs de Randan, s'éteignit en 1714 dans la personne de Henri de Foix, duc de Randan. Enfin Jean de Foix, comte de Candole, captal de Buch, second rejeton de sa branche, eut un fils naturel, François de Candole, baron de Douazit, dont la descendance s'est perpétuée jusqu'à nous. —D'or à trois pals de gueules, au filet d'azur. (*Ann. de la nobles.*, an. 1847.)

5552. Folies (Guillaume de), sire de Dampierre, tué à la bataille d'Azincourt en 1415.

5553. Folie (le s^r de la), capitaine au régiment de Poitou et chevalier de Saint-Louis, reçut plusieurs blessures et contusions aux jambes dans le combat du comte de Guichen, près de la Martinique, contre l'amiral Rodney, en 1780.

Il y avoit une famille de ce nom en Champagne, qui portoit d'azur à trois roseaux d'or, rangés en pal chargés d'une merlette de sable.

5554. Folleville (le seigneur de), bouteiller du duc d'Aquitaine, tué à la bataille d'Azincourt en 1415.

5555. Fon (le s^r de la), capitaine au régiment de la Marche-prince, blessé dangereusement à la bataille de Minden en 1759.

5556. Fond (Antoine de la), comte de Savines, chevalier de Saint-Louis, lieutenant des gardes du corps, maréchal de camp et gouverneur d'Embrun, blessé à la bataille de Malplaquet en 1709.

5557. Fond (Antoine de la), marquis de Savines, chevalier des ordres du roy, lieutenant général de ses armées, directeur général de la cavalerie, gouverneur de Berghes et d'Embrun, et précédemment lieutenant des gardes du corps, eut le bras cassé d'un coup de feu à la bataille de Parme en 1734, et mourut le 12 avril 1748 âgé de 85 ans.

5558. Fond (le s^r de la), enseigne aux gardes-françoises, tué au siége de Maëstrick en 1673.

5559. Fond (le s^r de la), lieutenant au régiment de Navarre, blessé au siége de Quenoy en 1742.

5560. Fond (le s^r de la), mousquetaire de la garde du roy, blessé au siége de Maëstrick en 1673.

5561. Fond (le s^r de la), colonel et brigadier des armées du roy, tué au siége de Lille en 1708 étant chevalier de Saint-Louis.

5562. Fond (le s^r de la), son frère, capitaine de cavalerie, tué au service du roy à Mantoue.

5563. Fond (le s^r de la), cornette au régiment de Saluces, blessé à la bataille de Rosbach en 1757.

5564. Fond (le s^r de la), officier auxiliaire, reçut un coup de fusil dans la poitrine et eut le pouce emporté d'un autre coup dans un combat contre une frégate angloise aux environs d'Ouëssant, le 12 août 1780, et fut encore grièvement blessé sur *le Sphynx*, étant alors lieutenant de frégate, dans le combat du bailly de Suffren aux Indes, près de Negapatam, le 6 juillet 1782, contre sir Edward Hugues.

Plusieurs familles d'origine différentes ont porté ce nom de Les La Font-Savines en Dauphiné : d'azur au huchet ou cors d'or lié de sable accompagné de trois étoiles d'or, deux en chef et un en pointe. Les la Fond, de l'Isle de France : d'or au pal d'azur chargé d'un croissant d'argent et de deux étoiles du même.

5565. Fondmartin (de), aide d'artillerie du port de Rochefort, mort devant Barcelone le 6 août 1714.

5566. Fondusat (de), lieutenant au régiment du roy, tué au combat de Saint-Denis (de Broqueroy), le ... 1678.

5567. Fons (Philippe de la), tué au siége de Landrecies en 1637, servant comme volontaire au régiment des gardes-françoises.

5568. Fons (Nicolas de la), commissaire provincial d'artillerie, tué à la bataille de Lens en 1648.

5569. Fons (Louis de la), son frère, seigneur de Saint-

Algis, capitaine au régiment de Schulemberg, tué à Arras en 1644, en défendant une demi-lune.

5570. Fons (Adrien de la), seigneur d'Henry, tué aussi en 1644 au siége d'Arras, y servant comme volontaire.

5571. Fons (Antoine de la), son frère, capitaine d'infanterie, tué au siége de Verüe, en 1705.

5572. Fons (Henry de la), seigneur d'Orillac, lieutenant de la mestre de camp du régiment de Saint-Silvestre, mort à Sedan au mois de septembre 1675 des blessures qu'il reçut dans un parti, près de Mouzon.

5573. Fons (François de la), seigneur de Richebourg, ingénieur et lieutenant au régiment de Navarre, tué au siége de Luxembourg en 1684.

> Les la Fons, de Picardie : d'argent à trois hures de sanglier arrachin de sable.

5574. Fontager (le chevalier de), chevalier de Saint-Louis et lieutenant de vaisseau, perdit un bras et une jambe dans les guerres de Louis XIV.

5575. Fontager (le chevalier de), enseigne de vaisseau du port de Toulon, tué aux Cévennes le 14 mars 1704.

5576. Fontaine de Fendilles (le sr), bon officier (dit de Thou), qui fut tué en 1562 dans une entreprise des catholiques sur Béziers.

> Ce Fendilles étoit probablement, père, fils ou frère de ce Jacques de Fontaine, sr de Fendilles, que son duel avec Claude d'Aguerre, seigneur de Montmort, a rendu célèbre. Ce duel, qui fut fatal à Fendilles, eu lieu le 28 août 1549 à Sedan, ayant Robert de la Marck pour juge. — Le duc de Nevers, parrain de Montmort et le vidame de Chartres, François de Vendôme, parrain de Fendilles, *Voy. Brantome.*
>
> Du reste les familles Fontaine, Fontaines, de Fontaine et de la Fontaine se reproduisent si souvent dans nos provinces qu'il nous seroit difficile de les distinguer, aussi laisserons-nous aux intéressés le soin des attributions dans la longue nomenclature de tués et de blessés, nous relevons seulement ceux que leurs surnoms font connoître.

5577. Fontaine (le capitaine), cornette du capitaine Cartier, fut blessé d'une grenade sur le pied au siége de Sancerre en 1573 : il avoit été autrefois protestant et servoit alors dans le parti catholique.

5578. Fontaine-Sercot (le seigneur de), lieutenant du duc d'Aumale, eut la cuisse cassée d'un boulet de canon au siége de la Fère en 1580 (de Thou).

5579. Fontaine (le sr de), écuyer du duc d'Enghien, fut tué au siége de Thionville en 1643. (*Mercure de 1643.*)

5580. Fontaine (le sr de la), lieutenant des grenadiers de la Ferté, tué à l'assaut d'Achsteim en 1675.

5581. Fontaine (le sr), chevau-léger de la garde du roy, blessé au siége de Mons en 1691.

5582. Fontaine (le sr), lieutenant au régiment de Champagne, tué à la bataille de Parme en 1734.

> Cette bataille gagnée par le maréchal de Coigny fut longtemps disputée et le régiment de Champagne y fit de sérieuses pertes, le colonel duc de la Tremouille y fut grièvement blessé.

5583. Fontaine (le chevalier de), aide-major de brigade des chevau-légers, blessé à la bataille de Dettingen le 27 juin en 1743.

5584. Fontaine (le s'), lieutenant au régiment de Piémont, blessé à la bataille de Rosbach en 1757.

5585. Fontaine (Marie-Charles), dit *le chevalier de Biré*, chevalier de Saint-Louis, capitaine au régiment de Bretagne, puis major de celui de Guyenne, blessé à la bataille de Rosbach en 1757, obtint sa retraite en 1787.

5586. Fontaine (le sr de), lieutenant au régiment de Normandie, blessé en 1760 à la bataille de Clostercamps.

5587. Fontaine (Guillaume de la), embassadeur de l'ordre

de Malte, grand-croix et commandeur de Saint-Jean-de-La-tran à Paris, fut tué à la bataille de Saint-Denis en 1567.

5588. Fontaine (Pierre de la), tué au service du roy 1593.

5589. Fontaine-Félix (François de la), seigneur de la Regnaudière et de Beaulieu, capitaine au régiment du marquis de Bellay en 1615, fut obligé de quitter le service à raison de ses blessures.

5590. Fontaine (le sr de la), lieutenant au régiment de Piémont tué au siége de Sommières en 1622.

5591. Fontaine (Louis de la), enseigne aux gardes-françoises, tué en Piémont en 1630 (probablement au combat de Veillane).

5592. Fontaine (le sr de la) enseigne de la mestre de camp du régiment de Navarre, tué en 1634 devant le château d'Heidelberg.

5593. Fontaine (Charles de la), seigneur de Provinlieu, capitaine au régiment de Melun, tué en 1637 dans la guerre de Franche-Comté.

5594. Fontaine (Philippe de la), capitaine au régiment de Navarre, tué au siége de Thionville en 1637.

5595. Fontaine (Antoine de la), seigneur de Saint-Pierre, tué ou siége de Saint-Omer en 1638.

5596. Fontaine (Pierre de la), son frère, seigneur de la Boissière, gentilhomme ordinaire du roy Louis XIII et commandant à Blaye, tué dans les guerres de Guyenne en 1640.

5597. Fontaine (Louis de la), son autre frère, seigneur de Montan, aide-major du régiment des gardes-françoises, tué au siége d'Aire en 1641.

5598. Fontaine (le comte de la), l'un des premiers capitaines du règne de Louis XIII, tué à la bataille de Rocroy en 1643.

Voir au supplément au nom Fontaine.

5599. Fontaine (le sr de la), enseigne au régiment de Normandie, blessé au siége de Coni en 1641.

5600. Fontaine-Solare (Jean-Charles-Joseph-Quentin de la) capitaine au régiment de Bretagne-infanterie, tué à la bataille de Malplaquet en 1709.

5601. Fontaine (Hubert-Nicolas-François de la), comte de Verton, baron de Chauvirez, capitaine au régiment royal étranger-cavalerie, blessé à la jambe droite au combat de Trèves en 1675, mourut le 27 avril 1724.

MM. de la Fontaine-Solare de Verton et de la Boissière, tous du même estoc et qui ont encore leurs représentants portoient : Bandé de six pièces, les 2, 4 et 6 d'azur, les autres échiquetées d'or et de gueules de trois tires.

5602. Fontaine (Jean-Marie-Hubert de la), seigneur de Chaumont, en Valois, capitaine au régiment royal-infanterie tué à la bataille de Fontenoy en 1745.

5603. Fontaine (Charles-Gaspard-Melchior-Balthasar de la), capitaine au régiment d'Aubeterre-infanterie, fut blessé au genou à la même bataille.

5604. Fontaine-Marie (le sr de) chevalier de Saint-Louis, capitaine au régiment de Normandie, blessé aux batailles de Fontenoy et de Clostercamps en 1745 et 1760.

5605. Fontaines (Jean de), chevalier, seigneur de la Neuville-au-Bois, conseiller, chambellan ordinaire du roy, sénéchal de Saintonge et capitaine du château de Saintes, tué à la bataille d'Azincourt en 1415.

5606. Fontaines (Enguerrand de), chevalier, seigneur de la même terre, tué à la même bataille.

5607. FONTAINES (Charles de), son frère, aussi chevalier, seigneur dudit bien, tué à la même bataille.

5608. FONTAINES (Garin ou Guérin de), fils du précédent, tué à la bataille de Baugé en 1421.

5609. FONTAINES (le sire de), tué à la bataille de Crevant en 1423.

5610. FONTAINES (Louis de), seigneur de Mauconduit, tué en 1445 dans un combat contre les Anglois, servant sous le maréchal du Biez.

5611. FONTAINES (Isembart de), seigneur de Comont et Tœuffles, tué au siége de Valenciennes en 1656.

5612. FONTAINES (Jacques de), tué au siége de Carignan en 1691.

5613. FONTAINES (Laurent de), son frère, enseigne au régiment de Vaubecourt, tué à Privas en 16...

5614. FONTAINES (Nicolas, dit *le comte* de), seigneur de la Neuville-au-Bois, mestre de camp d'un régiment de cavalerie de son nom et maréchal de camp, obtint du roy une pension de mille livres, le 16 février 1703, en considération de ses blessures.

5615. FONTAINES (Georges-Marie, dit *le chevalier* de), son fils, capitaine dans le régiment de son père, fut tué au siége de Lille en 1708.

5616. FONTAINES (Nicolas-Aymar, dit *comte* de), chevalier de Saint-Louis, aide-major en chef des chevau-légers de la garde et chevalier des armées du roy en 1734, obtint sa retraite étant couvert de blessures et après 48 ans de service.

5617. FONTAINES (Joseph de), dit *le chevalier de Woincourt*, chevau-léger de la garde du roy, tué à la bataille de Dettingen en 1743.

5618. FONTAINES (le s^r des), lieutenant au régiment de Trassy-cavalerie, blessé au siége de Fribourg en 1644. (*Mercure* de 1644.)

5619. FONTAINES (le s^r des), sous-lieutenant au régiment de Champagne, blessé à la bataille de Steinkerque en 1692.

Les des Fontaines sont aussi nombreux que les de la Fontaine : on y trouvoit en Normandie, en Flandres, en Champagne, en Artois et Picardie, en Languedoc et il en survit encore en Normandie et ailleurs.

5620. FONTANGES (Huges de), marquis de Maumont, maréchal de camp et lieutenant général des armées de Jacques II, roy d'Angleterre, fut tué en 1689 au siége de Londondéry, en Irlande, où Louis XIV l'avoit envoyé pour porter du secours à ce prince.

5621. FONTANGES DU CHAMBON (Léonard de), lieutenant au régiment du roy, tué à la bataille de Steinkerque en 1692.

5622. FONTANGES (Jean de), seigneur d'Auberoque, sous-lieutenant des chevau-légers Dauphin, tué à la Marsaille en 1693.

5623. FONTANGES (N... de), lieutenant au régiment de Poitou, blessé à la bataille de Rosbach en 1757.

5624. FONTANGES (le vicomte de), chevalier de Saint-Louis, et de la société militaire de Cincinnatus, commandant en second de la partie du sud, résidant à Cayes et maréchal de camp, fut blessé dangereusement d'un coup de feu à la cuisse gauche au siége de Savannah en 1179.

5625. FONTANGES CAYLUS (le marquis de), mestre de camp du régiment de Chartres, tué à la bataille de Fleurus en 1600.

Les de Fontanges du Bourbonnais, qui ont encore leurs repré

sentants, portent : de gueules au chef d'or, chargés de trois fleurs de lis d'azur : une autre branche d'Auvergne porte d'azur à trois fleurs de lis d'or, rangées en fasce.

5626. Fontannes de Malaret (Pierre-Augustin de), chevalier de Saint-Louis et major du même régiment avec rang de lieutenant-colonel, blessé de deux coups de feu à la même bataille, le fut encore à celle de Minden et d'un coup de biscayen à celle de Berghen en 1759 : il obtint sa retraite en 1774.

5627. Fontaret (le s^r de), lieutenant au régiment de Piémont, blessé à la bataille de Minden en 1759.

5628. Fontenailles (de), lieutenant au régiment du Maine, blessé au siége de Mayence en septembre 1689.

5629. Fontenailles (le s^r de), capitaine au régiment de Normandie, tué en Bavière en 1743.

5630. Fontenay (le seigneur de), tué à la bataille de Verneuil en 1424.

5631. Fontenay (le s^r de), lieutenant-colonel du régiment de Navarre, puis capitaine aux gardes-françoises, blessé au siége de Saint-Omer en 1638, mourut en 1642 ; sa valeur lui avoit mérité le surnom de *Coup d'épée.*

5632. Fontenay (le s^r de), lieutenant au régiment de Béarn, blessé dans une sortie à Lintz le 16 janvier 1742, le fut encore dans un détachement en 1743.

5633. Fontenay (le s^r de), capitaine au régiment de Mailly, blessé à l'affaire de l'Assiette en 1747.

5634. Fontenay de Chaulieu, lieutenant de vaisseau du port de Port-Louis, mort sur *le Vaillant* le.... 1693.

5635. Fontenay-Mareuil (le marquis de), officier au régiment de Piémont, fut atteint de trois balles qui l'effleurèrent en trois endroits différents au siége de Sainte-Foy en 1622.

5636. FONTENAY-MONTREUIL (le chevalier de), capitaine de vaisseau du port de Brest, mort à la Guadeloupe commandant *le Thétis*, le 8 juillet 1723.

> On trouve plusieurs familles de ce nom en Touraine, en Vendomois, en Normandie, en Bretagne, en Lorraine, en Bourbonnois, dont il reste des représentants.

5637. FONTENI (le sr de), capitaine au régiment de Normandie, tué au siége de Negrepelisse en 1622.

5638. FONTENILLES (le sr de), officier au régiment de Marcieu-cavalerie, blessé à la bataille de Minden en 1759.

5639. FONTENILLES (le sr de), lieutenant d'infanterie, blessé à la bataille de Minden en 1759.

Voy. ROCHE DE FONTENILLES.

5640. FONTENU (François-Ignace, dit *le marquis* de), chevalier de Saint-Louis, capitaine aux gardes-françoises, avec rang de colonel, et brigadier des armées du roy en 1780, obtint du roy Louis XVI une pension motivée sur ses services et ses blessures.

5641. FONTENU (N... de), enseigne de vaisseau, tué sur *l'Intrépide* dans le combat de M. de Kersaint, en 1758.

FONTERAILLES (de). V. de Molar et de Montamar.

5642. FONTETTE (Andremont de), seigneur de Fontette, major d'infanterie, tué au siége de Thionville en 1643.

5643. FONTETTE (Pierre de) et un autre de ses frères furent tués au combat de Senef en 1674.

5644. FONTETTE (Jean-Baptiste-Léon de), tué à la bataille d'Hochstett.

5645. FONTEVIEILLE, capitaine du régiment de Bretagne,

blessé au siége de Mayence, dans les premiers jours de septembre 1689.

5646. Fontillière (de), lieutenant au régiment de Roussillon, blessé au combat de Saint-Denis, au Hainaut, le... 1678.

5647. Fontlebon (Elie-François de), chevalier de Saint-Louis, capitaine de grenadiers au régiment de Bourbonnois, blessé à l'affaire d'Exiles en 1747, le fut encore au combat de Warbourg en 1760.

Famille de Bretagne : d'argent à trois aigles de sable.

5648. Fontorse, sous-lieutenant au régiment du roy, blessé au combat de Saint-Denis (du Broqueroy).

5649. Fonvielle (Antoine de), gouverneur du château et fort Saint-Ivery, viguier d'Alby et d'Albigeois, tué devant Montauban en 1622.

5650. Fonvielle (Nicolas de), seigneur de Saliès, lieutenant au régiment de la reine, tué au siége de Barcelone en 1714.

5651. Fonville (Hilaire de), chevalier de Saint-Louis, lieutenant-colonel du régiment de Bretagne, brigadier des armées du roy et commandant à Fontarabie, reçut plusieurs blessures dans les guerres de Louis XIV, et mourut en 1720.

5652. Fonville (Antoine de), seigneur de Saliès, capitaine de cavalerie au régiment de Lisbonne et viguier d'Alby et d'Albigeois, reçut dans une affaire un coup de marteau d'armes sur la tête, ce qui l'obligea de quitter le service, il mourut au mois d'avril 1672.

5653. Forani, capitaine de vaisseau du port de Col, gouverneur de l'Isle-Royale, mort audit lieu le 10 mai 1740.

5654. FORBACK DE DEUX PONTS (le comte Guillaume de), chevalier de Saint-Louis, colonel du régiment de Deux-Ponts-dragons, fut blessé en Amérique dans la campagne de 1781, d'un coup de canon qui lui couvrit le visage et les yeux de petites pierres.

5655. FORBIN (Nicolas de), seigneur de Perruis et de Puymichel, fut tué sur mer près les îles d'Hières dans un combat naval (ce doit être sous Charles VIII ou Louis XII).

5656. FORBIN (Vincent de), viguier de Marseille, tué au siége du Puech en 1591.

5657. FORBIN (Annibal de), chevalier de Malte, tué à l'assaut de Montauban en 1628.

5658. FORBIN (Joseph de), officier de galères, tué au service en 1638 (probablement au combat des quinze galères de France contre pareil nombre de celles d'Espagne).

5659. FORBIN (N... de), chevalier de Malte, capitaine au régiment de Piémont, tué dans les guerres de Louis XIV.

5660. FORBIN (Germain de), capitaine de vaisseau, dit *le Borgne*, depuis qu'il perdit un œil au combat de la Hogue en 1692, mourut en 1695.

5661. FORBIN-JANSON (François-Toussaint de), major d'un régiment allemand, fut blessé à la bataille de la Marsaille en 1693, et resta confondu avec les morts pendant un temps considérable; il fut depuis religieux de la Trappe, sous le nom de *Frère Arsène*, et y mourut le 24 juin 1710.

5662. FORBIN (Louis de), marquis de Janson, sous-lieutenant de la première compagnie des mousquetaires, chevalier de Saint-Louis, maréchal de camp et gouverneur d'Antibes, reçut plusieurs blessures à la bataille de Ramillies en 1706, et mourut au mois de novembre 1715.

5663. FORBIN (Joseph de), marquis de Janson, chevalier de Saint-Louis, aussi sous-lieutenant de la première compagnie des mousquetaires, maréchal de camp et gouverneur d'Antibes, blessé dangereusement à la même bataille, mourut en 1728.

5664. FORBIN (N...de), dit le chevalier d'Oppède, exempt des gardes du corps, blessé à la bataille de Malplaquet en 1709.

5665. FORBIN DE GARDANE (Henry-Jean-Baptiste-Louis-Fortuné de), chevalier de Malte, capitaine au régiment royal des vaisseaux, mort à Tongres le 22 juillet 1747 des blessures qu'il reçut à la bataille de Laufeldt (V. de Saint-Canat, que l'on croit être de cette maison).

FORBIN, ancienne famille de Provence, qui a produit plusieurs personnages célèbres s'est divisée en plusieurs branches. Le premier connu, Palamède de Forbin, seigneur de Solliers, fut président de la chambre des comptes et conseiller du roi René. La terre de Janson fut érigée en marquisat au mois de mai 1626. *Armes* : d'or à un chevron d'azur, accompagné de trois têtes de léopard de sable, lampassé de gueules.

Les seigneurs, puis marquis de Janson, les seigneurs de la Rogue, les seigneurs de la Barbent : les seigneurs de la Fare, marquis d'Oppède : les marquis de Forbin des Issarts : les seigneurs de Solliers de Pont-à-Mousson.

5666. FORCADE (Pierre de), chevalier de Saint-Louis et lieutenant-colonel du régiment de la couronne, fut estropié d'un bras et d'une jambe au service, et reçut un grand nombre de blessures dans les guerres de Louis XIV.

5667. FORCADE (Bernard de la), mourut le 16 juillet 1672 des blessures qu'il reçut au siége d'Augsbourg.

5668. FORCHE (le sr du), gendarme de la garde du roy, blessé au combat de Leuze en 1691.

5669. FOREGNY (le seigneur de), tué à la bataille de Verneuil en 1424.

5670. FOREIL (le s'), lieutenant de grenadiers au régiment de Champagne, tué en 1744 à l'attaque de Weissembourg.

5671. FORENDE (N... de la), dit de Mondon, fut blessé en 1628 au siége de Fontarabie d'un coup de mousquetade à travers le corps, dont il mourut peu de temps après.

5672. FOREST (Guigues, comte de), que Joinville appelle toujours *le comte Guy de Ferrois,* eut la jambe brisée dans un combat contre les Sarrazins en 1250, et mourut en 1259.

5673. FOREST (Louis, *comte* de), chevalier, tué en 1362 à la bataille de Brignais.

5674. FOREST (le comte de), tué en 1363 dans une rencontre avec les Anglois.

5675. FOREST (le s' de la), officier au service du roy, tué au siége de Dourlens en 1545 (de Thou).

5676. FOREST (le s' de la), tué au siége de Bois-le-Duc en 1629. (*Mercure* de 1629.)

5677. FOREST (le s' de la), capitaine au régiment de Pié-mont, tué au siége de Coucy en 1654.

5678. FOREST (de la), lieutenant au régiment de Bourgogne, tué au siége de Grave le... octobre 1674.

5679. FOREST (le s' de la), capitaine au régiment de Na-varre, blessé au siége de Luxembourg en 1684.

5680. FOREST (le s' de), lieutenant au régiment de Navarre, blessé au combat de Saint-Denis (de Broqueroy), dans le Hainaut, le... 1678.

5681. FOREST (le s' de la), lieutenant au même régiment, tué en 1712 à la prise des retranchements de Denain.

5682. FOREST (le sr de la) chevalier de Saint-Louis, capitaine au régiment de Bourbonnois, blessé en 1747 à l'affaire d'Exiles, fut tué au combat de Warbourg en 1760.

5683. FOREST DE DIVONNE (le comte Gilbert de la), chevalier de Saint-Louis, lieutenant-colonel du régiment de Conty, puis lieutenant de roy de la citadelle de Besançon et maréchal de camp en 1781, blessé en 1744 à l'attaque des retranchements de Pierrelongue, le fut encore à l'affaire de l'isle de Rhé en 1758.

Nous avons encore MM. de la Forest des Hautes et Basses-Pyrénées qui portent d'hermine à deux haches d'armes adossées de gueules, ou d'azur à six coquilles d'argent. MM. Jules Forest et d'Armaillé, d'argent au chef de sable : De la Forest de Divonne en Savoie, de sinople à la bande d'or frettée de gueules.

5684. FORESTA, lieutenant de frégate du port de Toulon, tué aux Cévennes le 14 mars 1704.

5685. FORESTIE (Louis de la), seigneur de Villac, aide de camp dans l'armée du roy, en Catalogne, fut tué au siége d'Elne, en Roussillon, en 1641.

5686. FORESTIER (Pierre de), homme d'armes de la compagnie d'ordonnances du duc de Joyeuse, fut blessé à la bataille de Coutras en 1587.

5687. FORESTIER (Sébastien de), capitaine d'une compagnie d'infanterie, tué au siége de Corbie en 1636.

5688. FORESTIER (Jean de), sous-lieutenant d'infanterie, tué au siége d'Orsoy en 1672.

5689. FORESTIER (Pierre de), seigneur de Villers-le-Comte et du fort de Lanty, chevalier de Saint-Louis, mestre de camp de cavalerie et maréchal des logis de la première compagnie des mousquetaires, reçut plusieurs blessures dans le cours de 48 ans de service, et obtint sa retraite en 1722.

Nom porté par plusieurs familles en Flandres, en Artois, ne Nivernois; en Normandie, etc.

5690. Forestille (le sr de la), lieutenant au régiment de Piémont, blessé à la bataille de Rosbach en 1757.

5691. Forests (le sr des), chevalier de Saint-Louis, capitaine au régiment d'Auvergne, puis lieutenant-colonel des chasseurs d'Auvergne et maréchal de camp en 1792, fut blessé à la bataille de Clostercamps en 1760.

5692. Forgeret de Langerie (le sr), chevalier de Saint-Louis, capitaine de vaisseau, fut tué dans le combat naval du comte d'Aché aux Indes en 1758, commandant *le Saint-Louis*.

5693. Forgerie (le sr de la), sous-lieutenant au régiment d'Agénois, fut tué sur *le Conquérant* dans le combat du comte de Grasse contre l'amiral Rodney, au mois d'avril 1782.

5694. Forges (le seigneur de), guidon de la compagnie des gendarmes de M. de Tavannes, tué à la bataille de Renty en 1554.

5695. Forges (Silvain de), seigneur de la Bourlié, capitaine au régiment de Piémont, tué au siége de Maëstrick, sous Louis XIV.

5696. Forges (le sr des), capitaine au régiment royal des vaisseaux, blessé au combat de Senef en 1674.

5697. Forges (N... des), dit *le chevalier de Caulière*, chevalier de Saint-Louis, capitaine commandant au régiment des carabiniers de Monsieur, blessé d'un coup de feu à la bataille de Minden en 1759, obtint en 1778 une pension de 600 fr. motivée sur ses services et sur ses blessures. (V. de Caulière, que l'on présume être de cette famille.)

5698. Forget de Barst (Jean), chevalier de Saint-Louis,

capitaine aux grenadiers de France, eut le gras de jambe emporté à la bataille de Minden en 1759, et obtint en 1764 une pension de retraite de 500 francs.

5699. FORGET DE BARST (N... de), lieutenant au régiment de Bouillon et chevalier de Saint-Louis, blessé d'un éclat de pique à la jambe au siége de Gibraltar en 1782.

5700. FORGUE (le s^r de la), chevalier de Saint-Louis, capitaine au régiment de Béarn, blessé dans une sortie à Lintz, le 16 janvier 1741, le fut encore à la bataille de Johansberg en 1762 : il fut depuis major de Douay.

5701. FORIERS, sous-lieutenant au régiment de Périgord, blessé à la bataille de Staffarde le 18 août 1690.

5702. FORIL (le s^r de), inspecteur général de la marine, blessé d'un coup de mousquet à l'épaule au siége de Carthagène, en Amérique, en 1697.

5703. FORMEL DE BLACY (Jacques-Claude), chevalier de Saint-Louis, capitaine au régiment de Belsunce, grièvement blessé à la cuisse gauche dans le fameux combat du vaisseau *l'Elisabeth*, contre le vaisseau anglois *le Lyon* : le fut encore très-dangereusement d'un coup de feu à la tête, à la bataille de Fillenghausen en 1761, et si grièvement que l'on fut obligé de lui faire l'opération du trépan.

5704. FORMONT (le s^r de), capitaine au régiment de Normandie, tué en Bavière à l'affaire du 28 mai 1745.

5705. FORMET (Antoine-Pierre-Jean du), chevalier de Saint-Louis, capitaine de grenadiers au régiment de Provence, se retira du service sous Louis XV, à raison de ses blessures.

5706. FORMETS (César-Dominique, dit *le chevalier* de), chevalier de Saint-Louis, capitaine au régiment de Clermontprince, premier aide-major de la ville de Constance, en Soüabe, puis major de Rochefort, blessé en 1734 à une embuscade de nuit, près le bois de Lusars ; le fut encore à l'affaire de l'Assiette en 1747.

5707. FORMIER-DE-CHANGEAC (Claude-François de), chevalier de Saint-Louis, chef de bataillon au régiment de Provence, blessé au siége de Maëstrick en 1748, et à la bataille de Rosbach en 1757, quitta le service en 1762.

5708. FORS-DU-VIGEAN (le marquis de), eut son cheval tué sous lui et fut lui-même blessé au siége de Saint-Omer en 1638, servant alors comme volontaire et n'ayant que quinze ou seize ans. (*Mercure* de 1638.)

5709. FORSANS (le sr), capitaine aux grenadiers de France, tué à la bataille de Minden en 1759.

5710. FORSANS (Jean de), vicomte de Gardineul, chevalier de l'ordre du roy, mort dans l'intervalle des années 1630 et 1636, des blessures qu'il reçut au service.

FORT (du). V. Dufort.

5711. FORT (le sr du), chevalier de Saint-Louis, lieutenant-colonel du régiment de Catinat-dragons, brigadier des armées du roy en 1706, et gouverneur de Scarpe, de Douay, blessé à la bataille de la Marsaille en 1693, mourut en 1721.

5712. FORT (le capitaine le), fut très-dangereusement blessé au siége de Dinant en 1554 (de Thou).

5713. FORT (le sr le), capitaine au régiment de Navarre, blessé au siége de Fribourg en 1744.

5714. FORT (du), lieutenant au régiment de Languedoc, tué au siége de Grave en octobre 1674.

5715. Forte (le s^r de la), officier au régiment de Champagne, tué en 1627 à la descente des Anglois dans l'île de Rhé.

5716. Fortdouce (le s^r), lieutenant au régiment de Tracy-cavalerie, blessé en 1646 au siége de Fribourg. (*Mercure* de 1644.)

5717. Fortescu (Guillaume), tué à la bataille d'Azincourt en 1415.

M. Gustave Masson a donné une intéressante notice sur un membre de cette famille dans le *Cab. histor.*, t. X, p. 190.

5718. Forteuil (le s^r de), chevalier de Saint-Louis, lieutenant de grenadiers au régiment de Navarre, blessé au siége de Prague en 1741, et à la bataille de Dettingen en 1743, mourut d'un coup de feu au bas-ventre, qu'il reçut à celle d'Hastembeck en 1757.

5719. Fortia (Gilles de), seigneur d'Urban et de Caderousse, petite ville du comtat Venaissin, chevalier de l'ordre du roy, gentilhomme ordinaire de sa chambre, capitaine de ses galères, gouverneur et viguier d'Avignon, reçut plusieurs blessures au service, et mourut à Avignon en 1617.

5720. Fortia (Paul de), seigneur de Montréal, capitaine de galères, mort des blessures qu'il reçut au combat des quinze galères de France, contre pareil nombre de celles d'Espagne en 1638.

5721. Fortia (Gaspard de) son fils, seigneur de Montréal et en partie de la Garde et de Bédarrides, fut blessé dans le même combat sur la galère de son père.

5722. Fortia (Joseph de), seigneur de Forville dit le *chevalier de Forville*, officier de galère, tué dans le même combat. (*Mercure* de 1638.)

5723. Fortia (Emmanuel de), son frère, seigneur de Côte-Chaude, colonel d'un régiment italien entretenu en France, mourut en Italie des blessures qu'il reçut au siége de Valence : (l'on présume que ce fut plutôt à celui de 1635 qu'à celui de 1636).

5724. Fortia (Thimoléon de), mort dans les guerres de Catalogne.

5725. Fortia (Ludovic ou Louis de), dit *le baron de Baumes*, commandant un bataillon du régiment de marine, puis chef d'escadre des galères, fut emporté d'un coup de canon au siége de Portolongone dans l'île d'Elbe, où il avoit repoussé les ennemis jusque dans leurs retranchements.

5726. Fortia (Gaspard de), fut tué d'un coup de feu à l'expédition de Gigny en 1664. Voici ce qu'on lit à ce sujet dans la relation de cette affaire : *Ce brave qui a toujours paru dans le premier rang durant tout le temps de l'attaque et dans toutes les rencontres où nous avons eu à combattre contre les Maures, après une continuelle suite de belles actions, fut frappé d'un coup de mousquet qu'il reçut en poursuivant avec un cœur intrépide un des ennemis : il sortit de cette playe beaucoup plus de gloire que de sang, et l'on apprit aussitôt dans l'armée avec beaucoup de douleur la perte d'un si vaillant jeune homme.*

5727. Fortia (Jacques-Joseph de), dit le *comte de d'Urban*, fut blessé d'un coup de mousquet à l'épaule au siége de Coni en 1691, ce qui le mit hors d'état de continuer le service ; il avoit alors servi dans les régiments de Piémont et de Tournois.

Fortia. Ancienne famille françoise originaire d'Aragon, connue dès le Xe siecle, s'étoit divisée en quatre branches principales : les Fortia Chailly, les Fortia-d'Urban de Montreal et de Piles qui ont formé en Languedoc, en Touraine, à Paris, en Provence, et dans le comtat Venaissin, diverses branches secondaires éteintes aujourd'hui. La généalogie de cette maison a été dressée par divers auteurs et notamment par Lainé dont le travail est aussi complet que possible : elle avoit été d'abord dressée par le dernier marquis de Fortia d'Urban, « membre de plusieurs académies, et colonel des milices d'infanterie du comté Venaissin. » *Paris* 1808, *in-12.* Le souvenir de l'auteur est resté cher aux gens de lettres qui ont pu apprécier l'affabilité de ses manières et la générosité de son cœur : mort S. P. le 4 août 1843. — *Armes,* d'azur à une tour ronde crenelée de quatre pièces d'or, massonnée de sable et posée sur un tertre de sinople.

5728. Fortier (le s^r), capitaine lieutenant au régiment de Diesbach suisse, tué au siége de Berg-op-Zoom en 1747.

5729. Fortin (Charles), marquis de la Hoguette, sous-lieutenant de la première compagnie des mousquetaires, puis lieutenant général des armées du roy, gouverneur de Mézières et commandant en chef en Savoye, eut la cheville du pied cassée d'un coup de mousquet au siége de Candie en 1669 ; reçut plusieurs blessures considérables à celui de Maëstrick en 1673, un coup de mousquet à la cuisse à celui de Condé en 1676, et fut tué à la bataille de la Marsaille en 1693.

5730. Fortunier (N... de), seigneur de Vassy, en Auvergne, capitaine au régiment de Piémont, ayant eu le bras gauche fracassé à la bataille de Malplaquet en 1709, sans s'étonner il arracha ce bras avec fermeté et écrivit sur le champ de bataille à ses parents l'événement de cette journée.

5731. Fosse (Guillaume de la), écuyer, tué à la bataille de Poitiers en 1356.

5732. Fosse (le s^r de la), capitaine au régiment de Normandie, tué dans une attaque en 1638. (*Mercure de* 1638.)

5733. Fosse (de la), lieutenant de vaisseau du port de Rochefort, mort en Amérique, le.... 1670.

5734. Fosse-Montreuil (le s^r de la), chevau-léger de la garde du roy, tué au siége de Mons en 1691.

5735. Fossé de la Motte (Louis du), comte de Watteville, chevalier, commandeur de l'ordre royal et militaire de Saint-Louis et lieutenant général des armées du roy, reçut dix-huit blessures à l'attaque du fort de Rantzau, fut encore blessé à la bataille de Nortlingue en 1665 et se trouva à quarante siéges et à quinze grandes batailles, indépendamment d'autres actions particulières.

5736. Fossé-Solis (le sr du), capitaine au régiment de la Marck, blessé à la bataille de Rosbach en 1757.

5737. Fosseux (Christophe de), tué à la bataille d'Azincourt en 1415.

5738. Fosseux (Collard de), chevalier, tué à la même bataille.

> Ancienne maison de Bretagne, qui paroît éteinte : de gueules à trois jumelles d'argent.

5739. Fossez (François des), seigneur de Montigny, de Roüy et de Morteau, capitaine d'une compagnie de gens de pied, commandant aux châteaux de Beauvoir et de Bohain et gouverneur de Ribemont, fut tué en 1595 d'un coup de pertuisane par le colonel des troupes Espagnoles enfermées dans le château de Ham.

5740. Fou (François du), chevalier, seigneur du Vigean, conseiller chambellan ordinaire du roy et gouverneur de Lusignan, mort le 8 septembre 1536, ayant servi sous Charles VIII et Louis XII dans les guerres d'Italie où il perdit un œil.

5741. Fou (le chevalier du), sous-brigadier des mousquetaires, blessé à la bataille de Dettingen en 1743.

5742. Fou (Pierre-Hyacinthe, dit aussi *le chevalier* du), chevalier de Saint-Louis, capitaine au régiment de Béarn, blessé à l'affaire de Mêle en 1705, mourut en 1761.

La maison du Fou de Vigean, originaire de Bretagne, qui a ses représentants : d'azur à une fleur de lys d'or soutenant deux éperviers affrontés d'argent, becqués et membrés d'or.

5743. FOUBERT (le sr), enseigne de troupes, blessé au siége de Pondichéry en 1748.

5744. FOUCARD (le sr), capitaine aide-major au régiment d'Enghien, fut blessé sur l'os de la jambe à la bataille d'Hastembeck en 1757.

5745. FOUCAUD-D'ALZON (François-Jacques), chevalier de Malte, mort au siége de Traerbach en 1702 ou 1704.

Les Foucaud-d'Alzon, de l'Ile de France, d'azur au lion d'or au chef de même, chargé de trois molettes de sable.

5746. FOUCAULT DE LA BRESSE DE PONTBRIAND (Louis, dit le *comte* de), chevalier de Saint-Louis, major général du corps, puis lieutenant-colonel du premier régiment de carabiniers, fut blessé à la bataille de Minden en 1759.

Les Foucault de Pontbriand, de la Budorière etc., sortis de Bretagne : de sinople au chevron d'or surmonté d'un lion du même et accompagné de trois trèfles d'argent.

5747. FOUCAULT (François), seigneur d'Eguson, mourut sous Henry III, à l'armée de Flandres, où il servoit comme volontaire.

5748. FOUCAULT (Gaspard), seigneur de Saint-Germain de Beaupré, chevalier de l'ordre du roy, capitaine de cinquante hommes de ses ordonnances, chambellan du duc d'Alençon, gouverneur d'Argenton et de toutes les places que tenoient le parti d'Henry IV, alors roy de Navarre, en Berry et dans la Marche ; reçut, en voulant forcer l'abbaye d'Ahun, un coup d'arquebuse dans la tête dont il mourut au mois d'avril 1591.

5749. FOUCAULT (Gabriel), son fils, seigneur de Saint-Germain de Beaupré, vicomte du Daugnon, comte de Dun le Palleteau, baron de la Bone et de Royan, chevalier de l'ordre du roy, gentilhomme ordinaire de sa chambre, capitaine de cinquante hommes de la Marche et d'Argenton, se trouva au siége de Rouen, au combat d'Arques, à la bataille d'Ivry et au combat d'Aumale, et reçut plusieurs blessures en ces différentes affaires ; il mourut en 1633..

Les Foucault de Saint-Germain de Périgord : d'azur semé de fleurs de lis d'or. C'est à cette famille qu'appartenoit Louis de Foucault comte de Daugnon, né vers 1616 qui prit une part glorieuse aux guerres du règne de Louis XIII, fut maréchal de France en mars 1657, et mourut en 1659.

5750. Foucault (Gilbert), seigneur de Rosez, capitaine d'une compagnie de chevau-légers, fut blessé dans plusieurs actions sous Louis XIII: s'étant trouvé ensuite sous le règne suivant aux siéges d'Arras, d'Aire, de Perpignan, à la bataille de Rocroy et au siége de Thionville en 1643, il reçut encore plusieurs autres blessures.

5751. Foucault (Charles *alias* Antoine), son fils, dit le *comte de Rosez*, lieutenant général des armées du roy, fut tué au combat de Turkheim en 1675. M. de Turenne dit à cette occasion devant toute l'armée, qu'il venoit de perdre son bras droit.

« Après avoir remporté divers avantages à la suite du dernier échec qu'il avoit infligé aux ennemis, Turenne marcha vers Colmar pour leur livrer bataille : on l'a appelée la bataille de Turkheim, du nom de cette place ou étoit la droite des alliés. Turenne les força de repasser le Rhin. »

5752. Foucault (Michel), son autre fils, dit aussi le *comte de Rosez*, sous-lieutenant des deux cents chevau-légers de la garde, tué d'un coup de canon à la bataille de Nerwinde en 1693.

5753. Foucault (N...), sous-lieutenant des gendarmes-dauphin et aide de camp du grand dauphin dans ses campagnes, fut tué d'un coup de canon au siége de Philisbourg en 1688.

5754. Foucault (Jean-Raphaël), cornette au régiment de Montrevel, tué à la bataille de Parme en 1734.

5755. Foucault (Marc), seigneur de Zélaë, capitaine d'une compagnie de gens de pied, blessé au siége de Calais en 1596 et fait prisonnier par les Espagnols.

5756. Foucault (Marc), seigneur de Zélaë, capitaine au régiment de Navarre, puis lieutenant-colonel de celui de Bourgogne et lieutenant de roy à Valenciennes, puis à Dunkerque, eut le bras cassé d'un coup de feu au siége de Candie en 166...

5757. Foucault (Louis-Daniel), chevalier de Saint-Louis, capitaine au régiment de Picardie, blessé en 1761 à l'affaire d'Eyreden, en Hesse, obtint en 1777 une pension de retraite de mille livres.

5758. Foucault de Merville (le s^r), capitaine au régiment de Navarre, reçut une balle qui lui effleura la peau de la tête au siége de Valence en 1636, où il fit des actions de valeur de la plus grande intrépidité.

Les Foucault de Bretagne, de Berry, de l'Orléannois et de l'Artois qui semblent de la même souche, et qui ont encore leurs représentants, portoient : de gueules à la fasce d'or accompagné de trois molettes du même, au croissant d'argent posé au point du chef, avec cette devise : *Orcs à eux.*

5759. Fouchais (le s^r de la), mousquetaire de la garde du roy, blessé à la bataille de Dettingen en 1743.

5760. Fouchardière (le s^r de la), chevalier de Saint-Louis, exempt des gardes du corps, blessé au siége de Cambray en 1677.

5761. Foucquet (Louis-Charles-Arnaud), dit *le chevalier de Bellisle*, lieutenant général des armées du roy, tué à l'affaire d'Exiles le 19 juillet 1767.

5762. Foucquet (Charles-Louis-Auguste), son frère, duc de

Bellisle, pair et maréchal de France, prince du Saint-Empire, chevalier des ordres du roy et de celui de la Toison-d'Or, ministre et secrétaire d'Etat de la guerre, gouverneur de Metz et du pays messin, lieutenant général au gouvernement de Lorraine et Barrois, et précédemment ambassadeur plénipotentiaire à la diette d'élection de l'Empire, blessé d'un coup de feu dans la poitrine au siége de Lille en 1708, le fut encore en 1736 d'un éclat de palissade en faisant le siége du château de Taerbach ; il mourut le 26 janvier 1761.

5763. FOUCQUET (Louis-Marie), son fils, comte de Gisors, prince du Saint-Empire, chevalier de Saint-Louis, mestre de camp, lieutenant du régiment royal des carabiniers, brigadier des armées du roy, gouverneur de Metz et du pays messin, et lieutenant général au gouvernement de Lorraine et Barrois, mort à Nuys le 26 juin 1758 des blessures qu'il reçut à la bataille de Creweldt où il combattit en héros.

> D'Hozier donne au nom de Foucquet l'orthographe que lui avoit conservée le célèbre surintendant, bien que les biographes écrivent plus généralement le nom sans *C. Fouquet*. On connoît les armes et la devise de cette maison : d'argent à l'écureuil rampant de gueules. — D. *Quo non ascendam ?*

5764. FOUDRAS (Antoine de), seigneur de Courcenay, capitaine au régiment du comte de Bury, mort au siége de Montpellier sous Louis XIII.

5765. FOUDRAS (Charles de), capitaine de grenadiers au régiment de Charost, mort au siége de Douay sous Louis XIV.

5766. FOUDRAS (Etienne de), chevalier de Malte, capitaine au régiment d'Epernon, mort dans les guerres d'Italie.

5767. FOUDRAS (Mathieu de), son frère, enseigne de la compagnie, colonel du régiment de Condé, tué à la bataille de Montagne-Noire.

5768. FOUDRAS (N... de), blessé en 1638 au siége de Poligny, en Franche-Comté. (*Mercure* de 1638.)

5769. Foudras (Humbert de), autre frère d'Etienne et de Mathieu ci-dessus, premier capitaine au régiment de Condé, mort à la levée du siége d'Arras.

5770. Foudras (Gaspard de), capitaine de cavalerie, tué à la bataille d'Hochstett.

5771. Foudras (Jean-Paul de), lieutenant au régiment de Poitou, mort dans la guerre d'Italie.

5772. Foudras (Claude-Aguppa de), son frère, capitaine au régiment de Piémont, tué à la bataille de Rosbach en 1757.

5773. Foudras (Claude-Ferdinand, dit *le marquis* de), chevalier de Saint-Louis, capitaine au régiment de Bouillon, blessé à la main à la bataille de Minden en 1749.

5774. Foudras (N... de), lieutenant au régiment d'Aquitaine, fut dangereusement blessé à la cuisse à la même bataille.

Maison du Lyonnais qui a ses représentants : d'azur à trois fasces d'argent : D. *Sunt mihi in custodiam.*

5775. Fourfry (de), enseigne de vaisseau du port de Rochefort, mort sur *le Pontchartrain*, armement de M. Renault, le 4 aoust 1696.

5776. Fougasse (Antoine de), chevalier de Malte, capitaine au régiment de Barberin, mort dans les guerres d'Italie en 1644.

5777. Fougerais (le sr des), mousquetaire de la garde du roy, blessé au siége de Maëstrick en 1673.

5778. Fougeres (Raoul de), tué au siége d'Acre en 1191.

5779. Fougeres (Claude de), baron d'Oing commandant la compagnie d'ordonnances du comte de Montrevel, fut tué à la bataille de Cérisolles en 1544.

5780. Fougeres de Malsaigne (François, *marquis* de), seigneur, gouverneur et lieutenant de roy de la ville et du château de Vaudable, chevalier de Saint-Louis et capitaine de grenadiers au régiment de Beauvoisis, fut blessé d'un coup de feu au pied à la bataille de Rosbach en 1757, et obtint sa retraite en 1763.

> Les Fougères d'Oin, du Berry : d'azur au chef losangé d'or et de gueules.

5781. Fougerolles de Rochefort (Claude de), chevalier de Saint-Louis, premier capitaine du régiment de Limousin, obtint en 1786 une pension de retraite de 1,500 fr. motivée sur ses services et ses blessures.

5782. Fougerolles (le sr de), capitaine au régiment de Navarre, tué au siége de Fribourg en 1744.

5783. Fougières (Gallois de), tué à la bataille d'Azincourt en 1415.

5784. Fougières (le *comte* de), chevalier de Saint-Louis, officier supérieur de gendarmerie, puis maréchal de camp en 1770, lieutenant de roy du Bourbonnois et sous-gouverneur des enfants de France, fut blessé à la bataille de Minden en 1759, et mourut en 1787 ou 1788.

5785. Fougières de la Sauvatte (Claude de), cornette au régiment de Héron-dragons, tué à la bataille de Malplaquet en 1709.

5786. Fouille, lieutenant du régiment de Cambrésis, tué à la bataille de Staffarde le 18 aoust 1690.

5787. Fouillés (de), capitaine aux gardes-françoises, a le pouce cassé à la bataille de Saint-Denis le ... 1678.

5788. Fouilleuse (Alexandre-Louis-Philippe de), marquis de Flavacourt, chevalier de Saint-Louis, lieutenant général des armées du roy en 1734, gouverneur et grand bailly de Monfort-l'Amaury, blessé au siége d'Aire en 1710, mourut à Paris le 18 décembre 1734.

5789. Fouilleuse (N... de), chevalier de Saint-Louis, aide d'artillerie, puis enseigne de vaisseau, eut la jambe coupée d'un boulet de canon au siége de Carthagène en 1697, et mourut couvert de blessures reçues dans les guerres de Louis XIV.

5790. Fouilleuse (Auguste-Frédéric de), marquis de Flavacourt, chevalier de Saint-Louis, officier supérieur de gendarmerie, blessé de quatre coups de feu à la bataille de Minden en 1759, mourut de la suite de ses blessures (on le croit le même que *M. de Flavacourt* qui étoit enseigne à pique au régiment des gardes-françoises et avoit été blessé à la bataille de Dettingen en 1743.

5791. Fouilleuse (Auguste-Frédéric de), comte de Flavacourt, colonel à la suite du régiment de la reine-cavalerie, mourut de ses blessures à l'âge de 22 ans, le 2 mars 1762.

Les Fouilleuse comtes et marquis de Flavacourt du (Beauvoisis), maison qui paroit éteinte : d'argent papelonné de gueules, semé de trèfles renversés de même.

5792. Fouillon (le capitaine), neveu du lieutenant de roy de Poitou, fut blessé au siége de la Rochelle en 1573, servant dans le parti catholique.

5793. Fouilloux (le sr de), enseigne des gardes de la reine, fut dangereusement blessé en 1652 au combat de la porte Saint-Antoine.

5794. Fouilloux (le sr de), capitaine au régiment royal des vaisseaux, blessé au combat de Senef en 1674.

5795. Fouion ou Fougeon (le seigneur de), blessé au siége de Metz en 1552, mourut peu de temps après de ses blessures.

5796. Fouquerolles (le capitaine de), capitaine au régiment de Picardie et mestre de camp, tué au siége d'Amiens en

1597 (présumé être François de Fauterau, seigneur de Feu-querolles) chevalier de l'ordre du roy et maréchal de ses camps et armées, qui mourut en effet dans l'intervalle des années 1596 et 1600.

5797. Fouquerolles (le s^r de), capitaine au régiment de Béarn, tué au siége de Privas en 1629.

5798. Fouquerolles (le s^r de), mousquetaire de la garde du roy, eut le ventre emporté d'un boulet au siége de Mons en 169¹.

5799. Fouquerolles de Mazille (François de), chevalier de Saint-Louis, capitaine de grenadiers au régiment d'Aunis, ob-tint en 1758 et 1763 une pension de retraite de 800 fr. en considération de ses services et de ses blessures.

Les Fouquerolles (de l'Ile-de-France) : d'azur au chevron d'or, chargé à sénestre d'un lion de sable.

5800. Fouquesolles (Jacques de), seigneur d'Andreham guidon de la compagnie des gendarmes du maréchal du Biez, son beau-père, fut tué dans une entreprise, sur Bou-logne en 1544.

5801. Fouquesolles (le s^r de), mestre de camp du régiment de Fouquesolles, tué au siége de Saint-Omer en 1638. (*Mer-cure* de 1638.)

5802. Fouquet (François), seigneur de la Source, tué dans les guerres d'Italie en 1626.

5803. Fouquet de Réal (François-Charles), chevalier de Saint-Louis, lieutenant-colonel du régiment de Luzignan-cavalerie, depuis Berry, blessé à la bataille de Rosbach en 1757. (V. de Réal, en cas de rapport avec cette famille.)

Il existe encore plusieurs maisons de ce nom, auxquelles ces mentions peuvent s'appliquer.

5804. Four (Antoine du), chevalier de Saint-Louis, lieutenant au régiment de Baufremont-dragons, depuis Lorraine, reçut plusieurs blessures au service, sous Louis XV.

5805. Four (le s^r du), lieutenant au régiment de Béarn, blessé à l'affaire de Mêle en 1715.

5806. Four (le s^r du), lieutenant au régiment royal des vaisseaux, blessé au siége de Berg-op-Zoom et à la bataille de Laufeldt en 1747.

5807. Four (le chevalier du), lieutenant au régiment, colonel général, blessé à la bataille de Minden en 1759.

5808. Four de la Lanne (N... du), lieutenant-colonel du régiment de Chartres-cavalerie, avec rang de mestre de camp, et chevalier de Saint-Louis, tué à la bataille de... en 17... (V. de la Lanne.)

5809. Four de Longuerue (Charles-Louis du), seigneur de Longuerüe, lieutenant des gardes du corps et maréchal de camp en 1704, blessé au combat de Leuze en 1691, fut tué à la bataille de Ramillies en 1706. (V. de Longrue.)

Les du Four de Longuerue, originaires de Normandie portent : d'azur à une étoile d'or, accompagnée de trois croissants du même.

5810. Four de Prade (Louis du), chevalier de Saint-Louis, mestre de camp de cavalerie et brigadier des armées du roy, commandant à Chambéry, blessé dangereusement d'un coup de feu au siége de Grave en 1674, eut encore l'épaule droite cassée d'un coup de mousquet à la bataille de Cassel en 1677, et eut aussi une jambe fracassée au combat de Bossu, il resta même toute sa vie estropié de cette dernière blessure.

Maison d'Auvergne : d'argent au chevron de sable accompagnée au chef de deux étoiles de gueules et une pointe d'un croissant du même.

5811. Four de Satillien (Louis du), marquis de Saint-Sylvestre, chevalier, commandeur de l'ordre royal et militaire de Saint-Louis, lieutenant général des armées du roy et gouverneur de Briançon, reçut deux blessures au siége de Charleroy, eut le bras percé d'une balle près de Fribourg, et son cheval fut tué sous lui d'un coup de canon à la bataille de Staffarde en 1690, où il fit des prodiges de valeur.

5812. Fourbois (le sr de), chevalier de Saint-Louis, major du régiment de Navarre, blessé à la bataille de Fleurus en 1690, mourut en 1731.

5813. Fourcade (le sr de la), officier au service du roy, mort des blessures qu'il reçut au siége de Laon en 1544 (de Thou).

5814. Fourcet (le sr), lieutenant au régiment de la Sarre, blessé en 1758 à l'affaire de Carillon, en Canada.

5815. Fourchenivère (Guy de), tué à la bataille de Verneuil en 1424.

5816. Fournas (André-Gabriel de), seigneur de la Brosse, lieutenant dans la compagnie du seigneur de Bréville dans les guerres de Piémont, sous le maréchal de Brissac, fut blessé en 1555 au siége de Vulpian d'un coup de mousquet à la jambe, dont il resta estropié toute sa vie.

5817. Fournas (André de), seigneur de la Brosse, gentilhomme ordinaire de la chambre du roy et capitaine d'une compagnie entretenue de carabins; ayant été commandé en 1591 pour aller à l'assaut au siége des Echelles, il demeura enterré dans les ruines que faisoit le canon et en fut retiré blessé : il surprit aussi le château de Faverge qui fut ensuite assiégé, et reçut cinq arquebusades dans les différentes sorties qu'il fit, l'une à la cuisse, l'autre dans le milieu de la cuirasse, et les trois autres sur son cheval ; il mourut vers la fin du mois de septembre 1621 d'autres blessures qu'il reçut au siége de Montauban.

5818. Fournas de Fabre (Louis de), capitaine de cavalerie

au régiment de Boissieu, depuis lieutenant, blessé au siége de Turin en 1640.

5819. FOURNAS DE LA BROSSE (Jean-Joseph de), capitaine au régiment de Sanzay, tué au siége de Barcelone.

5820. FOURNAS DE LA BROSSE (Claude de), baron de Fabrezan, chevalier de Saint-Louis et de l'ordre de Saint-Lazare, capitaine au régiment royal d'infanterie de la marine, blessé à la cuisse à la bataille de Malplaquet en 1709, mourut en 1751.

Les Fournas de la Brosse qu'on trouve en Dauphiné, Languedoc et Bretagne, portent : d'argent à trois fasces d'azur au griffon d'or, langué et couronné d'azur, brochant sur le tout.

5821. FOURNEAU, capitaine au régiment de Champagne, blessé d'un coup de feu à la cuisse à la bataille de Fleurus le 1er juillet 1690.

5822. FOURNEAU (François), premier sous-aide-major et lieutenant au régiment de Béarn, blessé à la bataille de Laufeldt en 1747.

5823. FOURNEAUX (le sr des), capitaine au régiment de Trassy-cavalerie, blessé en 1644 au siége de Fribourg. (*Mercure* de 1644.)

5824. FOURNIER (le sr), capitaine d'infanterie, tué au siége de Maëstrick en 1676.

5825. FOURNIER DE BELLEVUE (Jean), chevalier de Saint-Louis, lieutenant de vaisseau, blessé en 1779 dans un combat naval servant alors comme lieutenant de frégate sur la corvette *l'Epervier*, mourut d'autres blessures qu'il reçut au combat du comte de Grasse, près de la Martinique, contre l'amiral Hood, le 29 avril 1781.

Il existe un grand nombre de familles du nom de Fournier ayant des prétentions à la noblesse. Il est fort difficile de les distinguer ici.

Les Fournier de Bellevue, originaires du Berri, qui ont encore des représentants portent : de sable au chevron d'argent.

5826. Fournier de Carles (César), enseigne au régiment de Picardie, blessé à la tête des volontaires à l'attaque de Bourbourg au mois d'août 1665, mourut à Calais peu de jours après de ses blessures.

5827. Fournier (François), seigneur d'Aultane, dit *le marquis d'Aultane*, chevalier de Saint-Louis, lieutenant-colonel du régiment de Cayenne, puis mestre de camp d'un régiment et maréchal de camp, blessé grièvement à la bataille de Fredelinghen en 1702, mourut à Paris le 2 décembre 1729.

5828. Fournier D'Aultane (Philippe-François) son fils, capitaine dans le régiment de cavalerie de son père, tué à la bataille de Malplaquet en 1709.

5829. Fournier (Esprit-Bruno), son autre fils, marquis d'Aultane, chevalier de Saint-Louis, d'abord major du régiment de Gêvres-cavalerie, puis lieutenant général des armées du roy, fut blessé de trois coups de sabre et eut son cheval tué sous lui à la même bataille.

5830. Fournier (N... le), dit le *capitaine Fournier*, de Dieppe, gouverneur de cette ville, fut tué à la reprise d'Amiens en 1597. M. de Thou en parle comme d'un brave officier et le qualifie commandant la compagnie des chevau-légers du roy.

5831. Fournier (Joseph-François le), marquis de Wargemont, chevalier de Saint-Louis, capitaine, sous-lieutenant des gendarmes de la garde et brigadier des armées du roy, tué à la bataille de Dettingen en 1743.

Maison de Picardie : d'argent à trois roses de gueules, 2 et 1.

5832. Fourtens du Tertre (Charles-Richard), lieutenant dans les régiments de Normandie et de Maulevrier, puis officier à l'hôtel royal des invalides, fut estropié au bras droit au siége de Barcelone.

5833. Fouville (le sr de), lieutenant au régiment de Normandie, fut brûlé au siége de Turin en 1706 par l'effet d'une bombe.

5834. Fox (le sr de), lieutenant au régiment des volontaires de Soubise, blessé à la journée de Grebenstein le 24 août 1762.

5835. Foyal (Joseph-Achilles de), capitaine au régiment de Languedoc, tué au siége de Keiserwert en 1702.

5836. Foyal (Nicolas de), seigneur d'Allones, chevalier de Saint-Louis, commissaire d'artillerie, puis capitaine de grenadiers royaux, tué au siége de Berg-op-Zoom en 1747.

5837. Fradel de Bort (Guillaume), fut blessé à la jambe après avoir servi le roy pendant trois ans dans le régiment des gardes-françoises.

5838. Fradet (Claude), seigneur de Poligny, capitaine au régiment d'Enghien, tué au siége de Perpignan en 1642.

5839. Fradet (Antoine-Armand de), seigneur de Saint-Août, comte de Châteaumeillant, vicomte de Villemevrard et de la Mothe-Feuilly, baron de Bourdelle et de Saint-Javarain, brigadier des armées du roy, mestre de camp d'un régiment, conseiller d'Etat d'épée et lieutenant au gouvernement de Berry, fut tué dans les guerres de Hollande en 1675.

Les Fradet de Berry : d'or à trois fers de lance de sable.

5840. Framecy (Jacques-François-Marie de), dit *le chevalier d'Enocq*, chevalier de Saint-Louis et capitaine au régiment de Picardie, fut blessé au siége de Fribourg en 1744, et à l'affaire d'Amembourg en 1762 : il quitta le service en 1765.

5841. Frameville (le sr de), lieutenant au régiment royal des vaisseaux, blessé au combat de Senef en 1674.

5842. Framicourt, lieutenant de vaisseau le 23 février

1684, du port de Toulon, capitaine de frégate, tué près Bellisle, sur *le Marquis*, commandé par M. de Forbin, le 15 décembre 1692.

5843. FRAMOND (le *comte* de), chevalier de Saint-Louis, capitaine de vaisseau et brigadier des armées navales, blessé sur le *Caton* qu'il commandoit dans le combat du 1er septembre 1780 devant la baye de Chesapeak, entre le comte de Grasse et l'amiral Howe.

5844. FRAMONDIE (Jacques-Louis-Amédée de la), dit *le vicomte de Framond*, chevalier de Saint-Louis, capitaine au régiment Royal-Normandie et lieutenant des maréchaux de France en Gévaudan, blessé au siége de Fribourg en 1744.

> Framond de la Framondie, famille du Languedoc qui a ses représentants.

5845. FRANC (le s^r le), lieutenant au régiment de Béarn, blessé en 1747 au siége d'Hulst, fut tué en la même année à la bataille de Laufeldt.

5846. FRANC (le s^r le), lieutenant au régiment de Piémont, blessé en 1759 aux batailles de Berghen et de Minden.

5847. FRANC (Guillaume le), seigneur de l'Hille, capitaine au régiment du Breuil, blessé d'un coup de mousquet à travers le corps au siége de Nice en 1647.

5848. FRANC (Jean le), seigneur de la Tour, capitaine au régiment de Roquelaure-infanterie, puis lieutenant de la compagnie de chevau-légers du dauphin, fut grièvement blessé d'un coup de mousquet qu'il reçut au bras droit, et dont il resta estropié toute sa vie, aux termes d'une attestation du 27 juillet 1665.

5849. FRANC (Louis le), seigneur de Saint-Clair, chevalier de Saint-Louis, capitaine de grenadiers au régiment, eut le tendon d'Achille emporté d'un coup de canon à la bataille de Berghen en 1759. reçut encore un coup de fusil à travers le buste, à gauche, à celle de Fillinghausen en 1761, et fut blessé d'un éclat de bombe au-dessus du talon gauche, à Ham, en 1762.

> Plusieurs familles de ce nom, en Artois, en Picardie, en Normandie, en Dauphiné et en Languedoc.

5850. FRANCE (Pierre de), fils de Saint-Louis, comte d'Alençon, frère du roy Philippe le Hardi, mourut d'une blessure qu'il reçut dans une rencontre en 1284, près d'un lieu appelé la Canina, en Italie.

> Plusieurs fils de France, enfants de nos rois, pourroient être cités en ce lieu. Nous nous réservons de revenir sur ce point au *supplément*.

5851. FRANCE (Oudard de), tué d'un coup de canon au siége de Mardick, étant page du duc de Joyeuse.

5852. FRANCE (Toussaint de), enseigne au régiment de Vaubecourt, tué au siége de Turin en 1642.

5853. FRANCE (Jean de), tué au service, d'après une attestation du comte de Vaubecourt du 20 juin 1667.

5854. FRANCE (Joseph de), capitaine au régiment de Vaubecourt, tué au siége de Rozes (d'après la même attestation).

5855. FRANCE (Charles-Mathieu de), son frère, enseigne au même régiment, tué au siége de Corbie (d'après la même attestation).

5856. FRANCE (Bertrand de), dit *le Gros*, capitaine au même régiment, tué au camp d'Oulens, en Flandre (d'après la même attestation).

5857. FRANCE (N... de), mousquetaire de la garde du roy, blessé à la bataille de Dettingen en 1743.

> Ce nom de France a été porté par plusieurs familles qui ont encore leurs représentants en Bretagne, en Hainaut, en Languedoc et dans le Cambraisis.

5858. Francheville (le s^r de), mousquetaire de la garde du roy, blessé au siége de Maëstrick en 1673.

5859. Franchon (le s^r), gendarme de la garde du roy, blessé au combat de Leuze en 1691.

5860. Francière (le baron de), lieutenant de vaisseau du port de Rochefort, mort à la Havane, sur *l'Espérance*, commandé par M. de la Galissonnière, le 18 juin 1702.

5861. Francine de Grandmaison (le s^r de), chevalier de Saint-Louis et lieutenant de vaisseau, reçut un coup de mousquet dans le gosier qui lui perça le palais et les deux mâchoires, et ce fut en considération des blessures dont il avoit été criblé à la défense des côtes, près de la Hogue, que Louis XIV le décora de la croix de Saint-Louis; il commandoit *l'Avenant* en 1697 au siége de Carthagène où il fut encore blessé au bras, et probablement il avoit alors le grade de capitaine de vaisseau.

5862. Francine de Grandmaison, lieutenant de vaisseau du port du Havre, mort ou noyé au Havre le 30 juin 1705.

5863. Francini (de), chef de brigade, enseigne de vaisseau du port de Brest, mort sur *le Fleuron* le 2 janvier 1741.

5864. François Ier, roy de France, fut blessé à la jambe et eut son cheval tué sous lui à la bataille de Pavie en 1515.

Il n'y a pas de raison d'omettre ceux de nos rois blessés sur les champs de bataille, dont le nombre est d'ailleurs assez restreint; ce que la raison d'État explique suffisamment.

L'histoire nous apprend que François Ier, dont l'impétueux courage est assez connu, se défendit à pied presque seul au milieu d'un tas de morts, tant François qu'ennemis; qu'il en tua sept de sa main avant d'être renversé, et deux après s'être relevé.

5865. François (le s^r le), lieutenant de grenadiers au régiment de le Camus, fut blessé à la tête et à l'épaule à la bataille de Minden en 1759.

5866. FRANCOURT (le s⁣ᵣ de), chevalier de Saint-Louis, capitaine au régiment de Champagne, eut une jambe coupée à la suite d'une blessure qu'il reçut à la bataille d'Hastembeck en 1757.

5867. FRANGIPANI (Mutio), gentilhomme romain, chevalier de l'ordre du roy, blessé d'un coup d'arquebuse au bras dans une affaire en 1568, le fut encore à la bataille de Jarnac en 1569.

5868. FRANGPREZ, capitaine au régiment de Dampierre, blessé au siége de Grave en octobre 1674.

5869. FRANOY (le s⁣ᵣ du), capitaine au régiment de Guyenne, reçut une blessure mortelle au siége de Roses en 1645.

5870. FRANQUEFORT (Jacques-Paul de), chevalier de Saint-Louis, ancien lieutenant au régiment d'Archiac et depuis lieutenant-colonel du régiment du roy-cavalerie, fut blessé à la bataille de Minden en 1759.

5871. FRANQUES (Nicolas-Joseph de), chevalier de Saint-Louis, chef de bataillon au régiment d'Alsace, puis dans celui de Bouillon, avec rang de major, fut blessé à la bataille de Clostercamps en 1760, et quitta le service en 1781.

5872. FRANQUETOT (François de, *duc* de Coigny), maréchal de France, chevalier des ordres du roy et de la Toison-d'Or, colonel général des dragons et gouverneur de Sedan, ancien mestre de camp du régiment royal-étranger-cavalerie, blessé à la bataille de Parme en 1734, puis comme commandant en chef l'armée d'Alsace, blessé encore près du fort Louis, où il eut un cheval tué sous lui le 23 août 1744, mourut le 17 décembre 1759.

5873. FRANQUETOT (Jean-Antoine-François), *marquis* de

Coigny, fils du précédent, et comme son père blessé près du fort Louis le 23 août 1744. (Nouv. à la main.)

Les Franquelot, comtes, marquis puis ducs de Coigny, grande maison de Normandie, éteinte dans les mâles le 2 mai 1865. Armes : de gueules à la fasce d'or, chargée de trois étoiles d'azur et accompagnée de trois croissants du second.

5874. FRANQUIN DE GUILLERVILLE (N...), chevalier, commandant de l'ordre royal et militaire de Saint-Louis, en 1695, lieutenant-colonel du régiment de Normandie et gouverneur de Bouillon, fut blessé au siége de Grave en 1674.

5875. FRANSSURES (Charles-François de), chevalier de Malte, tué au siége d'Ostende en 1602.

5876. FRANSSURES DE VILLERS (Louis-Roger de), chevalier de Saint-Louis et chef d'escadre des armées navales, eut le talon emporté d'un coup de mitraille au combat de Malaga en 1704, il mourut au Havre, âgé de 92 ans, au mois de mars 1775.

5877. FRÉCAT (Jacques), chevalier de Saint-Louis, lieutenant de grenadiers au régiment de Provence, reçut trois blessures au service, sous Louis XV.

5878. FRÉDÉRIC, sous-lieutenant au régiment du roi, blessé au combat de Saint-Denis (du Broqueroy) en 1678.

5879. FREDEVILLE (le s^r de), que l'on présume être Alexandre, baron de Fredeville, chevalier de l'ordre du roy et gentilhomme ordinaire de sa maison, fut tué d'un coup d'arquebuse au siége d'Issoire en 1590 (de Thou).

5880. FREDY (François), seigneur de Conbertin et de Juilly, chevalier de Saint-Louis et lieutenant de vaisseau, fut blessé à la gorge d'un éclat de bombe au combat de la Hogue en 1692, il le fut encore d'un coup de canon à la poitrine dans une des batailles de l'année 1708.

5881. FREGONNIÈRE DE VILLENEUVE (la), enseigne de vaisseau du port de Rochefort, mort sur la *Gironde* le 20 juillet 1733.

5882. FREGOZE (César), chevalier de l'ordre du roy et ambassadeur à Venise, chargé par François Ier d'une mission secrète pour Venise, fut traitreusement assassiné dans la nuit du 2 juillet 1541 par des émissaires de Charles-Quint, ce qui occasionna la rupture entre le roy et l'empereur et la guerre terrible qui s'ensuivit au mois de mai 1542.

5883. FREGOZE (Aurelio), chambellan et gentilhomme ordinaire de la chambre du roy, blessé à la bataille de Marciano en 1554.

> Riche et puissante maison génoise d'où sont sortis plusieurs Doges : porte : Coupé-enté de sable, et d'argent. Devise. *Ni matar me, ni espantar me.*

5884. FREMAN (le s^r), lieutenant au corps royal d'artillerie et du génie, blessé à la bataille de Rosbach en 1757.

5885. FREMAUSENT (Lancelot de), tué à la bataille d'Azincourt en 1415.

5886. FRÉMI, lieutenant au régiment de Champagne, blessé à la bataille de Fleurus le 1er juillet 1690.

5887. FREMICOURT (le s^r de), officier au service du roy, tué au siége de Dourlens en 1595 (de Thou).

5888. FREMIN (le s^r), lieutenant au régiment de Mailly, blessé à la bataille de Rosbach en 1757.

5889. FREMONT (le s^r de), sous-lieutenant au régiment de Normandie, tué au siége de Philisbourg en 1688.

5890. FREMONT DE BELON, lieutenant de vaisseau du port de Brest, mort aux Isles le..... 1692.

5891. Fremont (le sʳ de), chevalier de Saint-Louis et major du régiment de Soubise, bléssé en 1762 dans l'armée de Soubise.

5892. Fremont (le sʳ de), capitaine au régiment de Foix, tué dans le combat du comte d'Estaing contre l'amiral Byron, près de la Grenade, le 6 juillet 1779.

Les Fremont de Normandie portoient : d'argent au chevron de gueules accompagné de trois trèfles de sinople, mais plusieurs autres familles portoient ce nom : les Fremont d'Auncuil, marquis de Charleval, les Fremont du Bouffay, de Bretagne, etc.

5893. Fremur (le sʳ de), maréchal de camp, dangereusement blessé à la tête au siége de Hagueneau le 23 août 1744. (Nouv. à la main.)

5894. Fremin gendarme de la garde du roy, blessé à la bataille de Staffarde en 1690.

5895. Fremyn de Fontenilles (Philippe-Pierre), seigneur de Sapicourt, chevalier de Saint-Louis, mestre de camp de cavalerie, gouverneur et commandant à Rethel-Mazarin, fut tué à la bataille de Minden en 1759.

Famille de Champagne : d'argent à une fasce d'azur, bordé d'or, aux flammes de gueules mouvantes du chef et de la pointe de l'écu.

5896. Frêne (Charles-François du), chevalier de Saint-Louis, capitaine au régiment de Mailly, depuis Guyenne, fut blessé en 1743 à l'affaire de Dingelfingen, et reçut deux autres blessures au service.

5897. Frêne (le sʳ du), capitaine au régiment de Picardie, tué au siége de Dolle en 1636.

5898. Frêne (le sʳ du), lieutenant au même régiment, tué au combat de Senef en 1674.

5899. Frêne (le sʳ du), capitaine au régiment du Perche, officier distingué, reçut trois blessures dangereuses dans une attaque en 1638 (*Mercure* de 1638).

5900. Frêne (le s^r du), capitaine au régiment de Béarn, tué au siége de Verue en 1705.

5901. Frêne (le s^r du), mousquetaire de la garde du roy, blessé au siége de Mons en 1691.

5902. Frêne (le s^r du), capitaine au régiment de Navarre, blessé au siége de Fribourg en 1744.

5903. Fresne (Honoré du), écuyer du sieur de la Motte, mousquetaire de la garde ordinaire du roi, chevalier de Saint-Louis, tué à la bataille de Fontenoy le 11 mai 1745.

5904. Fresne (de ou du), capitaine au régiment de Vendôme, blessé au siége de Grave le... 1689.

5905. Fresne (du), lieutenant au régiment de Champagne, contusionné à la bataille de Fleurus le 1er juillet 1690.

Le nom de de Frêne ou du Fresne a également été porté par un grand nombre de familles : de l'une d'elles, les du Fresne de Picardie, est sorti le célèbre du Cange. Voir la notice généalogique publiée dans le t. XI, p. 105 du *Cab. hist.*

5906. Frenelles (le s^r de), capitaine au régiment de Navarre, tué au siége de Montpellier en 1622.

5907. Frenoy (le s^r de), capitaine au régiment de Champagne, blessé à la bataille de Parme en 1734.

5908. Frenieux (de), capitaine au régiment des bombardiers, blessé à la défense de Mayence le... septembre 1689.

5909. Fresche (le s^r de), aide de camp, fut dangereusement blessé d'une mousquetade à travers le corps, et eut deux chevaux tués sous lui au siége de Fontarabie en 1638. (*Mercure* de 1638.)

5910. Fresencourt (le seigneur de), tué à la bataille d'Azincourt en 1415.

5911. Fresenet, lieutenant au régiment de Bourbon, blessé le 18 aoust 1690, à la bataille de Staffarde.

5912. Fresingnen (le sr), lieutenant au régiment de Salès suisse, blessé dans la guerre d'Italie en 1747.

5913. Freslon de Saint-Aubin (Emmanuel), chevalier de Saint-Louis, capitaine aux gardes-françoises et brigadier des armées du roy, blessé dangereusement à la bataille de Dettingen en 1743, mourut le 14 aoust 1743.

5914. Fressinette (le sr de la), lieutenant-colonel du régiment de Versan, tué au siége de Fribourg en 1644. (*Mercure* de 1644.)

5915. Fressonnel (le capitaine), servant dans le régiment du comte de Brissac, fut blessé au siége de Niort en 1569. (*Mémoires* imprimés en 1578.)

Fretag (de). V. de Freytagh.

5916. Fretart (Jean), chevalier, tué à la bataille de Poitiers en 1356.

5917. Fretart (Robert), seigneur de Santonne, tué dans une bataille donnée près de Luzignan en 1369. (*Mémoires* de cette famille.)

5918. Fretat (Louis de), comte de Boissieux, chevalier d Saint-Louis, lieutenant général des armées du roy et désign: ambassadeur en Danemarck, blessé en 1734 aux bataille. de Parme et de Guastalla, mourut le 1er février 1739.

5919. Fretat (Antoine de), chevalier de Saint-Louis e lieutenant aux grenadiers de France, perdit un bras à l. bataille de Minden en 1769, et quitta le service en 1779.

Fretat de Boissieux (Auvergne et Bretagne): d'azur à deux roses d'o en chef et un croissant d'argent en pointe.

5920. Fretel (Brunel, chevalier de), blessé à la bataille de Chabot, tué à la bataille de Dettingen en 1743.

5921. Fretoy (le marquis du), lieutenant de vaisseau du port de Brest, périt sur *le Fougueux*, commandé par M. le chevalier d'Amfreville, le 10 décembre 1696.

5922. Frevilliers (de), lieutenant au régiment de Beauvais, tué au siége de Mayence en septembre 1689.

5923. Freville (le s^r de), capitaine au régiment de Languedoc, tué en 1738 à l'affaire de Carillon, en Canada.

5924. Freval (Jean de), seigneur d'Aubignac et de Fontfreyde, lieutenant-colonel d'un régiment irlandois, puis capitaine de dragons dans celui de la reine d'Angleterre, mort à Palamos le 27 décembre 1694 des blessures qu'il reçut au passage du Ter près Barcelone.

5925. Freval-d'Aubignac de Villart (Jean-François de), seigneur de Ribains, lieutenant au régiment royal des vaisseaux, blessé au siége de Mantoue, mourut le 18 mars 1760.

5926. Freval-d'Aubignac (Jacques de), lieutenant au régiment d'Auvergne, tué à la bataille de Spire en 1703.

5927. Freval (Jean-Bruno de), seigneur de la Côte, chevalier de Saint-Louis, officier au régiment de Condé-infanterie, puis lieutenant-colonel, commandant et gouverneur de Pradelles, de Langogne, de Largentière, de Joyeuse et dans les montagnes du Vivarais et de Gévaudan, fut blessé lorsque le prince de Conti fit repasser le Rhin à son armée en 1746.

5928. Freval-d'Aubignac (François de), chevalier de Saint-Louis, lieutenant-colonel du régiment de Chayla-cavalerie, avec rang de mestre de camp, fut blessé d'un coup de sabre au poignet au passage du Rhin en 1765.

Maison du Languedoc, dont il reste des représentants : de gueules à deux lions affrontés d'or posés sur un mont de trois coupeaux de même, mouvant de la pointe, et supportant ensemble une roue aussi d'or.

5929. Frey (Jean-Rodolphe), de Bâle, lieutenant-colonel du régiment de Breudlé, avec rang de colonel, et brigadier des armées du roy, blessé au combat de Valcour en 1689, mourut à Bâle en 1753, âgé de 89 ans.

5930. Frey (N...), du même canton, capitaine au régiment de vieux Stuppa, tué au siége de Namur en 1692.

5931. Freytagh (François-Xavier), chevalier, commandeur de l'ordre royal et militaire de Saint-Louis, et maréchal de camp en 1784, précédemment capitaine aide-major au régiment d'Archal, puis major de celui de royal-Suédois, fut blessé en 1759 à la bataille de Minden dont la principauté, conquise en 1757, fut alors abandonnée.

Famille originaire de Suède qui a eu ses hommes d'État, et dont une branche s'est établie en France : de sable à deux croissants adossés d'argent.

5932. Frezeau (François), seigneur de la Roche-Frezelière, gentilhomme ordinaire de la chambre du roy Henri III, tué à Poitiers dans les guerres de religion.

5933. Frezeau (Charles), tué en 1604 en Hongrie, servant sous le duc de Mercœur.

5934. Frezeau (Isaac), seigneur de la Frezelière et d'Amaillon, gentilhomme ordinaire de la chambre du roy, capitaine de 50 hommes d'armes de ses ordonnances, mestre de camp d'un régiment d'infanterie, maréchal de camp et conseiller d'État d'épée, gouverneur d'Hesdin, tué au siége de cette ville en 1639.

Il étoit regardé comme l'un des meilleurs officiers de son temps.

5935. Frezeau (Charles-François), seigneur de Lublé, capitaine de cavalerie au régiment de Chapes, tué à la bataille de Lens en 1648.

5936. Frezeau de la Frezelière (Antoine-François), colonel du régiment de Lorraine, mort des blessures qu'il reçut au combat de Senef en 1674.

5937. Frezeau de la Frezelière (Isaac), son frère, tué à l'âge de 24 ans au service du roy, en Allemagne, en 1673.

5938. Frezeau (Jean), son autre frère, dit *le chevalier de la Frezelière*, chevalier de Malte, colonel du régiment de Touraine, tué au siége de Saint-Omer en 1677, ayant fait les fonctions de lieutenant général d'artillerie à la bataille de Cassel, au gain de laquelle il eut beaucoup de part.

Cette maison originaire d'Anjou a donné un grand nombre d'hommes de guerre. Philippe Frezeau dont parle très-avantageusement de Thou sous l'année 1574 : François Frezeau, marquis de la Frezelière, lieutenant général d'artillerie, mort le 3 mai 1702 : Jean-François-Angélique, marquis de la Frezelière et de Mons, baron de Lassé, premier lieutenant général de l'artillerie de France: — Porte : Burelé d'argent et de gueules, à la cotice d'or brochant sur le tout.

5939. Fricambault (le sʳ de), chevalier de Saint-Louis, capitaine de vaisseau, mort des blessures qu'il reçut à Vigo, en Espagne : dès qu'il fut blessé, il répondit à ceux qui l'engageoient à prendre quelque repos, et *cette croix*, en leur montrant sa décoration de Saint-Louis, *voulez-vous que je la déshonore ?*

5940. Fricambault (l'Aisné), du port de Toulon, capitaine de vaisseau, sauté en l'air à Vigo sur *l'Oriflamme*, le 21 octobre 1702.

5941. Fricambault (le chevalier de), lieutenant de vaisseau du port de Dunkerque, tué sur *l'Adroit*, près le Texel, le 29 juin 1694.

5942. Frideberg (Philippe de), allemand, tué à la bataille de Ravenne en 1512.

5943. Frisenberg (Nicolas de), officier suisse au service du
roy, tué au siége de Die en 1575.

5944. Frison (Michel-Joseph), chevalier de Saint-Louis,
lieutenant au régiment du Limousin, obtint en 1787 une
pension de retraite de 600 fr. en considération de la distinction et de l'ancienneté de ses services et de ses blessures.

5945. Fritière, lieutenant de la brigade de la Sarre, blessé
à la bataille de Staffarde le 18 aoust 1690.

5946. Frodelle (le sr), gendarme de la garde du roy, blessé
au combat de Leuze en 1691.

5947. Froelich (le *capitaine* Jean-Guillaume), capitaine
suisse au service du roy, tué au siége de Die en 1575.

5948. Froissard de Broissia (Jean-Ignace-François, *marquis*
de), lieutenant aux gardes-françoises, puis colonel d'un régiment de dragons de son nom, chevalier de Saint-Georges, en
Franche-Comté, et chevalier d'honneur du parlement de Besançon, tué au siége de Valenciennes, sous Louis XIV.

> Maison de Franche-Comté : créés marquis en 1691 : d'azur au cerf
> passant d'or.

5949. Froment (Pierre-André de), seigneur de Saillans,
major de Tortose, puis de Thionville et de Landrecies, maréchal de bataille, lieutenant de roy à Rethel et maître d'hôtel
ordinaire de sa Majesté, blessé au siége de Tortose, sous
Louis XIII.

5950. Froment (Charles de), lieutenant-colonel du régiment
de Tiérache, eut le bras droit emporté d'un boulet de canon
à la bataille de Castiglione en 1706.

5951. Fromentières (le *chevalier* de), capitaine de vaisseau,
du port de Brest, tué commandant *le Neptune*, le 25 octobre
1747.

5952. Fromont de Villeneuve, enseigne de vaisseau du port de Brest, tué sur *le Fougueux* le 25 octobre 1747.

5953. Fronsac (le *duc* de), tué au siége de Montpellier en 1627.

> Fronsac étoit le titre d'un duché-pairie considérable créé en 1608 par Henri IV pour le comte de Saint-Paul de la maison d'Orléans Longueville, à la mort duquel la pairie fut éteinte et relevée par le cardinal de Richelieu.

5954. Fronsac (le s^r de), chevalier de Saint-Louis, capitaine de grenadiers au régiment de Normandie, tué au siége de Berg-op-Zoom en 1747.

5955. Frossard (le s^r), officier auxiliaire, tué au combat du comte d'Estaing contre l'amiral Byron, près de la Grenade, le 6 juillet 1779.

5956. Frossey (le s^r de), officier auxiliaire, blessé sur *le Magnanime*, dans le combat du comte de Grasse contre l'amiral Rodney, au mois d'avril 1782.

5957. Frobier (François), seigneur de la Messelière, capitaine au régiment du cardinal Mazarin, tué au siége de Fribourg en 1644.

5958. Frotier (Gabriel), seigneur des Ousches, capitaine de dragons, tué au siége de Suze en 1690.

5959. Frotier (François), mort au siége de Keiserwert en 1702.

5960. Frotier (Bonaventure), seigneur de la Messelière, dit *le marquis de la Messelière*, chevalier de Saint-Louis, capitaine lieutenant des gendarmes du Berry et maréchal de camp, eut un cheval tué sous lui au combat de Kokesberg en 1677, et fut blessé à la bataille d'Hochstett en 1704; il mourut à son château de la Messelière, le 14 septembre 1711.

5961. Frotier Peran, sous-lieutenant de galiote et d'artillerie du port de Rochefort, mort sur *le Chariot-Royal*, le 16 juillet 1750.

> Les Frotier de la' Messclière et de Bagneux, qui ont leurs représentants en Normandie et en Poitou, portent : d'argent au pas de gueules, accosté de dix losanges de même, posées 2-2 et 1 de chaque côté.

5962. Froulay (Guillaume de), seigneur de Beauquêne, tué à la bataille de Castillon en 1451.

5963. Froulay (Louis, *comte* de), grand maréchal des logis de la maison du roy, tué au combat de Consarbrick en 1675.

5964. Froulay (Louis de), son frère, capitaine de dragons, mort à Mons le 10 juillet 1691, des blessures qu'il reçut au siége de Notre-Dame-de-Hall.

5965. Froulay (René de), comte de Tessé, grand d'Espagne, maréchal de France, chevalier des ordres du roy, colonel général des dragons et général des galères, gouverneur d'Ypres, lieutenant général des provinces du Maine, du Perche et de Laval, premier écuyer de la reine, ambassadeur extraordinaire à Rome et vers les princes d'Italie et conseiller du conseil de marine, fut dangereusement blessé à l'attaque de Veillane, en Piémont, en 1691 ; il mourut le 30 mars aux canaux Ouler et Grosbois.

5966. Froulay (Philibert-Emmanuel de), dit *le chevalier* de Tessé, chevalier de Saint-Louis et lieutenant général des armées du roy, blessé de trois coups de mousquet à la bataille de Kilconnel, en Irlande, en 1691, eut encore une contusion et reçut une autre blessure au côté au siége d'Ath en 1697, il mourut à Cremont en 1701.

5967. Froulay (René-Mans de), comte de Tessé, vicomte de Beaumont et de Fiénoy, marquis de Lavardin et de Lessart, grand d'Espagne, chevalier des ordres du roy, lieutenant général de ses armées, et au gouvernement du Perche, du Maine et de Laval, colonel du régiment et premier écuyer de la reine, blessé le 22 mai 1702 dans une sortie de la ville de Mantoue, mourut le 21 septembre 1746 âgé de 62 ans.

5968. FROULAY (Elisabeth-René-Mans de), marquis de Tessé, grand d'Espagne, colonel du régiment et premier écuyer de la reine, tué au siége de Prague en 1742.

5969. FROULAY (N... de), son fils, marquis de Tessé, tué à la bataille de Plaisance en 1746.

5970. FROULAY (Charles-Elisabeth, *marquis* de), chevalier de Saint-Louis, menin de Monseigneur le Dauphin, colonel du régiment de Champagne, puis maréchal de camp, mort le 11 juillet 1747 des blessures qu'il reçut à la bataille de Laufeldt.

> FROULAY, noblesse du Maine aussi ancienne qu'illustre, dont le nom paroît dès le XIIe siècle et qui, décoré de la grandesse d'Espagne, compte parmi ses notabilités un maréchal de France, un général des galères, et trois chevaliers du Saint-Esprit : *Armes :* D'argent au sautoir de gueules, endenté et bordé de sable, avec la devise : *Pro rege et pro fide.*

5971. FROYÉ (le sr de), lieutenant au régiment de Picardie, tué à la bataille de Malplaquet en 1709.

5972. FROYELLE (le sr de), capitaine au régiment, depuis Béarn, tué à la bataille de Rocroy en 1643.

5973. FRUE (le sr), capitaine, lieutenant au régiment de Travers-suisse, fut grièvement blessé à l'attaque de Pierre-longue en 1744.

5974. FRUS (le sr le), capitaine aide-major au régiment de Navarre, blessé d'un coup de feu au pied à la bataille d'Hastembeck en 1757.

5975. FUSCHAMBERG, marquis d'Amblimont, chef d'escadre, mort à la Martinique le 17 aoust 1700.

5976. Fuchs (Antoine), officier de Berne, tué dans l'armée du roy au combat de la Bicoque en 1522.

5977. Fuchsberger (le *capitaine* Jacques), capitaine au régiment de Tammann-suisse, fut tué à la bataille de Dreux en 1562. Henri II lui avoit donné en 1554 une pension de 600 fr., avec la qualité de *capitaine aventurier des Suisses*, c'est-à-dire d'une compagnie franche de cette nation, disent *les Mémoires de Villars*, qui le nomment *Fouxperguer*.

5978. Feuilles (le sr de), blessé en 1638 au siége de Poligny, en Franche-Comté. (*Mercure* de 1638.)

5979. Feuilles (Guillaume de), chevalier, tué à la bataille de Poitiers en 1356.

5980. Fuligny (Robert de), tué à la bataille de Ravenne en 1512.

5981. Fumaille (le *capitaine* de), tué à la bataille de Navarre en 1513.

5982. Fumée (le *chevalier* de), enseigne de vaisseau du port de Rochefort, noyé à la côte de Carthagène sur *l'Hermione,* commandé par M. Marin le ... 1705.

5983. Fumée (François), seigneur des Roches-Saint-Quentin, mestre de camp d'un régiment de cavalerie, tué au siége de Saint-Omer en 1638.

5984. Fumée (Martin), chevalier de Malte, tué aussi en 1638 dans le combat des dix-huit galères de France contre pareil nombre de celles d'Espagne.

5985. Fumée (N...), lieutenant au régiment de Normandie, tué à la bataille de Clostercamps en 1760.

5986. Fumel (Bernard de), fils de Pons de Fumel, damoiseau, chevalier banneret, tué dans les guerres contre les Anglois, en Gascogne.

5987. Fumel (François, *baron* de), chevalier de l'ordre du roy, gentilhomme ordinaire de sa chambre, capitaine des gardes de la Poste, gouverneur de Mariembourg et ambassadeur en Turquie, prisonnier à la journée de Saint-Quentin ; se signala dans les guerres religieuses et se rendit redoutable aux religionnaires qui, pour en tirer vengeance, le firent massacrer avec cruauté le 14 novembre 1561, dans son château de Fumel où ils l'assiégèrent.

Il existe un curieux arrêt de la chaussée d'Agenois rendu contre les auteurs, fauteurs et complices de ce meurtre, du 1er avril 1562.

5988. Fumel (François, *baron* de), fils du précédent, chevalier de l'ordre du roy, l'un de ses chambellans, gentilhomme de sa chambre et capitaine de cent hommes d'armes de ses ordonnances, fut tué d'un coup de sabre sur la tête à la bataille de Coutras en 1587.

5989. Fumel (Jacques de), petit-fils de Fumel qui précède, tué dans un combat singulier.

5990. Fumel (Jean-Georges, dit le *vicomte* de), chevalier de Saint-Louis, capitaine aide-major au régiment de Béarn-infanterie, puis lieutenant-colonel et aide-major général des troupes du roy dans l'Inde, obtint en 1756 après vingt-trois ans de service et de nombreuses blessures, une pension du roy et la croix de Saint-Louis.

Deux maisons de ce nom, les Fumel du Quercy, d'or à trois pointes ondoyantes d'azur, — et les Fumel de Warmant, Flandres : d'argent à trois chaperons de gueules.

5991. Furstemberg (N... de), lieutenant-colonel, tué au siége d'Espinal en 1670.

5992. Furstemberg (N... de), chevalier de l'ordre du mérite militaire et capitaine au régiment d'Alsace, fut blessé à la bataille de Clostercamps en 1760 et à la journée du 23 août 1762.

Nom d'une maison princière en Allemagne, et dont quelques membres prirent service en France.

5993. Fyot (François), seigneur d'Arbois, fut tué au service du roy en 1594, il avoit servi dans sa gendarmerie.

Les Fyot d'Arbois originaires de Bourgogne : d'azur au chevron d'or accompagné de trois besans de même.

G

5994. Gabaret (le s' de), chevalier de Saint-Louis et lieutenant de vaisseau, depuis gouverneur de la Martinique, mourut criblé de blessures qu'il avoit reçues dans les guerres de Louis XIV. Le *Mercure* de 1643 fait mention d'un *Gabaret* qui fut blessé d'un coup de pistolet au visage dans un combat naval contre les Espagnols.

5995. Gabaret (Louis), natif d'Oléron, capitaine de vaisseau le 5 sept. 1662, du port de la Rochelle, tué à Tabago le 3 mars 1677.

5996. Gabaret (le s' de), lieutenant de vaisseau et chevalier de Saint-Louis, nommé par Louis XIV « en considération de la bravoure qu'il fit paroître en 1689, étant garde de la marine sur *le Courtisan*, d'où il sauta à l'abordage sur une frégate Ostendoise et de ce que dans cette occasion, il avoit eu un bras emporté. » (C'est l'un des deux qui, commandant le *Sévissant*, avoit été blessé au siège de Gibraltar.)

5997. Gabaret (l'aisné), capitaine de vaisseau du port de Rochefort, mort à la Havane, commandant *le Fidèle*, le 23 juin 1706.

5998. Gabaret, enseigne de vaisseau du port de Rochefort, mort sur *la Baleine*, commandé par M. de Mareuil, le 11 janvier 1737.

5999. Gabé (Jean-Pierre du), chevalier de Saint-Louis, capitaine aide-major du régiment de Bourbon, reçut une grave blessure au service, sous Louis XII.

6000. Gache (le s^r de la), capitaine au régiment royal des vaisseaux, tué au siége de Berg-op-Zoom en 1747.

6001. Gadagne (Gaspard de), baron de Verdun, tué dans une embuscade que lui dressèrent les ligueurs à Verdun-sur-Saône en 1594.

6002. Gadeville (le sieur de), enseigne au régiment de Briqueville, blessé au visage, au siége du fort Saint-Philippe en 1756.

6003. Gadeville (le *chevalier* de), officier au même régiment, fut blessé au pied au même siége.

6004. Gadinière (le s^r de), lieutenant au régiment de Picardie, blessé au combat de Senef en 1674.

6005. Gagem (Christophe), sous-lieutenant au régiment royal de Deux-Ponts, obtint en 1763 une pension de 500 fr., ses blessures l'ayant mis hors d'état de continuer le service.

6006. Gagne (le s^r), sous-lieutenant aux gardes-françoises, tué à la bataille de Saint-Denis en 1678.

6007. Gagne de Perigny (le s^r), lieutenant au même régiment, tué à la bataille de Fontenoy en 1745.

6008. Gagnères (Louis de), chevalier de Saint-Louis, capitaine au régiment royal-Navarre, blessé à la bataille de Minden en 1759.

6009. GAGNÈRES (Jean-Baptiste de), chevalier de Saint-Louis, d'abord lieutenant au régiment de Chartres, puis au 3ᵉ régiment des chasseurs à cheval, blessé à la même bataille.

Le fameux bibliophile de ce nom étoit sans doute de cette famille.

6010. GAGNIER (le sʳ), capitaine au régiment royal des vaisseaux, blessé au siége de Namur en 1692.

6011. GAJAN (les sʳˢ de), capitaines au régiment de Champagne, furent blessés au siége de Philisbourg en 1688, l'un des deux fut tué au combat de Valence en 1689.

6012. GAIGNON (Jacques de), marquis de Villaines, chevavalier de Saint-Louis, lieutenant des gardes du corps, lieutenant général des armées du roy et gouverneur de Niort, grièvement blessé au combat de Senef en 1674 et au combat de Leuze en 1691, mourut en 1738.

6013. GAILHAC (Jean de), tué au siége de Fougères contre les protestants, étant volontaire dans la compagnie du duc de Montmorency.

6014. GAILLARD (Michel), seigneur de Sérennes, se noya au siége de Perpignan en 1642.

6015. GAILLARD, enseigne de galère le 15 janvier 1693, sous-lieutenant le 1ᵉʳ janvier 1698, tué commandant une galiote dans le Milanois, en mars 1705.

6016. GAILLARD DE SENONVILLE (Jean-Remy), capitaine au régiment de Picardie, tué au siége de Saint-Sébastien en 1719.

6017. GAILLARD DE MORIVAL (André-Jean-Baptiste), capitaine au régiment royal-infanterie, tué en 1743 au combat de Dingelfingen.

6018. GAILLARD (Charles de), aide-major du régiment de la marine, tué au siége de Barcelone, sous Louis XV.

6019. Gaillard (le sr de), lieutenant au régiment de Picardie, tué au siége de Maëstrick en 1743.

Un grand nombre de familles de Gaillard, dont plusieurs subsistent encore. Le Laboureur : a publié *l'Histoire généalogique de la maison de Gaillard.* Voyez encore pour d'autres familles de ce nom : *La Recherche de la noblesse de Picardie : l'Armorial* de d'Hozier, 3e registre, *l'Histoire de la noblesse de Provence* par Artefeuil.

6020. Gainibain (le sr), officier auxiliaire, tué le 27 juillet 1781 au combat de la frégate *la Fée* contre une frégate angloise, près de Saint-Domingue.

6021. Gain (Jean-Louis de), marquis de Linars, seigneur de Tardonnet, capitaine de cinquante hommes d'armes des ordonnances du roy, mestre de camp d'un régiment de cavalerie, maréchal de camp et conseiller d'Etat d'épée, tué à la bataille de la Marphée en 1641.

6022. Gain de la Roche (Jean-Baptiste de), chevalier de Saint-Louis, lieutenant-colonel du régiment de Puiguion et brigadier des armées du roy, blessé à la bataille de Minden en 1759, fut tué au combat de Warbourg en 1760.

La maison de Gain, originaire du Limousin alliée aux Montaignac dont elle a pris le nom, marquis de Linars, etc., a fourni un grand nombre de personnages remarquables : elle est aujourd'hui représentée par M. le marquis de Gain de Montaignac, porte : d'azur à trois bandes d'or.

6023. Galancourt (le sr de), capitaine au régiment de Saint-Chamond, blessé à la bataille de Rosbach en 1757.

6024. Galant de Longuerue (le sr), capitaine au régiment de la Martinique, blessé au siége de Savannah en 1779.

6025. Galard (Esprit, Jacques et Louis-Bernard de), tous trois frères furent tués le même jour et dans le même combat à la tête des milices qu'ils avoient livrées à leur frais pour le service du roy (Moreri, édit. de 1739, art. de cette maison). Ce doit être sous le règne de François Ier.

6026. Galard (Gaillardon de), tué au siége d'Amiens en 1597, étant lieutenant du maréchal de Biron.

6027. GALARD DE BRASSAC (Jean de), colonel d'un régiment d'infanterie, mourut d'une blessure qu'il reçut sous Louis XIII à la brèche d'un fort que le duc de Saxe-Weimar fit attaquer sur les frontières d'Alsace et de Franche-Comté.

6028. GALARD (Philippe de), seigneur de Terraulbe, capitaine au régiment de Champagne, tué au siége de la Rochelle en 1628.

6029. GALARD (Charles de), son fils, tué au siége de Fontarabie en 1638.

6030. GALARD (Paul de), son autre fils, capitaine au régiment de Languedoc, tué en Catalogne.

6031. GALARD DE BÉARN (Louis-Jean-Isaac de), du Repaire colonel d'un régiment d'infanterie, tué à l'attaque d'un fort en Allemagne, sous Louis XIV.

6032. GALARD DE BÉARN (N... de), lieutenant au régiment de Normandie, blessé à la bataille de Clostercamps en 1760.

La grande maison des Galard de Gascogne qui se divise en plusieurs branches, les Galard de Béarn et les Galard de Brassac portent : d'or à trois corneilles de sable, les pieds et les becs de gueules.

6033. GALENCE (le *capitaine*), tué au siége de Poitiers en 1569.

6034. GALÉOT (Jacques), napolitain, l'un des plus braves et des plus expérimentés capitaines de l'armée du roy, fut tué en 1488 à la bataille de Saint-Aubin-du-Cormier, au gain de laquelle il avoit le plus contribué.

6035. GALIBERT DE BERNOU (Antoine de), seigneur de Faugerolles en Agenois, capitaine au régiment de Luzignan-infanterie, fut dangereusement blessé dans une action contre les religionnaires en 1625, reçut aussi plusieurs blessures considérables en 1628, dans le combat livré devant Saint-Pierre, en Piémont; et encore en 1636 à la prise du fort de Sainte-Barbe, près Saint-Jean-de-Luz : il eut même beaucoup de part à la reddition de cette place.

6036. GALIBERT DE BERNOU (Etienne de), brigadier de la 2° compagnie des mousquetaires, fut dangereusement blessé au siége de Candie.

6037. GALIBERT (Guillaume de), son frère, officier au régiment de Luzignan, tué au siége de Valenciennes.

6038. GALIBERT DE L'AVIST (Thomas-Mathurin de), capitaine au régiment de Turpin, puis dans celui de Chamlevraut-hussards, maréchal de camp en 1781 et chevalier de Saint-Louis dès 1760 pour une action d'éclat où il fut blessé : l'avoit été aussi dans un combat sur les côtes de Saint-Dominique le 14 octobre 1757, et l'année suivante la cour l'ayant envoyé avec le comte de Montazet à l'armée de l'Impératrice reine, ils y furent l'un et l'autre grièvement blessés à la bataille de Hochkirchen en Luzace, Saxe.

6039. GALIEN (Claude-François), lieutenant au régiment de Conti, fut blessé à la cuisse au siége de Courtray, sous Louis XIV, à l'attaque d'une demi-lune (V. Gallien, peut-être la même famille).

6040. GALIENS (Charles-Félix de), dit le *comte de Gadagne*, lieutenant général des armées du roy et au gouvernement de Berry, gouverneur de la Rochelle, du pays d'Aunis, de l'isle d'Oléron et de Pont-à-Mousson, reçut six blessures sur les galères en 1637 à l'âge de 14 ans, à la reprise des isles de Sainte-Marguerite, et fut mis hors de combat au siége de Roses en 1645 par deux coups d'épée qu'il reçut et un coup de mousquet qui lui cassa la jambe, il mourut à Avignon en 1701, âgé de 78 ans.

6041. GALIENS (Jean-Vincent de), son frère, capitaine au

régiment royal de la marine, blessé au combat de Senef en 1674.

6042. GALIGNY (le *seigneur* de), tué à la bataille d'Azincourt en 1415.

6043. GALLAND (le s^r de), lieutenant au régiment de Normandie, blessé à la bataille de Clostercamps en 1760.

6044. GALLANT DE CHEVANNES (Philippe), chevalier de Saint-Louis, lieutenant-colonel du régiment de Poitou et brigadier des armées du roy, tué à la bataille de Fredelinghen en 1702.

6045. GALLARD, enseigne de vaisseau du port de Rochefort, mort en passant aux colonies le ... octobre 1683.

GALLARD DE PRINVILLE (V. de Prinville).

6046. GALLAS (le s^r), capitaine au régiment de Persan, tué en 1644 au siége de Fribourg (*Mercure* de 1644).

6047. GALLATI (Gaspard), chevalier de l'ordre du roy et colonel du régiment des gardes-françoises, mourut au mois de juillet 1629 ; le roy Henry III, dans les lettres de chevalerie qu'il lui accorda au mois d'avril 1587 dit *qu'il avoit été par plusieurs et diverses fois navré et blessé de coups mortels et si dangereux que les médecins et chirurgiens avoient maintes fois désespéré du recouvrement de sa guérison.*

6048. GALLATI (Caspard), du canton de Glaris, chevalier de Saint-Louis, commandant de bataillon au régiment suisse de Wittmer, blessé au siége de Bruxelles en 1746, à la bataille de Rosbach en 1757.

6049. GALLATI (Rodolphe), chevalier de Saint-Louis, chef de bataillon au régiment de Woldner, fut aussi blessé à la bataille de Rosbach en 1757.

6050. GALLATIN (François), genevois, capitaine au régiment

de la Cour-au-chambre, eut la cuisse fracassée au siége d'Ostende en 1645, et mourut de cette blessure. Près d'expirer, il répondit à ceux qui lui demandoient ses dernières volontés pour son fils : *Qu'il suive mon exemple !*

6051. GALLATIN (le *baron* de), chevalier de l'ordre du mérite militaire, capitaine de grenadiers au régiment de Châteauvieux avec rang de lieutenant-colonel, eut le nez haché de coups de sabre à la bataille de Rosbach en 1757.

6052. GALLET DE MONTDRAGON (le s^r), aide-maréchal des logis de l'armée, tué à Fribourg sous Louis XV.

6053. GALLET (Charles de), tué au siége de Cassel, sous Louis XIII.

6054. GALLIEN (le s^r), lieutenant au régiment de Picardie, blessé au combat de Senef en 1674 (V. Galien).

6055. GALLIFET DE BÉRLAUDET (André de), capitaine au service du roy, eut une jambe cassée dans l'armée d'Italie d'après un titre original du 5 mai 1630.

6056. GALLIFET DE BERLAUDET (Charles de), son fils, seigneur de la Vocalière, capitaine au régiment de Saulx, étant au service du roy en Italie dans les gardes du connétable de Lesdiguières, il fut estropié au bras et à la main gauche, d'après une requête qu'il présenta au connétable le 30 juillet 1640, pour la dispense de servir au siége de Turin.

6057. GALLIFET (Noël de), reçut aussi plusieurs blessures au service du roy en Italie, suivant une dispense que lui fit expédier ce même connétable le 27 juillet 1640 pour être exempt de venir au ban et arrière-ban.

6058. GALLIFET (Gabriel de), chevalier de Malte, blessé d'un coup de fusil à travers le corps au siége de Barcelone, est transporté à Toulon où il mourut.

6059. GALLIFET (Christophe-Philippe-Amateur), dit le comte de), baron de Dampierre, chevalier de Saint-Louis, colonel du régiment de la reine, puis maréchal de camp, inspecteur général de la cavalerie, gouverneur de Mâcon et du Mâconnois, capitaine de la Tour-du-Pont de Mâcon et lieutenant de roy du duché de Bourgogne, blessé à la bataille de Rosbach en 1757, mourut à Cassel le 17 août 1759.

6060. GALLIFET (Louis, dit *le chevalier* de), son cousin, chevalier de Saint-Louis, capitaine, puis major du régiment de la reine-cavalerie, blessé dans une affaire en 1745, le fut encore à la bataille de Rosbach et quitta le service en 1759.

> La maison de Gallifet (Dauphiné et Provence) a fourni, outre ceux cités ici, un assez grand nombre d'officiers distingués : entre autres Charles-François de Gallifet de la branche aînée, originaire de Saint-Laurent du Pont, sieur de Montcaffin, capitaine au régiment des gardes-françoises. François de Gallifet, chevalier de Saint-Louis, lieutenant de roi de la ville de Montréal et gouverneur des Trois-Rivières en Canada. Philippe de Gallifet, lieutenant de vaisseau et capitaine d'une compagnie franche de marine au département de Rochefort, chevalier de Saint-Louis. Nicolas de Gallifet, seigneur de Tolonnet et Montbijoux, chevalier de Saint-Louis, major de la ville de Toulon, depuis capitaine de vaisseau avec pension, en récompense de sa valeur et de sa prudence en plusieurs négociations, chef d'escadre. Parmi d'autres célébrités de ce nom, citons encore celle-ci d'un autre genre : Joseph Gallifet, jésuite, provincial de la province de Lyon, frère du précédent, promoteur de la dévotion au Sacré-Cœur de Jésus, auteur d'un grand nombre d'ouvrages d'ascétisme et de dévotion, et le seul des Gallifet dont la *Biographie universelle* ait jugé propos de s'occuper ! Les Gallifet qualifiés, marquis et princes de Martigues, ont encore des représentants. *Armes* : De gueules à un chevron d'argent, accompagné de trois trèfles d'or, deux en chef et un en pointe, avec cette devise : *Bien faire et laisser dire.*

6061. GALLIOT (le s^r), lieutenant au régiment, depuis Guyenne, blessé au siége de Philisbourg en 1680.

6062. GALLOTRE (de), lieutenant au régiment Dauphin, blessé au siége de Mayence en septembre 1689.

6063. GALTEROTI (François), gentilhomme florentin, chevalier de l'ordre du roy et gentilhomme ordinaire de sa chambre, reçut plusieurs blessures sous Charles IX, une entre autres au siége de Châtellerault en 1569 d'une arque-busade qui lui traversa les deux jambes.

6064. GAMACHES (Brunet de), *vaillant homme d'armes*, dit Monstrelet, fut tué dans une bataille contre les Bourguignons et les Anglois en 1422.

6065. GAMACHES (Gilles de), chevalier, conseiller, chambel-lan ordinaire du roy, tué à la bataille de Verneuil en 1424.

6066. GAMACHES (Georges de), seigneur de Jussy et de Quinquempoix, vicomte de Reino et de Châteaumeillant, che-valier des ordres du roy, l'un de ses chambellans, gentil-homme ordinaire de sa chambre, capitaine de 50 hommes d'ar-mes de ses ordonnances, commandant ses troupes en Berry et gouverneur d'Issoudun, blessé au siége d'Issoire en 1577, le fut encore le 3 août 1589, dans un combat qu'il livra aux li-gueurs, près l'abbaye de la Prée, et resta estropié de ses blessures.

6067. GAMACHES (François de), seigneur d'Auroiser, che-valier de l'ordre du roy, gentilhomme ordinaire de sa cham-bre, capitaine de 50 hommes d'armes de ses ordonnances, commandant à la Charité-sur-Loire, mestre de camp d'un ré-giment d'infanterie et lieutenant de roy à la chambre de la citadelle de Metz, puis de Calais, mourut en 1624 des bles-sures qu'il reçut au siége de Montauban.

6068. GAMACHES (de), enseigne de vaisseau du port de Ro-chefort, mort garde-marine sur *la Mégère*, le 4 août 1745.

Les de Gamaches de Picardie et de Berry, qualifiés marquis : d'argent au chef d'azur. Ne pas les confondre avec la maison Rouault de Gama-ches.

6069. GANAY (Pierre de), enseigne au régiment de Piémont, tué à la bataille de Nerwinde en 1693.

6070. GANDELIA (Alexandre de), seigneur de Piles, servit dans l'armée du roy, en Savoie, avec une compagnie de gendarmes et fut blessé en 1591 à la bataille de Pontcharra.

6071. GANGEAUX (François de), seigneur de Gangeaux, chevalier, tué à la bataille de Verneuil en 1424.

6072. GANNES (le sr de), lieutenant au régiment de la Martinique, tué dans cette île, à la journée du 25 septembre 1790 contre les rebelles du gouvernement.

6073. GANSEVILLE (le sr de), tué en 1569 au siége de la ville et de l'abbaye de Saint-Michel-en-l'Ain, par les protestants.

6074. GANTÈS (Michel de), seigneur de Valbonnette, capitaine au régiment royal des cravates, reçut plusieurs blessures, une entre autres à la bataille de Fleurus en 1690, il mourut le 12 avril 1728.

6075. GANTÈS (Jean-François dit *le marquis de*), chevalier, commandeur de l'ordre royal et militaire de Saint-Louis, lieutenant général des armées du roy, blessé en 1743 d'un coup de feu qui lui cassa une côte du côté droit, sur le bord de l'Iser dont il défendoit le pont près de Dingelfingen : le fut encore d'un coup de feu derrière la tête et d'un coup de hache à la jambe gauche à l'attaque des retranchements du Château-Dauphin en 1744 ; il fut grièvement blessé d'un coup de feu qui lui cassa l'épaule gauche en 1746 à l'attaque de l'ouvrage à corne qui couvroit le pont sur le Tanaro, et encore à la bataille de Fillinghausen en 1761 de deux coups de feu, l'un à la tête et l'autre au bras droit : il mourut à Paris le 3 avril 1776.

6076. GANTÈS (Jean-François de), chevalier de Saint-Louis, capitaine de vaisseau, blessé à la cuisse en 1747 dans le combat naval livré près de Toulon, servant sur *le Tonnant,* commandé par M. de l'Etenduère, le fut encore sur *le Centaure* en 1758 dans le combat du chevalier de la Clüe contre l'amiral Boscowen.

6077. GANTÈS (Joseph-Henri-François, dit *le chevalier de*), chevalier de Saint-Louis et lieutenant de vaisseau en 1778, fut blessé à la jambe dans le combat du comte de Guichen contre l'amiral Rodney en 1780.

Gantès, famille originaire de Piémont établie en Provence. La Fortelle, dans ses *Fastes militaires*, donne une longue et intéressante notice sur les hommes D'armes de cette maison, nous y renvoyons le lecteur. *Armes :* D'azur au chef emmanché d'or de quatre pièces mouvantes du chef. Devise: *Sensere Gigantes*, et Noble sang, noble cœur.— Il reste des représentants.

6078. GANTIER DE L'ESPANCIRE (le), enseigne de vaisseau du port de Brest, mort à la Havanne sur ... le 20 juin 1702.

6079. GARANCY (le seigneur de), tué à la bataille de Marignan en 1515.

6080. GARD (Philippe du), mort au siége de Montauban en 1621.

GARDE DE VINS (de). V. de Vins.

6081. GARDE (le sr de la), officier distingué, fut blessé d'une mousquetade qui lui perça les deux cuisses au siége de Poligny en 1638. (*Mercure* de 1638.)

6082. GARDE (Jean de la), chevalier, tué à la bataille de Poitiers en 1356.

6083. GARDE (le seigneur de la), est cité parmi *les braves et vaillants hommes* du parti catholique qui furent tués en 1573 au siége de la Rochelle où ils avoient du commandement (*Mémoires* imprimés à Bâle en 1578).

6084. GARDE (le seigneur de la), tué en 1543 servant sous M. de Monluc.

6085. Garde (le seigneur de la), mestre de camp, reçut une blessure dangereuse à la cuisse au combat d'Arques en 1589.

6086. Garde (le colonel de la), commandant de l'artillerie, bon officier, dit de Thou, qui avoit rendu de grands services aux Etats et au prince d'Orange, fut tué pendant le siége du fort de Wiers et par un canon qui creva.

6087. Garde (le seigneur de la), gouverneur de Caudebec, qui s'étoit acquis beaucoup de réputation dans les guerres de Flandres, fut tué dans un combat en 1594, avant le siége de Laon.

Laon, depuis la réduction de Paris, étoit devenu la capitale de la Ligue : assiégé par les troupes royales le 25 mai, Laon capitula le 22 juillet et ouvrit ses portes au commencement d'août. D'Hozier ne dit pas si le seigneur de la Garde étoit ligueur ou royaliste.

6088. Garde (le sr de la), chevalier de Saint-Louis, capitaine aux gardes-françoises, tué à la bataille de Ramillies en 1706.

6089. Garde (le sr de la), sous-brigadier (probablement des gardes de la marine), fut blessé de deux coups au ventre au siége de Carthagène en 1697, en Amérique.

La prise de Carthagène par le baron de Pointis au mois d'avril 1697, fut consacrée par une médaille que le roi fit frapper à cet effet.

6090. Garde (Gaspard de la), seigneur de Palaret, cornette du marquis de Nerville, tué au siége de Montauban en 1621.

6091. Garde (N... de la), comte de Saigues, chevalier de Saint-Louis, major des carabiniers, blessé d'un coup de feu et de deux coups de bayonnette à la bataille de Minden en 1759.

6092. Garde de Saigues (René de la), chevalier de Saint-Louis et capitaine au régiment de Bourbonnois, blessé au combat de Warbourg en 1760, quitta le service en 1777.

6093. Garde (le chevalier de la), lieutenant au même régiment, fut blessé aussi au même combat (l'un des deux officiers au même régiment avoit été blessé à l'affaire d'Exiles en 1747.

Il est difficile d'assigner auxquels des la Garde se rapportent les diverses mentions qui précèdent, ce nom ayant été porté par un grand nombre de familles parmi lesquelles nous distinguerons néanmoins : les la Garde de Chambonas, du Languedoc : d'azur au chef d'argent. Les la Garde de Tranchelion, du Limousin : de gueules à l'épée d'argent, en bande, tranchant un lion d'or : les la Garde de Vins, de l'Ile-de-France : d'azur au rocher d'argent, sommé d'une tour du même et accostée de deux étoiles d'or, etc.

6094. Gardeur (de), lieutenant au régiment Dauphin, blessé au siége de Mayence en septembre 1789.

6095. Gardeur de Tilly (Armand le), chevalier de Saint-Louis, capitaine de vaisseau et chef de division des armées navales, reçut un coup de fusil au bras droit et à l'omoplate dans un combat qu'il livra à une frégate angloise en 1779, à son retour de Saint-Domingue, avec la frégate *la Concorde* qu'il commandoit.

6096. Gardeur de Beauvais (le), capitaine du port de ... aux colonies, mort à Saint-Domingue en décembre 1744.

6097. Gardeur de Tilly (le chevalier le), lieutenant de vaisseau, mourut de ses blessures une heure et demie après le combat que soutint le chevalier de Tilly, son frère, contre une frégate angloise de force égale à la sienne, au mois d'août 1778.

6098. Gardeur de Repentigny (le s^r le), chevalier de Saint-Louis et lieutenant de vaisseau, blessé grièvement en 1780, mourut peu de jours après.

6099. Gardeur de Bernières, aide d'artillerie du port de Brest, mort sur *le Dauphin-Royal* le 8 novembre 1740.

7

6100. GARDEUR DE BEAUMIAIS (le), lieutenant de frégate du port de..... aux colonies, mort à Saint-Domingue le ... décembre 1744.

Les Gardeur de Tilly, de l'Ile-de-France : de gueules à trois cloches d'or bataillées d'azur au chef cousu du même, chargé d'un lion d'or, armé et lampassé de gueules. Les Gardeur (de Normandie) : de gueules au lion d'argent, tenant une croix latine reconstituée d'or.

6101. GARDON DE CALAMAUD (Ennemond-Alexandre), chevalier de Saint-Louis, capitaine au régiment d'Apchon, puis dans ceux de Nicolaï, de Lanno et de Durfort-dragons, blessé d'un coup de feu à la bataille de Sundershausen en 1758, obtint sa retraite en 1785.

6102. GARDOUCH (le capitaine), tué à la bataille de Jarnac en 1569.

6103. GARDOUCH (le capitaine), lieutenant du capitaine Pellefigue, fut tué au siége de Montauban en 1563 (de Thou).

6104. GAREIN (le s^r de), capitaine au régiment de Bourgogne, blessé dans le combat du capitaine Charot dans les mers d'Irlande le 28 février 1760.

6105. GARENNE DU BÉ (de la), enseigne de vaisseau du port de Toulon, tué devant Alger le 7 août 1683.

6106. GARGAS, major du régiment des Bombardiers, blessé à la bataille de Fleurus le 1er juillet 1690.

6107. GARGES (François de), tué à la bataille de Dreux en 1562.

6108. GARGES (Georges de), seigneur de Basson, capitaine de deux cents hommes d'infanterie allemande, tué dans les guerres de Savoye en 1617.

6109. GARGES (Georges de), seigneur de la Villeneuve et de Nowy, tué au siége de Negrepelice où il commandoit l'artillerie.

6110. Garges (Christophe de), chevalier de Malte en 1617 et capitaine de vaisseau, tué dans un combat naval contre les Rochellois.

6111. Garges (François de), tué au siége de Montauban. On ne dit pas auquel.

6112. Garges (Louis de), tué au siége de Montauban.

6113. Garges (Jean de), leur frère, tué en 1638 près de Jamets, en Lorraine, dans un combat contre les Croates.

6114. Garges (Henry de), capitaine au régiment d'Arbonville, tué en Allemagne dans les guerres de Louis XIV.

6115. Garges (Henry de), major du régiment de Champagne, tué à l'affaire d'Achstein au mois de janvier 1675.

6116. Garges (François de), premier capitaine au régiment de Piémont, tué en Hollande au service du roy en 1685.

« En 1685 les Hollandois ayant demandé du secours au roi contre l'évêque de Munster, les cinq premières compagnies de Piémont commandées par le comte de Chavigny, passèrent en Hollande et assiégèrent Lochem le 10 de décembre. Piémont ouvrit la tranchée et y perdit son capitaine, mais après trois jours de siége la place se rendit. »

6117. Garges (Henry de), chevalier de Saint-Lazare, ingénieur et capitaine au même régiment, tué à la bataille de Nerwinde en 1693 à l'âge de 22 ans : il avoit déjà la réputation d'un des plus braves officiers de l'armée et des plus excellents ingénieurs, le maréchal de Vauban l'estimoit beaucoup.

6118. Garges (François de), sonfrère, aide-major du même régiment, tué au siége de Maëstrick.

6119. Garges (Hugues de), capitaine au régiment de Bretagne, tué dans la guerre d'Italie sous Louis XV.

La maison de Garges, de l'Ile-de-France, d'or au lion de gueules, ou d'azur au lion d'or. On comprend difficilement qu'une famille qui a si chèrement payé sa dette à la patrie n'ait sa place dans aucun de nos recueils biographiques.

6120. Gargniau (le s^r), garde de la marine, tué sur *l'Opiniâtre* dans le combat de M. de Kersaint en 1758.

6121. Garidel (le s^r), chevalier de Saint-Louis, capitaine de grenadiers au régiment de Soissonnois, fut blessé par le jeu d'une mine au siége du fort Saint-Philippe en 1756.

6122. Garinière (le s^r de la), capitaine au régiment du Bourbonnois, blessé à la bataille de Steinkerque en 1692.

6123. Garique la Tournerie (de la), aisné, lieutenant de vaisseau aux colonies, mort à la Martinique le 20 février 1724.

6124. Garlande (Anceau de), seigneur de Gournay-sur-Marne, sénéchal de France, fut tué d'un coup de lance en 1308 par Hugues, seigneur de Puiset en Beauce, pendant le troisième siége du château du Puiset.

Maison illustre aux XIIIe et XIVe siècles.

6125. Garnier (François), seigneur de la Lidandière et de la Patrière, homme d'armes des ordonnances du roy, tué à la bataille de Pavie en 1525.

6126. Garnier (le s^r), capitaine au régiment royal des vaisseaux, blessé au siége de Mons en 1691.

6127. Garnier (le s^r), capitaine au régiment de Navarre, blessé en 1672 à l'attaque des retranchements des ennemis devant Woërden, fut tué à la bataille de Senef en 1674.

6128. Garnier (Louis), seigneur de Marigny, l'un des deux cents chevau-légers de la garde du roy, eut le doigt index de chaque main emporté du même coup de feu à la bataille de Nerwinde en 1693.

6129. Garnier (le s^r), lieutenant au régiment de Piémont, mort des blessurés qu'il reçut au siége de Maëstrick en 1748.

6130. Garnier [(le sʳ), capitaine au régiment de Picardie, blessé à la bataille de Parme en 1734, mourut à Montélimart en 1737.

6131. Garnier (Louis), seigneur d'Ars, sous-lieutenant aux gardes-françoises, tué d'un boulet de canon dans le combat du capitaine Charot dans les mers d'Irlande le 18 février 1760.

6132. Garnier (Jacques de), déclara en 1675 ne pouvoir se rendre à l'arrière-ban, en raison des blessures qu'il avoit reçues au service.

6133. Garnier des Garets (Léonor de), dit *le comte des Garets*, chevalier de Saint-Louis, lieutenant-colonel du régiment de Bourbonnois et maréchal de camp en 1780, fut blessé à l'affaire d'Exiles en 1747, il mourut en 1782.

6134. Garnier des Garets du Pertuy (N... de), chevalier de Saint-Louis et capitaine au même régiment, perdit son bras droit au combat de Warbourg en 1760, et quitta le service en 1763.

> Un grand nombre de familles du nom de Garnier pourroient à défaut de désignation spéciale, s'attribuer les mentions qui précèdent; cependant MM. Garnier des Garets, Beaujollois, qui subsistent encore et auxquels plusieurs reviennent certainement, portent : de gueules au chevron d'or accompagné de deux rencontres de taureaux et d'une étoile de même, au chef coupé d'azur, chargé de trois étoiles d'or.

6135. Garoussel, capitaine au régiment de Piémont, tué dans la tranchée de Thionville en la nuit du 20 juillet 1643.

6136. Garrault (le sʳ de), capitaine au régiment de Normandie, fut blessé à la bataille de Fontenoy en 1745.

6137. Garreau (François de), seigneur de Leyssart, chevalier de Saint-Louis et major des chevau-légers de la garde du roy, blessé au siége de Mons en 1691 et d'un coup de sabre à la tête au combat de Leuze en la même année; le fut encore en 1693 à la bataille de Nerwinde en saisissant l'étendard de la compagnie qui alloit tomber entre les mains des ennemis par la mort du s^r de Boisiré ; il mourut à Malines le 11 octobre 1705.

6138. GARREAU (Antoine de), seigneur de l'Isle, chevalier de Saint-Louis, d'abord sous-brigadier de la deuxième compagnie des mousquetaires, puis capitaine de vaisseau et inspecteur général des troupes de la marine et des milices de Rochefort, blessé à la prise de Valenciennes en 1677, eut le bras droit emporté dans le combat naval de M. de Tourville contre les flottes angloises et hollandoises, le 10 juillet 1690, à la hauteur de Dieppe. Ce doit être lui dont il est parlé dans l'histoire de l'ordre de Saint-Louis sous le nom du s^r *de l'isle, chevalier de Saint-Louis et capitaine de vaisseau*, où il est dit qu'il se trouva à huit grands combats où il fut toujours blessé, qu'il eut un bras emporté d'un coup de canon à la prise de Bevecieux et qu'il fut encore blessé au combat de la Hougue en 1692; peut-être, dit l'auteur, est-il le même que M. de l'Isle, officier de la Maine, qui perdit un bras et une cuisse à l'attaque de la flotte de Smyrne; si c'est le même, ajoute-t-il, il ne lui resta qu'une jambe de ses quatre membres.

6139. GARREAU (François du), seigneur de la Meschenée, chevalier de Saint-Louis, sous-brigadier des gardes du corps, blessé au cou à la bataille de Dettingen en 1743.

Les du Garreau, originaires du Limousin portent : d'azur au chevron d'or accompagné en pointe d'un cœur dans lequel est fichée une croissette du même.

6140. GARRIGUE (Jean de la), capitaine à l'isle Saint-Christophe, y fut blessé en 1666 dans le combat du 20 avril où les François battirent les Anglois.

6141. Garrigue (le sʳ de la), mousquetaire de la garde du roy, blessé au siége de Maëstrick en 1673.

6142. Garrigue (le sʳ de la), chevalier de Saint-Louis, capitaine au régiment de Guyenne, puis brigadier des armées du roy, fut blessé à la jambe au siége de Fribourg en 1744, et malgré sa blessure, ayant voulu continuer de combattre, il en reçut encore trois autres considérables.

6143. Garrigues (le sʳ de), capitaine au régiment de Persan, tué en 1644 au siége de Fribourg. (*Mercure* de 1644.)

6144. Garrigues de la Devèze (Jacques de), seigneur de la Grifoulède, capitaine au régiment d'Humières, depuis Charôt, tué dans une sortie au siége de Namur en 1692.

Les Garrigues de la Devèze, du Languedoc : d'azur au chevron d'argent, au chef d'or.

6145. Garsèmes (le sʳ de), capitaine dans les troupes de la colonie, tué en 1758 à l'affaire de Louisbourg.

Garrus de Bernières. — *Notice égarée.*

6146. Gascogne (Ximin, *duc* de) en 812, tué dans une bataille en 816.

6147. Gascogne, Garcias Juiguès, roi de Navarre et fils de Garcias Ximenis, duc titulaire de Gascogne, tué à la bataille de Siedena, contre les Maures.

6148. Gascoin (le chevalier de), mousquetaire de la garde du roy, blessé dangereusement à la bataille de Dettingen en 1743.

6149. Gascoing (le sʳ de), chevalier de Saint-Louis, lieutenant-colonel du régiment de Picardie, blessé à la bataille de Parme en 1734, fut tué à celle d'Hastembeck en 1757.

6150. Gascourt (le capitaine), *de la maison des Esselins, en*

Picardie, chevalier de Malte et neveu du grand prieur d'A-
quitaine, fut emporté d'un coup de canon au siége de Poitiers
en 1569, étant allé sur la brèche par ordre du duc de Guise
pour voir ce qu'il étoit nécessaire d'y faire.

6151. Gascourt (de), major au régiment de Champagne,
blessé de deux contusions, eut un cheval tué sous lui à la bataille de Fleurus, le 1er juillet 1690.

6152. Gasp (le sr de), capitaine au régiment de Normandie,
blessé au combat de Chiari en 1701.

6153. Gaspard de Jean (le sr), chevalier de Saint-Louis,
lieutenant au régiment d'Aumont, depuis Beauce, fut blessé
à la bataille de Minden en 1759, et eut le visage brûlé sur
la Couronne dans le combat du comte de Grasse; mourut peu
de temps après de ses blessures.

6154. Gasquet (Joseph de), chevalier commandeur de
l'ordre royal et militaire de Saint-Louis, lieutenant-colonel
du régiment de Champagne, depuis maréchal de camp,
blessé au siége de Luxembourg en 1684, au combat de Valcour en 1689 et à la bataille de Fleurus en 1690, eut aussi
un cheval tué sous lui à celle de Steinkerque en 1692, il
mourut à Agen le 12 avril 1733.

6155. Gasquet (Jean-Joseph de), aide-major et capitaine au
régiment d'Auxerrois, tué à la bataille d'Hochstett.

6156. Gasquet (Pierre de), seigneur de Carras, chevalier
de Saint-Louis, capitaine de cavalerie, fut estropié au service
et mourut à l'hôtel royal des Invalides en 1766.

6157. Gasquet (Jean-Bernard de), chevalier de Saint-Louis,
lieutenant de vaisseau et commandant une chaloupe car-
cassienne de son invention, se battit deux fois pendant six

heures contre deux frégates ennemies, pendant le siége de Louisbourg en 1760, et il y fut blessé à la tête.

MM. de Gasquet (Provence et Quercy) : De sinople au coq d'argent, becqué d'or, crété et barbé de gueules, au chef d'azur chargé d'un soleil d'or. Il y a des représentants. Le *Musée biographique* de M. Perraud de Thoury contient une notice sur cette famille. *Paris* 1857.

6158. GASSAUD (le s^r de), lieutenant de grenadiers au régiment de Guyenne, tué en 1713 à la réduction de Landau.

6159. GASSÉ (le s^r de), lieutenant au régiment d'Aquitaine, blessé à la journée de Grebenstein le 24 août 1762.

6160. GASSIÉ (du), aide-d'artillerie du port de Toulon, tué sur le *Soleil-Royal*, le 24 août 1704.

6161. GASSION (Raymond de), commandant-général de la cavalerie en Écosse, y fut tué en 1548.

6162. GASSION (Michel de), commandant une compagnie de gens de pied, tué à la bataille de Saint-Quentin en 1557.

6163. GASSION (Hugues de), son frère, servant dans la compagnie des gendarmes du conétable de Montmorency.

6164. GASSION (Jean de), maréchal de France, gouverneur de Touraine et de Courtray, l'un des plus braves et des plus heureux capitaines de son siècle, dangereusement blessé d'une mousquetade à la tête, au siége de Thionville, en 1643, où deux jambes de son cheval furent emportées d'un coup de canon ; le fut encore à celui de Gravelines, en 1644, et mourut à Arras, le 2 octobre 1647, d'un coup de mousquet qu'il reçut à la tête, le 28 septembre précédent, en faisant le siége de Lens ; cette ville fut prise le 3 et *la France*, dit Montglat, *en gagnant une bicoque, perdit un grand capitaine.* Le maréchal de Gassion répondoit à ceux qui lui proposoient de se marier *qu'il n'estimoit pas assez la vie pour en faire part à quelqu'un.*

6165. GASSION (Henry dit *le comte de*), enseigne des gardes du corps au régiment des armées du roy, tué à la bataille de Nerwinde en 1693.

6166. GASSION (Charles dit le *marquis* de), chevalier de Saint-Louis, capitaine-lieutenant des gendarmes de Bretagne et brigadier des armées du roy, mort des blessures qu'il reçut à la bataille d'Hochstett en 1704.

6167. GASSION (Jean, dit le *chevalier* de), colonel du régiment de Beaujeu, tué à la même bataille.

> Famille noble et considérable du Béarn qui paroît éteinte, célèbre dans la robe avant de l'être par l'épée. Jacques de Gassion, second président au parlement de Pau, eut cinq fils dont Jean de Gassion, procureur général et premier président du même parlement : De Gassion, sieur de Pondoli, général de Gassion, sieur de Bergère, maréchal de camp des armées du roi mort en 1647. Jean de Gassion maréchal de France, Pierre, évêque d'Oléron et deux filles, Mmes d'Espalongue et d'Artaignan. — Armes : écartelé au 1 et 4 d'azur à la tour d'or; au 2, de Foix, palé d'or et de gueules ou 3 d'argent à l'arbre de Sinople, un levrier de gueules passant au pied, accolé d'argent. — Devise : *Nec frustra curret.*

6168. GAST (du), enseigne de vaisseau du port de Rochefort, tué aux Cévennes, le.... 1692.

6169. GASTE (le sr de), lieutenant dans les troupes de la marine, tué en 1704 dans la même guerre.

6170. GASTEBOIS (Jean de), seigneur de Margnan, capitaine de grenadiers au régiment de Normandie, blessé au siége de Verceil en 1704, fut tué à celui de Chivas en 1705. Trois frères du même nom furent tués au service sous Louis XV, ce qui fut le motif de la pension de 4,000 fr. que leur père, François de Gastebois, capitaine commandant au régiment de Vermandois, obtint en 1785. — Voir à ce sujet ce qu'on lit dans des mémoires particuliers; ces mémoires ne citent que deux frères au service, quoiqu'il soit prouvé qu'il y en eut trois.

6171. Gastebois des Forges (Antoine-Gaetan de), chevalier de Saint-Louis, capitaine au régiment de Piémont, blessé au siége de Prague en 1742, mourut de la suite des blessures qu'il reçut en faisant la petite guerre en Flandres sous les ordres de M. Méry en 1745.

6172. Gastebois des Forges (le chevalier de), son frère, capitaine au même régiment, fut tué dans la nuit du 30 juin au 1er juillet 1761, au village de Kamen.

Dans l'histoire du régiment de Piémont, ce qui concerne ces deux frères est établi encore différemment; on y lit que le premier fut blessé au siége de Maëstrick en 1748, ainsi qu'à la bataille de Rosbach en 1757, et qu'il mourut à Dusseldorff en 1761 à la suite d'une autre blessure qu'il reçut aux volontaires que commandoit M. de Sionville, et que le chevalier des Forges, son père, fut seulement blessé à la bataille de Rosbach en 1757.

MM. de Gastebois, originaires de Normandie, portent : gironné d'or et d'azur de huit pièces, à l'orle d'autant d'écussons de l'un en l'autre, et à l'écu de gueules en cœur.

6173. Gat (le sr de), lieutenant au régiment de Champagne, fut blessé au siége de Philisbourg en 1688.

6174. Gatignol (le sr de), capitaine de grenadiers au régiment de Piémont, blessé à la bataille d'Oudenarde en 1708, le fut encore à la défense de Douay en 1710.

« Quoique le combat d'Oudenarde livré le 11 juillet ne fut point à l'avantage de la France, Piémont eut cependant la gloire d'y faire merveille avec son colonel qui retourna dix fois à la charge : ce qu'il ne put faire sans une grande effusion de sang : il y eut soixante-trois officiers tués ou blessés, et sept cent cinquante soldats de ce régiment qui y perdirent la vie? » (*Hist. du régiment de Piémont.*)

6175. Gatigny (le sr des), lieutenant au régiment d'Eu, blessé d'un coup de feu à la jambe à la bataille d'Hastembeck en 1757.

6176. Gatine (le chevalier de), enseigne aux gardes-françoises, tué au siége de Dunkerque en 1658.

6177. Gatine (le s^r de), lieutenant au régiment d'Agenois, blessé au siége de Gibraltar en 1782.

6178. Gaucher (François), capitaine au régiment d'Aquitaine, fut blessé au siége de Cassel sous Louis XV d'un coup de feu à la jambe et d'un autre sous Estre, à l'épaule droite.

6179. Gaucher (le s^r), enseigne au régiment de Guyenne, blessé d'une mousquetade au siége de Rouen en 1665.

6180. Gaucher (le s^r), officier au même régiment ci-devant Marsan et Bouzols, blessé en 1643 à la défense du pont de Dingelfingen.

6181. Gaucher de la Maisonfort, enseigne de vaisseau du port de Rochefort, mort commandant *la Gloutonne*, le... 1699.

6182. Gaucourt (Raoul, *sire* de), chevalier, capitaine, chambellan ordinaire du roy, sénéchal de Beaucaire et bailly de Rouen, y fut tué en 1447 en soutenant le parti du roy.

6183. Gaucourt (Raoul, *sire* de), chevalier, premier chambellan et grand maître d'hôtel du roy, bailly d'Orléans, gouverneur du Dauphiné, de Rouen, de Gisors et de Chinon, reçut un coup de lance à travers le corps dans une rencontre, sous Charles VII.

> La maison de Gaucourt est fort ancienne, originaire du Vermandois: d'hermine à deux bars adossés de gueules.

6184. Gaudard (le s^r), d'Yverdun, au canton de Berne, lieutenant de grenadiers au régiment de Villars, chevalier, tué au siége de Bouchain en 1712.

6185. Gaudard (Jean-François), d'Yverdun, chevalier de Saint-Louis, lieutenant-colonel au même régiment avec rang de colonel, blessé au siége de Courtray ; mourut à Paris en 1738.

6186. Gaude de la Vallière (Antoine), chevalier de Saint-Louis, capitaine au régiment d'Orléans-cavalerie, obtint une pension du roy en 1759 en considération des blessures qu'il avoit reçues à la bataille de Creweldt, et quitta le service en 1760.

6187. Gaudechart (Adolphe de), marquis de Bachevilliers, chevalier de Saint-Louis et lieutenant général des armées du roy, reçut un coup de sabre sur l'épaule à la bataille de la Marsaille en 1693, où il commandoit la cavalerie à l'aile droite.

6188. Gaudechart (le chevalier de), lieutenant au régiment de Reding-suisse, blessé à la bataille de Rosbach en 1757.

> Originaire de l'Ile-de-France : de gueules à la fasce d'argent, chargée d'une molette de sable.

6189. Gaudenau, capitaine au régiment de Saint-Maurice, blessé à la bataille de Staffarde le 18 août 1690.

6190. Gaudimard, lieutenant de vaisseau du port de Toulon, mort à la Havane sur *l'Assuré*, commandé par M. d'Aligre-Saint-Lie, le 11 juin 1702.

6191. Gauet (de), officier de la compagnie de grenadiers à cheval, blessé à l'affaire de Dettingen le 27 juin 1743.

6192. Gaugy (Guillaume-Gabriel de), chevalier de l'ordre de Saint-Lazare et aide de camp du duc d'Elbœuf, blessé à la bataille de Steinkerque en 1692.

6193. Gaujac (le sr de), capitaine aux gardes-françoises, fut tué à la bataille de Nerwinde en 1693.

6194. Gaulmya (François), dit *le comte de Montgeorges*, mestre de camp d'un régiment et brigadier des armées du roy, eut la cuisse cassée à la bataille d'Arnheim en 1575 et mourut quelques jours après à Strasbourg, regretté de toute l'armée comme un homme qui joignoit à beaucoup de valeur et de mérite à la guerre, tout l'esprit et la politesse d'un homme du monde.

6195. GAULMYA (Antoine), seigneur des Maisons, capitaine au régiment de Montgeorges-cavalerie, exposa dans un acte du 23 mai 1668, qu'il avoit été blessé dans l'armée de Flandres.

6196. GAULMYA DE LOLY (Gilbert), aide-major et lieutenant au même régiment, tué dans un combat près de Strasbourg, le 4 novembre 1674.

6197. GAULMYA (Gilbert) dit *le comte de Montgeorges*, chevalier de Saint-Louis, maréchal de camp, commandant à Nice et en Provence, blessé au combat de Valcour en 1689, mourut le 13 décembre 1735.

6198. GAULT (le chevalier), enseigne aux gardes-françoises, tué au siége de Montpellier en 1622.

6199. GAULTIER DE GIRENTON (Jean-Charles), marquis de Châteauneuf, chevalier commandeur de l'ordre royal et militaire de Saint-Louis, lieutenant-colonel du régiment de Saint-Simon, puis maréchal de camp, se trouva à deux batailles et à vingt-deux siéges où il reçut plusieurs blessures.

6200. GAULTIER DE GIRENTON (Jacques), son père, marquis de Châteauneuf, seigneur du Lauriol en partie, chevalier de Saint-Louis et capitaine de vaisseau, reçut deux blessures considérables au siége de Barcelone en 1697.

6201. GAULTIER DE KEROVEGUEN (Paul-Louis), chevalier de Saint-Louis, aide-maréchal général des logis de l'armée, puis ingénieur géographe militaire et lieutenant-colonel d'infanterie, blessé à l'attaque de la Grenade en 1779.

6202. GAUNÉ DE CAZEAUX (Edme-Bernard de), dit le chevalier de Cazeaux-de-Nebois, chevalier de Saint-Louis, capitaine au régiment de Vogué-cavalerie, depuis royal, avec rang de lieutenant-colonel, fut blessé à la bataille de Minden en 1755.

6203. GAUSSINTES (Jean-Aimar de), chevalier de Saint-Louis, capitaine commandant au régiment de Poitou, avec rang de lieutenant-colonel, fut très-grièvement blessé dans différentes affaires sous Louis XV; il s'est retiré depuis à Chartres en Beauce.

6204. GAUTELLE, capitaine de flûte du port de Rochefort, mort aux Indes sur le *Bon*, commandé par M. des Angers, le... novembre 1699.

6205. GAUTHIER (le s^r), capitaine au régiment de Montpezat, blessé en 1644 au siége de la citadelle d'Ast. (*Mercure* de 1644.)

6206. GAUTHIER (Pierre de), tué à l'affaire de Coni sous Louis XV.

6207. GAUTHIER (de). V. de Boisset de Gautier.

6208. GAUTHIER (Joseph de), lieutenant au régiment de Foix, tué au siége de Prague en 1742.

6209. GAUTIER (Denis), seigneur de Grambois, capitaine d'une compagnie de cent hommes d'infanterie, reçut plusieurs blessures sous le règne de Louis XIII.

6210. GAUTIER (Jean de), son frère, lieutenant au régiment de Duros-infanterie, tué à la bataille de Dettingen en 1743.

6211. GAUTIER, capitaine au régiment de Robecq, blessé à la bataille de Staffarde le 18 août 1690.

Nous ne voyons pas de régiment de ce nom cité dans les rapports du duc de Noailles sur la bataille de Dettingen.

6212. GAUTIER (Jacques de), son autre frère, chevalier de Saint-Louis et capitaine au même régiment, tué à la bataille de Laufeldt en 1747.

6213. GAUTIER, lieutenant colonel (Picardie), blessé d'un éclat de bombe qui lui emporta un bras, devant Fribourg, le 22 octobre 1744.

Plusieurs familles de ce nom. Les Gautier de Picardie : d'azur à la croix d'or cantonnée au 1 et 4 d'un col de grue d'argent, ou 2 et 3 d'un trèfle d'or.

6214. GAUVILLE (le s^r de), tué au siége de Gravelines en 1644. (*Mercure* de 1644.)

6215. GAUVILLE (Charles de), seigneur d'Acoux et d'Argent, capitaine au régiment du roy-dragons, mort en 1704 des blessures qu'il reçut au combat de Chiari, servant alors dans le régiment de Normandie.

Les de Gauville originaires de Normandie, qu'on retrouvoit en Champagne en ces derniers temps : de gueules au chef d'hermine : écartelé d'etampes.

6216. GAUVILLIER (le s^r de), lieutenant au régiment de Normandie, tué en 1704 au même combat (il paroîtroit y avoir quelque rapport de ce nom avec le précédent ayant servi dans le même régiment et étant mort dans le même combat).

6217. GAY (Jean-Claude de), chevalier de Saint-Louis, premier lieutenant avec rang de capitaine au régiment de Penthièvre-dragons, retiré du service en 1765, blessé à la bataille de Rosbach en 1757.

6218. GAY (le s^r de), cornette au même régiment, blessé à la même bataille.

Nom porté par plusieurs familles en Franche-Comté, en Auxerrois, en Anjou, en Auvergne, en Bretagne, etc.

6219. GAYARDON (Benoist de), seigneur de Bufferdent, capitaine au régiment d'Halincourt-infanterie et major de Portologone, fut tué d'un coup de mousquet au siége de Rores, d'après une attestation du 19 décembre 1647.

6220. Gaye de Lauteuil (Pierre de la), capitaine au régiment royal des vaisseaux, tué à la bataille d'Hochstett en 1704.

6221. Gaye de Miremont (François de la), son frère, dit le chevalier de Lauteuil, tué à la bataille de Malplaquet en 1709.

6222. Gaye (François de la), vicomte de Lauteuil, capitaine au régiment de Savoie, tué à la bataille de Guastalla en 1734.

6223. Gayon du Bousquet (Henri de), chevalier de l'ordre de Saint-Lazare, capitaine de grenadiers au régiment de Crussol, tué à la bataille de Nerwinde en 1693.

6224. Gayon (Jean-Antoine de), son neveu, lieutenant au même régiment, tué à la même bataille.

6225. Gayon (François-Raymond de), frère du précédent, seigneur de Saléson, capitaine au même régiment, mort de deux coups de feu qu'il reçut à la même bataille.

Maison du Languedoc : écartelé au 1 et 4 d'azur à une croix bretonne et alesée d'or : aux 2 et 3 d'or à un arbre de Sinople.

6226. Gayot (le sʳ de), exempt des gardes du corps, tué à la bataille de Malplaquet en 1709.

6227. Gayot (le sʳ), major au régiment de La Lande, blessé à la bataille de Staffarde le 18 août 1690.

Bourgogne, Champagne, Orléanais; d'azur à trois merlettes d'argent.

6228. Gazan (le sʳ de), lieutenant de frégate auxiliaire et commandant *l'Amazone* lors de la blessure du chevalier de l'Epine, qui avoit succédé au commandement de cette frégate par la mort du vicomte de Montguyot, fut tué dans la suite du même combat que soutint cette frégate le 20 juillet 1782 contre une frégate angloise.

6229. Gazan (le s^r de), officier auxiliaire, tué dans le combat du comte de Guichen, près de la Martinique, contre l'amiral Rodney en 1780.

Les Gazan qu'on trouvoit en Provence et dans l'Artois : coupé au 1 d'argent au pin de Sinople finité d'or, senestré d'une pie de sable, le tout soutenu d'une terrasse de Sinople : au 2 de gueules à un pan de forteresse ruiné d'argent.

6230. Gebert (Pierre), capitaine au régiment de Piémont, tué au siége d'Arras en 1654.

6231. Gedoya (N...), seigneur de Pernan et d'Autrèches, capitaine au régiment du roy, tué à la prise de Landrecies, sous Louis XIV.

6232. Gelas de Voisins (Hector de), marquis de Liberon et d'Ambres, vicomte de Lautrec, baron des Etats du Languedoc, chevalier des ordres du roy, maréchal de camp, lieutenant général et commandant pour S. M. en Languedoc, sénéchal de Lauraguais et gouverneur de Carcassonne, blessé à un doigt de la main gauche au combat du Pouille, près Castelnaudary en 1627, contre le duc de Rohan, reçut encore deux coups de pistolet au bras droit au combat de Leucate en 1637, et il contribua beaucoup au gain de cette affaire où il avoit le principal commandement de l'armée sous le duc de Halwin; il mourut à Narbonne le 12 février 1645.

6233. Gelas (Jean de), son frère, seigneur de Montpeiran, capitaine d'une compagnie de chevau-légers, fut tué dans les bois de Veneés, près de Coston, dans une embuscade que lui dressèrent en 1628 les religionnaires dont il étoit l'ennemi déclaré.

6234. Gelas de Voisins (François de), vicomte de Lautrec,

chevalier de Saint-Louis, colonel d'un régiment de dragons de son nom et brigadier des armées du roy, blessé d'un coup de fusil à travers le corps le 3 février 1705, dans une action contre les troupes de l'empereur près de Brescia où il eut tout l'avantage : mourut de ses blessures le 2 mars de la même année, après avoir donné les plus grandes marques de valeur.

6235. GELAS DE VOISINS (Daniel-François de), vicomte de Lautrec, d'abord colonel lieutenant du régiment de la reine en 1711, depuis maréchal de France, chevalier des ordres du roy, lieutenant général de la Haute-Guyenne, gouverneur du Quénoy et ambassadeur extraordinaire près l'empereur Charles VII, fut grièvement blessé à la jambe à la bataille de Laufeldt en 1747; il mourut le 14 février 1762, âgé de 79 ans.

Gelas des Voisins : — d'azur au lion d'or, armé, lampassé et couronné de gueules.

6236. GELLÉ (N... de), chevalier de Saint-Louis, major du régiment de Picardie, puis major de Gottingen en 1761, y fut tué dans une sortie.

6237. GELLÉ DE SAINTE-MARIE (Michel), chevalier de Saint-Louis et lieutenant-colonel du régiment de Chepy-cavalerie, fut blessé à la prise de Fribourg où il eut un cheval tué sous lui, et resta sur le champ de bataille percé de coups à la bataille de Ramillies en 1706, où ses services lui méritèrent des lettres de noblesse en 1720.

6238. GELLENONCOURT (Joseph-Benoît de), chevalier de Saint-Louis, ancien capitaine au régiment du Perche, fut blessé à la bataille de Berghen en 1759.

6239. GEMIT (Jean de), chevalier de Luscan, chevalier de Saint-Louis, chef de bataillon avec rang de major au régiment de Bourbonnois, blessé au combat de Warbourg en 1760, quitta le service en 1779.

Les Gemit de Luscan, Armagnac : — d'azur à trois chevrons d'or.

6240. GENAS (Alexandre de), tué au siége de Négrepont en 1688.

6241. GENDRE DE MAIGREMONT (N... le), chevalier de Saint-Louis, capitaine aux gardes-françoises, tué à la bataille de Ramillies en 1706.

6242. GENDRE DE GAUD (le), chef de brigade, enseigne de vaisseau d'un port des colonies, mort au Cap, sur *le Zéphire*, le 12 novembre 1746.

6243. GÊNES (le s^r de), lieutenant de frégate, eut une jambe emportée sur *le Sevère*, dans le combat du bailly de Suffren aux Indes, près de Négapatriam, le 6 juillet 1782.

MM. de Gênes originaires de Champagne : — d'argent à trois aigles de sable, posées 2 et 1.

6244. GENEST (le s^r), officier de grenadiers au régiment de Bourbonnois, blessé au combat de Warbourg en 1760.

6245. GENEVOIS (Méry le), tué en 1629 aux barricades de Suze où il servoit comme volontaire.

6246. GENEVOIS (Pierre le), son frère, lieutenant d'une compagnie de chevau-légers, tué au siége de Turin en 1640.

6247. GENEVOIS (Léonard le), capitaine d'une compagnie de chevau-légers et commandant le régiment de cavalerie de Turenne, fut tué à la bataille de Fribourg en 1644.

6248. GENEVOIS (Marc le), son frère, capitaine au régiment d'Harcourt-cavalerie, mort dans l'armée de Flandres en 1648.

Les Genevois, originaires de Champagne, d'azur à la fasce d'or accompagné de trois coquilles du même.

6249. GENEVOIX DE ROCHEFORT (Bernard de), capitaine d'un des régiments de l'ordonnance, fut blessé à mort dans une bataille, du côté de l'Irlande, dans le temps que Louis XIV tentoit de remettre le roy Jacques sur le trône d'Angleterre : il mourut à Paris en 1698.

6250. GENLIS (le seigneur de), gentilhomme bourguignon, tué en 1553 dans un combat près de Valenciennes contre les Impériaux (de Thou).

6251. GENLIS-BETTANCOURT, colonel du régiment de la Couronne, tué à Consabrick le.... 1675.

6252. GENLIS-PROYART, colonel au régiment de la Couronne, tué au siége de Saint-Omer le..... 1679.

La terre de Genlis, généralité de Soissons, fut acquise de la maison de Hangest par Pierre Brulast et érigée en marquisat en 1645. Voir au nom BRULART:—Armes de gueules à la bande d'or, chargée d'une traînée de sable accompagnée de cinq barillets du même.

6253. GENEBRAIS (le sr de), sous-lieutenant au régiment de Champagne, blessé au combat de Steinkerque en 1692.

6254. GENNES (le sr de), chevalier de Saint-Louis, capitaine, reçut dans une action un coup de mousquet à la gorge, et un éclat lui macéra une jambe à un autre combat en 1690.

6255. GENNES (le chevalier de), capitaine de vaisseau du port de Rochefort, mort prisonnier en Angleterre, à Plymouth, le... août 1705.

Les de Gennes, du Poitou et de Bretagne : d'azur au chevron d'argent accompagné en chef d'une étoile du même entre deux roses et en pointe d'une coquille du même.

6256. GENNET (le sr de), chevau-léger de la garde du roy, eut la main cassée au siége de Mons en 1694.

6257. GENOUILLAC, lieutenant au régiment de Clérembault, blessé à la bataille de Staffarde le 18 août 1690.

Les Genouillac, du Quercy :— d'azur à trois étoiles d'or rangées en pal.

6258. GENSAC (le sr de), lieutenant aux gardes-françoises, tué au combat de Valcourt en 1689.

6259. GENSAC (le sr de), mousquetaire de la garde du roy, blessé au siége de Mons en 1694, doit être celui du même nom qui fut depuis capitaine au régiment de Navarre, commandant à Valence et chevalier de Saint-Louis à la première promotion de 1693.

6260. Gensac (le marquis de), tué au siége de Gênes en 174... (D'hozier, généal.).

6261. Gentien (Pierre et Jacques), frères, bourgeois de Paris, furent tués à la bataille de Mons-en-Puelle en 1304, devant Philippe le Bel; ayant paré de leurs propres corps les coups qu'on voulait lui porter, telle est l'illustre origine de la noblesse de cette famille.

6262. Gentil (le sᵣ), lieutenant au régiment suisse de Reding, blessé à la bataille de Rosbach en 1757.

6263. Gentil (Jean-Baptiste de), seigneur de Planchoury et de la Haute-Métairie, gentilhomme ordinaire du roy, fut blessé dans plusieurs actions sous les règnes d'Henry III et d'Henry IV.

6264. Gentil (Antoine de), gentilhomme ordinaire du roy, tué au siége de Montauban, sous Louis XIII.

6265. Gentil (le sᵣ le), lieutenant de frégate auxiliaire, fut tué dans le combat du vicomte de Chilleau aux environs de l'île Madère le 23 février 1780.

Nom porté par plusieurs familles en Nivernais, Lorraine, Bretagne, Languedoc et Savoie.

6266. Gentillot (le sᵣ), reçut trois mousquetades à travers le corps au siége de Bois-le-Duc en 1629, et en mourut peu de temps après. (*Mercure* de 1629.)

6267. Gentils (Yrier de), seigneur de Pigeolet, lieutenant-colonel du régiment de Champagne, puis gentilhomme ordinaire de la chambre du roy et capitaine aux gardes-françoises, tué au siége de Sommières en 1622.

6268. Gentils (N... de), capitaine au même régiment de Champagne, fut blessé à l'attaque des retranchements du pont de Carignan en 1630.

Famille du Berry : d'azur au chevron d'argent accompagné de trois têtes de lion d'or.

6269. Genton (Claude de), seigneur de Moulon, chevalier de l'ordre du roy, maréchal de camp et gouverneur de Pierre-Encise, fut tué à un siége, sous Louis XIII.

6270. Geoffray (Antoine), chevalier de Saint-Louis, d'abord fourrier, porte-enseigne, puis lieutenant au régiment des Carabiniers, eut l'avant-bras droit cassé au service, il obtint sa retraite en 1785.

6271. Geoffre (le sr de), capitaine au régiment de Navarre, blessé au combat de Senef en 1674, et au siége de Philisbourg en 1676.

6272. Geoffre (Laurent de), chevalier de Saint-Louis, lieutenant-colonel du régiment de Champagne et brigadier des armées du roy, fut blessé au siége de Fribourg en 1713, à la bataille de Parme en 1734, et à celle de Fillinghausen en 1761.

Maison du Dauphiné :—pallé d'argent et de gueules, au chef fascé d'azur et d'or. *Devise* : J'offre tout à la patrie.

6273. Geoffroy (N...), tué à la bataille de Montlhéry en 1465.

6274. Geoffroy (le sr), lieutenant au régiment de Nettancourt, depuis Guyenne, ayant été chargé en 1702 de défendre le village de Queicheim, près Landau, il y fit la plus belle contenance, quoique blessé. et se retira dans la tour où il se laissa brûler plutôt que de se rendre.

6275. Geoffroy (le sr), porte-drapeau au régiment de Mailly, blessé à l'affaire de l'Assiette en 1747.

6276. Geoffroy (le s^r), aide-major du régiment d'Aquitaine, blessé le 24 août 1762, à la journée de Grebenstein.

6277. Geoeffroy de Clinchamp (Louis-Nicolas), chevalier de Saint-Louis, aide-major et capitaine au régiment de Bourgogne-infanterie, blessé au siége de Louisbourg.

6278. Geoffroy de Flévy (Louis de), chevalier de Saint-Louis, directeur d'artillerie à Dunkerque avec rang de colonel, blessé à la bataille de Rosbach en 1757, obtint en 1779 une pension de retraite de 1,000 francs.

6279. Geoffroy du Rouret (N... de), chevalier de Saint-Louis et major de vaisseau, fut blessé à la gorge sur *le Souverain* dans le combat du comte de Grasse contre l'amiral Rodney au mois d'avril 1782.

6280. Geoghegan (Alexandre), chevalier de Saint-Louis, capitaine et major du régiment de Lally, avec rang de colonel, fut blessé aux deux bras et dangereusement à une cuisse au siége de Madras en 1758.

6281. Geoghegan (le s^r), son frère, fut tué dans la tranchée du fort David.

La Fortelle dans ses *Fastes militaires* contient une longue et intéressante notice sur les frères Geoghegan.

6282. Georges (François-Antoine), chevalier de Saint-Louis, lieutenant au régiment de royal-Bavière, reçut plusieurs blessures au service, sous Louis XV.

6283. Georges d'Ollières de Huming (Jean-François de), chevalier de Saint-Louis, mestre de camp de cavalerie, tué au siége de Prague en 1742.

Maison de Provence : d'azur à la fasce d'or, accompagné de trois fers de flèche d'argent.

6284. Geraldin (François de), chevalier de Saint-Louis,

major du régiment de Penthièvre-cavalerie, blessé à la bataille de Rosbach en 1757.

Il y a un Nicolas Géraldin, grand-croix de l'ordre de St-Jean de Jérusalem, mort le 28 juin 1733. Originaire d'Islande, habitué en Bretagne : d'hermine au sautoir de gueules.

GÉRAMMES (de). V. de Giresmes.

6285. GÉRARD, capitaine au régiment de Stoup, blessé le 1er juillet 1690, à la bataille de Fleurus.

6286. GÉRARD (le sr), sous-lieutenant au régiment de Médoc, tué au siége du fort Saint-Philippe en 1756.

6287. GÉRARD (le sr), capitaine au régiment de Rouërgue, blessé à la bataille de Minden en 1759.

6288. GÉRARD (Joseph-Paul-François), capitaine au régiment de Limousin, tué au siége de Berg-op-Zoom en 1747.

6289. GÉRARD (Pierre), seigneur d'Autres, chevalier de l'ordre du roy et mestre de camp des compagnies italiennes dans les guerres de Provence, fut blessé d'un coup d'arquebuse à la cuisse au siége de Vauréal en 1562.

Un grand nombre de familles de ce nom en Bourgogne, Bretagne, Provence, Champagne, etc.

6290. GÉRAUSANT (Célart), écuyer, tué à la bataille de Poitiers en 1356.

GERBAUVAL (de). V. de Greboval.

6291. GÉRENTE (Balthasar de), baron de Senas et chevalier de l'ordre du roy, gentilhomme ordinaire de sa chambre, tué devant Saint-Michel-d'Ardèche, près le Pont-Saint-Esprit en 1571.

6292. GÉRENTE (Balthasar de), son fils, tué devant la même ville.

6293. GÉRENTE (Claude de), baron de Senas, tué au siége

de Salon, à la tête de la compagnie des gendarmes d'Henri d'Angoulême, Grand-prieur de France et commandant en Provence.

6294. GÉRENTE (François de), son fils, tué aussi à la guerre, pendant la Ligue.

6295. GÉRENTE (le chevalier de), dit aujourd'hui de Jarente, capitaine au régiment de Champagne, blessé en 1743 à l'attaque de la redoute de Rhinvillers.

> Famille de Languedoc et Provence : d'or au sautoir de gueules. *Devise:* Subtilité de Gérente. — Nous croyons que le baron de Gérente, mort en 1837, ancien député à la Convention, qui, dans le procès du roi, vota avec la minorité, étoit de cette famille.

6296. GÉRIN, lieutenant au régiment de la Couronne, blessé à Warbourg le... 1766.

> Le 29 juillet (à Wurbourg) les premiers coups qui se tirèrent furent entre le premier piquet de la Couronne et les grenadiers anglois qui se rencontrèrent sur le plateau près de la tour, d'où quelques montagnards écossois fusillèrent aussi sur nos gens (Voy. *au supplém.* BOULON), et M. de Gérin, lieutenant, fut mis hors de combat d'un coup de fusil au travers de la poitrine. (*Annales du rég. de la Couronne.*)

6297. GÉRIN DE REQUISTON (Gabriel-Bernard de), capitaine au régiment de Navarre, fut tué en 1709 à la bataille de Malplaquet, où il ne périt qu'après avoir deux fois repoussé les ennemis et leur avoir enlevé leurs drapeaux.

> Famille de Provence, — originaire de Toscane : de gueules à trois chaînes d'or posées en bandes, au chef de même, chargé d'un cor de chasse de gueules.

6298. GÉRINCOURT (Thibaut de), tué à la bataille que le dauphin aux intérêts duquel il étoit attaché, livra au duc de Bourgogne en 1621.

6299. GERLY (le s^r de), capitaine au régiment de Brissac, blessé à la bataille de Rosbach en 1757.

6300. GERMANAUD (le s^r de), capitaine au régiment de Navarre, tué au siége de Landau en 1713.

6301. Germay de Cirefontaine (le s^r de), capitaine au régiment de royal-artillerie, tué à la bataille de Minden en 1759.

6302. Germerais (de la), enseigne de vaisseau, mort en Canada le ... 1711.

6303. Germiné, capitaine au régiment de Saint-Mauris, blessé le 18 aoust 1690, à la bataille de Staffarde.

6304. Germiny (Ferry de), chevalier, tué à la bataille d'Agnadel en 1509.
> Famille de Lorraine, qui paroit éteinte : d'azur à un écusson d'argent en abîme.

6305. Geron (Alain), bailly de Senlis, fut tué en 1436 servant sous le connétable de Richemont, dans une affaire contre le damoiseau de Commercy en 1757.

6306. Geronville (le s^r de), capitaine au régiment de Rambures, depuis Feuquières, blessé au combat de Senef en 1674.

6307. Geronvilliers (Jean-Baptiste de), seigneur d'Abainville, capitaine de cavalerie au régiment du prince de Lambesc, tué à la bataille d'Hochstett.

6308. Gervais (le s^r), cité parmi *les personnes de condition* qui furent blessées au siége de Tarragone en 1644. (*Mercure de 1644.*)

6309. Gervais de Saint-Laurent (le s^r), capitaine au régiment de Piémont, tué au siége de Tournay en 1745.

6310. Gervasi (Pierre de), gentilhomme milanais attaché au service de France, tué à la bataille de Navarre en 1513.

6311. Gervasi (Jean-Baptiste de), cornette au régiment des Cravates, tué en Catalogne dans les guerres de Louis XIV.

6312. Gervasi (Joseph de), son frère, fut blessé servant dans le même régiment.
> Famille du Dauphiné, originaire du Milanais : d'or à une croix de sable cantonnée de quatre roses de gueules.

6313. Gerzé (le marquis de), fut blessé d'une mousquetade à travers le corps au siége de Thionville en 1643, et d'un coup de mousquet au bras, proche du coude, dans la guerre de la Fronde en 1652. (*Mercure* de 1643, 1644, et 1652.)

6314. Gerzé (le chevalier de), blessé en 1644 au siége de Gravelines. (*Mercure* de 1643, 1644 et 1652.)

Voy. Plessis (du) comte de Gerzé.

6315. Geslin de Tremargat (Louis-Aimé), chevalier de Saint-Louis, lieutenant de vaisseau, eut une jambe emportée dans un combat naval le 20 novembre 1759.

Famille de Bretagne ; d'or à six merlettes de sable.

6316. Gestard de Russigny, enseigne de vaisseau du port de Toulon, noyé sur *l'Eclatant*, commandé par M. de Roque-mador, le 18 avril 1713.

Famille de Normandie : d'azur au sautoir d'argent, cantonné de quatre flammes d'or.

6317. Gestas (Charles de), dit le chevalier de Betons, capitaine d'infanterie, mort aux eaux de Barége le 10 mai 1675 des blessures qu'il avoit reçues au service.

Famille de Guyenne : d'azur à la tour d'argent ouverte et ajourée du champ, maçonnée de sable.

6318. Grevemont (le sr de), lieutenant au régiment de Picardie, blessé à la bataille de Rocroy et au siége de Thionville en 1643.

6319. Geyer (le sr de), capitaine au régiment royal Deux-Ponts, tué à la bataille de Rosbach en 1757.

6320. Geyer d'Orth (Henri-Etienne de), lieutenant au régiment d'Orléans, puis aide-major de celui de Klinhalt, mourut le 15 janvier 1745 de la suite de plusieurs blessures de fer et de feu qu'il reçut au service.

Plusieurs familles de nom, d'origine étrangères, naturalisées. Les Geyer d'Orth, originaire de Suède, habituées en l'Ile-de-France: d'argent au che

vron de sable chargé d'un vautour du même, membré et langué de gueules.

6321. GIBANELLE (le s^r de), garde de la marine, blessé sur
le Foudroyant, et eut les reins brisés dans le combat naval
du 20 mai 1756, livré près de l'île Minorque à l'amiral
Byng par M. de la Gallissonière.

6322. GIBBAUDIÈRE (Louis-François-René de), chevalier de
Saint-Louis, brigadier des armées du roy en 1706, lieutenant
de roy à Bayonne et commandeur du pays de Labour, reçut
plusieurs blessures et servit dans plus de trente siéges avec
une valeur remarquable ; il mourut en 1725.

6323. GIBELIN (Victor), de Soleure, capitaine aux gardes-
suisses, tué à la bataille de Lens en 1648.

6324. GIBERTIN (le s^r de), lieutenant de dragons, blessé au
mois de septembre 1702 dans cette même guerre.

6325. GIGAULT (le s^r), lieutenant au régiment de Champagne, blessé au siége de Maëstr'ck en 1748.

6326. GIGAULT (François), seigneur de Fresvinières, tué
près de Château-Thierry, pendant la Ligue.

6327. GIGAULT (Claude), son neveu, tué en Hollande au
service du roy.

6328. GIGAULT (le s^r), mousquetaire de la garde du roy,
blessé au siége de Mons en 1691.

6329. GIGAULT DE BELLEFONDS (Charles), lieutenant-colonel
du régiment de Normandie, gouverneur du Catelet et maréchal de camp, blessé aux siéges de Saint-Antonin en 1622 et
de la Mothe en Lorraine en 1634, mourut le 16 novembre
1644.

6330. GIGAULT (René), tué à l'âge de 15 ans au même siége
de la Mothe.

6331. Gigault (Louis), capitaine de cavalerie, tué au service du roy en 1673.

6332. Gigault (Bernardin), marquis de Bellefonds, maréchal de France, chevalier des ordres du roy, premier écuyer de Madame la Dauphine, gouverneur de Valognes et ambassadeur en Angleterre, reçut huit blessures considérables au service, et mourut au château de Vincennes le 4 décembre 1694 : il avoit remporté une éclatante victoire à Ponte-Mayor, en Catalogne, le 12 mai 1634.

6333. Gigault (Louis-Christophe), son fils, marquis de Bellefonds, aussi premier écuyer de Madame la Dauphine, colonel du régiment royal-Comtois et gouverneur de Vincennes, mourut des blessures qu'il reçut à la bataille de Steinkerque en 1692.

Maison illustre du Berry : d'azur, au chevron d'or accompagné de trois losanges d'argent. — Nous ignorons si l'écrivain démocratique Gigault de la Bédollière, qui figure dans l'*État de la noblesse* de l'éditeur Bachelin se dit de cette famille.

6334. Gigognes (le seigneur de), tué au combat de Vimory en 1587.

6335. Gigou (Louis-François), dit *le chevalier de Saint-Simon*, aide-major et capitaine au régiment d'Aunis, fut blessé dans une affaire en 1757.

6336. Giguel Dunedo, aide-d'artillerie du port de Brest, tué devant Barcelone le 24 mai 1714.

6337. Gilbert de Merlhine (Guillaume-Marie de), chevalier de Saint-Louis, capitaine au régiment de Normandie, depuis lieutenant-colonel et major de l'hôtel royal des Invalides, fut blessé d'un coup de feu à la cuisse gauche à la bataille de Clostercamps en 1760.

6338. Gilbert de Salières (Alexandre de), seigneur de

Montlaur, chevalier de Saint-Louis et lieutenant d'artillerie, tué à Colomo, en Italie, en 1734.

6339. GILBERT (Jean de), officier d'artillerie, tué en Italie dans les guerres de Louis XIV.

6340. GILBERT (Alexandre de), leur neveu, capitaine au régiment de Guyenne, tué dans un détachement de Worms en 1689.

6341. GILBERT (René de), tué au siége de Tournay en 1687, servant dans l'infanterie.

6342. GILBERT (Pierre-André de), son frère, capitaine de cavalerie, tué au passage du Rhin en 1672.

6343. GILBERT (Melchior-Joseph, *chevalier* de), chevalier de Saint-Louis, capitaine au régiment de Soissonnois, ci-devant Briqueville, blessé à la bataille de Clostercamps en 1760, quitta le service en 1787.

> Plusieurs familles de ce nom en Dauphiné, en Poitou, en Champagne, et ailleurs, parmi lesquelles nous citerons les Gilbert des Voisins : d'azur à la croix d'argent engrelée, accompagné de quatre croissants d'or.

6344. GILLÉ, capitaine au régiment de Mongommery, blessé à la bataille de Staffarde le 18 aoust 1690.

6345. GILLEBERT DE BELESTRE (N...), chevau-léger de la garde du roy, tué au siége de Mons en 1691.

6346. GILLEBERT DE BELESTRE (N...), aussi chevau-léger de la garde, tué à la bataille de Dettingen en 1743.

6347. GILLEBERT DE LA JAMINIÈRE (Brice-François), seigneur d'Haleines, aussi chevau-léger de la garde, blessé grièvement d'un coup de feu à la cuisse à la bataille de Malplaquet en 1709, mourut le 10 juillet 1743.

6348. GILLEBERT (Guillaume-François), son frère, seigneur

d'Haleines, chevalier de Saint-Louis, officier au régiment de la Vieille-Marine, puis chevau-léger de la garde, reçut aussi plusieurs blessures à la bataille de Malplaquet et quitta le service en 1732.

6349. GILLES (Pierre et Jacques de), furent tués en défendant le château de Lambesse dans le temps de la Ligue, d'après une attestation des consuls du 12 juillet 1587.

6350. GILLIERS DE LA VILLEDEN (Jacques de), maréchal de camp, tué au siége de Puycerda en 1678.

6351. GIMAY (le sʳ de), lieutenant au régiment de Champagne, blessé au combat de Valcourt en 1687.

> » L'affaire de Valcourt, sur les rives de la Meuse, entre le maréchal D'Humières et le prince de Waldeck ne fut point heureuse. D'Humières voyant l'ennemi recevoir sans cesse des renforts dut se replier après avoir perdu quatre mille hommes parmi lesquels se trouvoient un grand nombre d'officiers. » (*Voy.* Colbert.)

6352. GIMEL (le sʳ de), capitaine au régiment de Touraine, tué à la bataille de Minden en 1759. (V. de Lantillac au cas qu'il soit de cette maison.)

> Famille du Limousin, alliée aux Noailles, et qui paroit éteinte. Burelé d'argent et d'azur, à la bande de gueules brochant sur le tout.

6353. GINESTE, enseigne de vaisseau du port de Toulon, tué à Tabarque le 9 juillet 1742.

6354. GINESTE, aide-d'artillerie du port de Rochefort, tué à la descente de Tabarque, à la côte de Barbarie, le 9 juillet 1742.

6355. GINESTE, brigadier, aide-d'artillerie de marine, tué à la descente de Tabarque, à la côte de Barbarie, le 9 juillet 1742.

6356. GINESTE DE VAJAC (Etienne), chevalier de Saint-Louis, capitaine de grenadiers, avec rang de lieutenant-colonel au régiment de la Tour-du-Pin, blessé aux batailles de Dettingen

et de Laufeldt en 1743 et 1747, obtint en 1755 une pension
de 800 fr. motivée sur ses services et blessures.

6357. GINESTE (Joseph de), successivement capitaine de
flûte, de brûlot, de frégate et de vaisseau, l'un des plus
habiles marins de son temps et des plus valeureux, reçut
plusieurs blessures dans des abordages et se distingua par
plusieurs actions personnelles, entre autres, celle du combat qu'il soutint le 6 août 1690 devant Livourne contre dix-
huit galères d'Espagne pendant douze heures en calme ; il
commandoit alors la frégate *l'Etoile*, cette affaire lui fit
un honneur infini.

6358. GINESTE (le sr de), garde de la marine, puis aide-d'ar
tillerie, fut tué en 1741 à l'expédition de l'île de Tabarca,
en Barbarie.

> Famille du Languedoc : d'azur au genêt d'or, terrassé de sinople, ac-
> costé de deux lions affrontés du second, au chef cousu de gueules char-
> gés de trois étoiles d'argent.
> L'îlot de Tabarca, de l'Etat de Tunis, appartenoit alors aux Génois.

6359. GINESTOUX (Henry de), seigneur d'Argentière, capitaine au régiment de Languedoc-dragons, gouverneur et
viguier du Vigan, fut blessé au siége de Puycerda, sous
Louis XIV.

6360. GINESTOUX (Charles de), seigneur des Gravières, chevalier de Saint-Louis, lieutenant-colonel du régiment Colonel-
général, avec rang de mestre de camp de cavalerie, tué en
1742 à l'affaire de Troya, près de Prague ; le roy, en appre-
nant sa mort, dit qu'il perdoit en lui l'un des meilleurs officiers de cavalerie de son armée.

6361. GINESTOUX (François de), son frère, chevalier de
Saint-Louis, dit *le chevalier d'Argentière*, capitaine au même
régiment, puis major d'Angoulême, mort à Egra, en Bohême,
en 1742.

6362. GINESTOUX (Louis de), tué d'un coup de canon sur la frégate *l'Oiseau* en 1762.

6363. GINESTOUX (V... de), capitaine au régiment de Lorraine, tué à l'affaire du 30 septembre 1759 à Vandavachi, à trente lieues de Pondichéry.

> Famille du Languedoc : d'or au lion de gueules lampassé, armé et vilainé de sable.

GINGINS DE DORNY (de.) V. de Dorny de Gingins.

6364. GIRARD (le sʳ), capitaine lieutenant au régiment de Suibeck suisse, tué à la bataille de Nerwinde en 1693.

6365. GIRARD (Michel), seigneur de Borderousse, tué au combat de Senef en 1674.

6366. GIRARD (le sʳ), volontaire dans l'escadre de M. d'Orvilliers, blessé au combat d'Oüessant en 1778.

6367. GIRARD (Jean), dit *le chevalier de Pindray*, chevalier de Saint-Louis, capitaine au régiment de Vermandois, blessé à la bataille de Laufeldt en 1747.

6368. GIRARD DE CHAMBRULARD (René), chevalier de Saint-Louis, capitaine au régiment de Béarn, puis dans celui d'Agénois, blessé à la bataille de Johansberg en 1762, obtint sa retraite en 1777.

6369. GIRARD DE LANGLADE (Raymond), seigneur de la Batut, fut blessé en 1653 d'un coup de fusil dans la cuisse et fait prisonnier par les troupes de M. le prince, suivant une enquête du 12 novembre de cette année.

6370. GIRARD (François de), seigneur de Chevenon, chevalier de l'ordre du roy et écuyer d'écurie du duc d'Anjou, fut blessé en 1552 dans une action qui se passa près de Thionville contre les impériaux, et mourut le 3 mai 1582.

6371. GIRARD (Jean de), eut la tête emportée d'un coup de canon dans une attaque devant Vienne (sans autre détail).

6372. GIRARD (Balthasar de), son fils, seigneur de Saint-Paul, lieutenant général des armées du roy, mourut au combat de Thionville en 1643.

6373. GIRARD (François de), fils du précédent, tué à la tête de son régiment au siége de Roza, en 1693 où il reçut vingt-cinq blessures presque toutes mortelles.

6374. GIRARD (Jacques de), son autre fils, seigneur de Saint-Paul, mestre de camp d'un régiment de bataille dans l'armée de Flandres, commandée par le maréchal de Turenne, fut tué dans les lignes du dernier siége d'Arras, en 1654.

6375. GIRARD DE CHARNACÉ (Jacques de), seigneur de Gastines, enseigne de la colonel du régiment de Brezé, eut le bras droit emporté d'un boulet de canon au siége d'Hesdin en 1639.

> Voy. CHARNACÉ Girard et non point Gérard comme nous l'avons imprimé, t. 1., 2e part., p. 82. Le présent article à joindre aux nos 3317 et 3318.

6376. GIRARD DE LA ROUSSIÈRE (René de), seigneur de la Roussière, chevalier de l'ordre du roy et guidon de la compagnie des gendarmes du comte du Lude, fut dangereusement blessé au côté, au siége de Poitiers en 1509, d'un éclat de bombe qui fut rompue par un coup de canon.

6377. GIRARD DE MALASSISE (Edme-Philippe), chevalier de Saint-Louis et sous-brigadier de la compagnie des mousquetaires, fut grièvement blessé à la bataille de Dettingen en 1743, ce qui l'obligea à quitter le service. Ce fut lui qui, s'étant trouvé blessé avec le duc de Cumberland, les chirurgiens se disposoient à panser le prince de préférence : « Commencez, dit le duc, par soulager cet officier français ; il est

plus blessé que moi, il manqueroit de secours et je n'e
manquerai pas. »

Girard, nom porté par plusieurs familles, parmi lesquelles, outre les
Girard Demaine — de Champiguelles (Poitou), de Chateauvieux (Languedoc), du Haillan (France), du Lac (Languedoc), de Langlade (Périgord),
de Langres (France), des Arres (Dauphiné), de Ste-Radegonde (Auvergne).

6378. Girardet (le sr de), chevalier de Saint-Louis, lieutenant-colonel, capitaine commandant au troisième régiment
des chasseurs de Béarn, blessé d'un coup de feu à la jambe
en Bavière, en 1743, et d'un coup de fusil dans la campagne
d'Italie en 1746; le fut encore d'un pareil coup, à la cuisse, à
Néhausen le 14 septembre 1761.

6379. Girardier (Pierre de), chevalier de Saint-Louis, lieutenant-colonel du régiment de Vigier-suisse, avec rang de
colonel et brigadier des armées du roy, se retira du service
en 1756 à raison de ses blessures et de ses infirmités, et
mourut à Toul en 1779, âgé de 83 ans.

6380. Girardier (le sr de la), capitaine au régiment de Navarre, tué au siége de Prague en 1762.

6381. Giraud (Pierre), seigneur du Foy et capitaine d'infanterie à l'ile Saint-Christophe et conseiller au conseil supérieur de cette ile, y fut blessé à l'attaque de la Basse-
Terre, et reçut à celle de la Cabastère une mousquetade qui
lui cassa le cou et la mâchoire; il mourut en 1688 et sa
femme, Elisabeth Hubert, fut tuée d'un coup de canon au
siége du fort Saint-Christophe en 1690.

6382. Giraud (Jean de), officier aux gardes-françoises, mort
au siége de Maëstrick le 14 septembre 1632.

6383. Giraudière (le sr de ou de la), capitaine au régiment
de Normandie, tué au siége de Grave en 1674.

6384. Giraudière (le sr de ou de la), capitaine au même régiment, tué au combat de Chiari en 1701.

6385. Girault (Nicolas), officier au régiment de Champagne, tué en 1627 à la descente des Anglois dans l'île de Rhé.

Ce fut le 20 juillet que la flotte angloise parut vers les sables d'Olonne.

6386. Girault (Gabriel), son frère, seigneur de Cray, capiaine au régiment de Turenne, tué près de Champlite, dans un détachement sous le comte de Rautzau contre les troupes du général Galas, le 18 octobre 1636.

6387. Giraul (Pierre), seigneur du Cray, capitaine au régiment de Champagne, tué au siége de Lérida en 1646.

6388. Girault du Cray (Claude), son frère, seigneur de Voncourt, capitaine au même régiment, tué au deuxième siége de Lérida en 1647.

6389. Girault (Etienne), autre frère, capitaine au régiment de Roussillon, tué au combat de Fribourg en 1644.

6390. Girault (Antoine), autre frère, seigneur du Cray, officier au régiment de Champagne, puis capitaine dans celui de Bourgogne, fut blessé au siége de Bellegrade, d'après un certificat du colonel de ce régiment du 1er avril 1665.

6391. Girault (le sr de), lieutenant au régiment royal-artillerie, tué à la bataille de Minden en 1759.

6392. Girault des Escherolles (N...), chevalier de Saint-Louis, capitaine au régiment de Poitou, puis lieutenant-colonel commandant le bataillon de garnison de royal et maréchal de camp en 1791, fut blessé à la bataille de Rosbach en 1757.

Girault des Escherolles, du Bourbonnois: de gueules au puits d'argent d'où sortent deux palmes du même en chevron renversé au chef cousu d'azur à la fleur de lys d'or, chargé d'un bâton du champ, péri en bande. — Nous ne savons si les Girault du Cray étoient de cette famille,

6393. GIRESMES (Charles de), chevalier, conseiller, chambellan ordinaire du roy, fut tué à la bataille de Verneuil en 1424.

6394. GIRESMES (Nicolas de), conseiller du roi, chevalier de Saint-Jean de Jérusalem, Grand-prieur de France en 1450, gouverneur de Provins, capitaine général de l'île de Rhodes en 1454 et gouverneur du château Saint-Pierre en 1462, se distingua à la défense d'Orléans en 1459 et y fut blessé.

6395. GIRONDE (N... de), lieutenant au régiment de Bourbonnois, tué en 1747 à l'affaire d'Exiles.

6396. GIRONDELLE (le sr), gendarme de la garde du roy, tué au combat de Leuze en 1691.

6397. GIRONVILLE (le sr de), lieutenant-colonel du régiment de Feuquières, depuis Béarn, tué au service du roy en Allemagne en 1676, au mois de juin.

6398. GIRY (Louis de), chevalier de Saint-Louis, premier-lieutenant avec rang de capitaine au régiment d'Aquitaine, blessé d'un coup de feu au genouil droit à la bataille de Minden en 1759, le fut encore au bas ventre au siége de Cassel en 1761; il quitta le service en 1789.

Giry, de Bretagne; bandé d'or et de gueule brisé, en chef d'un lambel d'azur.

6399. GISSE, capitaine au régiment de Montgommery, blessé le 18 aoust 1690, à la bataille de Staffarde.

6400. GITTE (le sr), lieutenant au régiment de Champagne, blessé à la bataille de Parme en 1734.

6401. GITTANCOURT, capitaine au régiment de la Chastre, blessé le 1er juillet 1690, à la bataille de Fleurus.

6402. GITTON DE MONTGIRON (Nicolas), chevalier de Saint-

Louis, capitaine au régiment royal des vaisseaux, blessé à la bataille de Laufeldt en 1747 et au combat de Saint-Cast en 1758, obtint sa retraite en 1771.

6403. GIVERSAT (le sr de), capitaine au régiment de Normandie, blessé au siége de Philisbourg en 1688. (V. de Grivesac, que l'on croit être le même.)

6404. GIVRY (le bailly de), officier supérieur au régiment de Conty, blessé à la défense de château Dauphin en juillet 1744. (*Nouv. à la main.*)

6405. GIVRY, maréchal des logis au régiment de La Lande, blessé à la bataille de Staffarde le 18 aoust 1690.

6406. GIVRY, mestre de camp général des chevau-légers de la garde, tué au siége de Laon, au mois de juillet 1694.

6407. GIVRY (de), enseigne de vaisseau du port du Havre, noyé au passage de la Durance, venant de Toulon, le... novembre 1705.

Les Givry de Bourgogne : de sable à trois quintes feuilles d'argent.

6408. GIZAUCOURT (le sr de), chevalier de Saint-Louis, sous-brigadier des mousquetaires de la garde, tué à la bataille de Dettingen en 1743.

6409. GLAIVE (le seigneur de), gouverneur de Cahors, tué à la bataille de Cérisolles en 1544.

6410. GLANDEVÈS DE BAUDIMENT (le seigneur de), l'un des meilleurs capitaines des Carcistes, tué dans les guerres de Provence en 1579, ne peut être que Pierre-Jaard de Glandevès, seigneur de Baudiment, chevalier de l'ordre du roy, nommé colonel des légionnaires de Provence le 21 octobre 1573, ou bien encore Annibal de Glandevès, seigneur de Baudiment, aussi chevalier de l'ordre du roy, qu'Henri III chargea en 1576 de plusieurs commissions de confiance auprès des maréchaux de Damville et de Retz.

6411. GLANDEVÈS DE NIOZELLE (le chevalier de), chevalier de Malte, capitaine au régiment de Picardie, blessé au siége de Fribourg en 1744 et à celui de Namur en 1746, mourut peu de temps après.

Les Glandevès de Provence : fascé d'or et de gueules.

6412. GLANIÈRE (le sʳ), capitaine lieutenant des grenadiers au régiment suisse de la cour au chambre, blessé mortellement au siége de Maëstrick en 1748.

6413. GLAPION (N... de), lieutenant au régiment colonel général, blessé à la bataille de Minden en 1759.

6414. GLATIGNY(le sʳ de),cornette au régiment de Pourrrières-dragons, fut tué au mois de juillet 1706, après s'être signalé par sa valeur particulièrement la veille et le jour de la bataille d'Hochstett, d'après deux attestations de la même année.

6415. GLATIGNY (le sʳ de), sous-lieutenant aux gardes-françoises, tué à la bataille de Consarbrick en 1675.

Quatre familles de ce nom, ayant des armes différentes, nous sont connues; Les Glatigny de Normandie: d'azur au dédale d'argent,d'or au gradin de quatre marches d'azur. Les Glatigny de Beauvoisis : échiqueté d'or et d'azur et les Glatigny du Lyonnais : d'argent au chevron de gueules, accompagné de trois roses du même, au chef aussi de gueules.

6416. GLATTE (le sʳ), officier auxiliaire, tué dans le combat du comte de Grasse, en Amérique,au mois de décembre 1781.

6417. GLAYE (le sʳ de), chevalier de Saint-Louis, capitaine de grenadiers au régiment de Champagne, blessé à la main au siége de Maëstrick en 1748.

6418. GLEREAUX (Charles-Henry-Jacques de), chevalier de Saint-Louis, lieutenant de vaisseau, blessé sur *le Dauphin-*

Royal dans le combat du comte d'Estaing contre l'amiral Byron, au siége de la Grenade, le 6 juillet 1779.

6419. GLOCKER (Joseph de), chevalier de Saint-Louis, capitaine au régiment d'Alsace, puis lieutenant-colonel des volontaires étrangers et enfin lieutenant-colonel de la légion du Hainaut et maréchal de camp en 1780, fut blessé dans l'armée de Broglie le 2 janvier 1711.

6420. GLUTZ (Jean-Victor-Antoine de), du grand conseil de Soleure, chevalier de Saint-Louis et capitaine lieutenant aux gardes-suisses, mourut à Argenteuil en 1726 de la suite de ses blessures, après 36 ans de service.

6421. GLUTZ (Jean-François-Baptiste de), son frère, aussi membre du grand conseil de Soleure, chevalier de Saint-Louis et capitaine au régiment suisse de la Cour.... mort aussi de la suite de ses blessures à Bruxelles en 1747.

6422. GOALART (le sr), cornette au régiment de Bourbon-Busset, blessé à la bataille de Rosbach en 1757.

6423. GOBELIN (Nicolas-Louis), marquis d'Effemont, chevalier de Saint-Louis, perdit un œil à la bataille de Parme en 1734.

Famille de l'Ile-de-France : écartelé en sautoir d'argent et de gueules.

6424. GOBERT DE CHOUPES, enseigne de vaisseau du port de Rochefort, mort aux îles le ... 1696.

6425. GOBERTIE (le sr de la), lieutenant au régiment d'Aumont, blessé à la bataille de Minden en 1759.

6426. GODAILLE (le sr), capitaine au régiment de Champagne, tué à la bataille d'Ensheim en 1674.

Quand les Impériaux passèrent sur la rive gauche du Rhin, ils avoient quarante mille hommes et Turenne n'en avoit que vingt-deux mille : néanmoins il marcha aux ennemis le 4 octobre et gagna sur eux la bataille d'Ensheim où ils perdirent trois mille hommes.

6427. Godet (Joachim), seigneur de Renneville et de Marc en Champagne, lieutenant général des armées du roy, mort en 1652 des blessures qu'il reçut au combat de Vitry, près de Paris, après la journée de Saint-Antoine.

Famille de Champagne : d'azur au chevron d'argent, accompagné de trois pommes de pin d'or.

6428. Goezschen (le sr de), enseigne au régiment prince Gotha au corps des Saxons, eut le bras droit cassé à la bataille de Minden en 1759.

Goinblan. V. Gimblan.

6429. Goirand (le sr de), chevalier de Saint-Louis, lieutenant-colonel du régiment de Strasbourg-artillerie, blessé en 1756 au siége du fort Saint-Philippe, mourut en 1784.

Famille du Languedoc : écartelé au 1 et 4 d'or au lion de sable : aux 2 et 3 d'or à trois bandes de gueules chargé de sept besans d'argent 2, 3, 2.

6430. Goisson (le sr de), chevalier de Saint-Louis, lieutenant-colonel du régiment de Normandie, mort à la retraite de Bavière en 1743, à la suite d'une blessure qu'il avoit reçue dans la campagne précédente, à l'affaire du 28 mai.

6431. Golard, lieutenant au régiment de Saint-Mauris, tué à la bataille de Staffarde le 18 août 1690.

6432. Golleth (le sr), capitaine au régiment de Saint-Germain, tué à la bataille de Minden en 1759.

6433. Gombault d'Anferné (Etienne de), chevalier de Saint-Louis, capitaine au régiment d'Aquitaine, puis dans celui d'Anjou, blessé au pied à la bataille de Minden en 1759, le fut encore à l'affaire de Grebenstein le 24 août 1762, et obtint sa retraite en 1788.

6434. Gombault (fils de), capitaine de vaisseau du port de

Rochefort, mort à Carthagène, commandant *l'Apollon*, le 7 mai 1697.

Famille de Brabant : d'argent au chevron de gueules accompagné de trois hures de sanglier de sable.

6435. GOMER (Envers de), fut tué en 1460 à l'assaut de l'Etoile, en Bourgogne. (N'est connu que par les documents de cette famille.)

6436. GOMER (Louis de), seigneur de Lusancy, écuyer ordinaire du roy et capitaine aux gardes-françoises, tué à la bataille de Senef en 1674.

6437. GOMER (N... de), capitaine au régiment royal des vaisseaux, fut blessé à la même bataille.

6438. [GOMER DE LUSANCY (N... de), enseigne aux gardesfrançoises, tué au combat de Valcour en 1689.

6439. GOMER (Christophe de), seigneur du Quenel, lieutenant au régiment de Beringhen-cavalerie, tué à la bataille d'Hochstett en 1704.

6440. GOMER DE LUSANCY (N... de), lieutenant aux gardesfrançoises, tué à la bataille de Ramillies en 1706.

6441. GOMER DE LUSANCY (N... de), officier au même régiment, tué à la même bataille.

Famille de Picardie : d'or au lambel d'azur accompagné de sept merlettes de gueules, 4 en chef, 3 en pointe.

6442. GONDI (Albert de), seigneur du Perron, puis duc de Retz, pair et maréchal de France, général des galères et grand maître des eaux et forêts du royaume, chevalier du roy, l'un de ses chambellans, premier gentilhomme de sa chambre, conseiller en son conseil privé, maître de sa garderobe, capitaine de cent hommes d'armes de ses ordonnances et de cent gentilshommes de sa maison, amiral des mers du

Levant, ambassadeur en Angleterre, lieutenant général au gouvernement de Provence, de Metz et du pays messin, de la ville de Nantes, conseiller d'honneur au parlement de Paris, blessé au siége de la Rochelle en 1573 ; mourut le 10 avril 1702.

6443. Gondi (Charles de), comte de Retz, marquis de Bellisle, général des galères de France et gentilhomme ordinaire de la chambre du roy, fut tué en voulant surprendre le mont Saint-Michel en 1596.

6444. Gondi (Pierre de), duc de Retz, pair de France, comte de Joigny, chevalier des ordres du roy, fut pourvu de la charge de général des galères par la démission de son père. — Il étoit avec le duc de Guise au combat contre les Rochelois en 1622, et eut l'épaule fracassée d'un coup de mousquet en l'île de Rhé, et un cheval tué sous lui : mort le 20 avril 1676.

> Maison originaire de Florence dont l'ancien nom étoit Philippe, venue en France avec Catherine de Médicis à laquelle elle étoit alliée. Les Gondi créés ducs de Retz en 1581, n'étoient que de la branche cadette des Gondi : c'est elle toutefois qui fournit le maréchal de France, le célèbre cardinal, les généraux de galères, les chevaliers des ordres..... La branche des ducs de Retz finit en une fille, héritière du duché Marguerite de Gondi, mariée à Louis de Cossé, duc de Brissac, dont elle n'eût qu'une fille unique mariée à François de Neuville, duc de Villeroy.
>
> Les Gondi de la branche aînée attirés également en France eurent bientôt pareillement en partage les honneurs et les dignités : le dernier, Jérôme de Gondi, baron de Codun, épousa Hippolyte de Cumont, ancienne famille du Périgord et du Poitou, qui a encore de célèbres représentants. Les Gondi de Retz portoient : d'or à 2 masses de sable passées en sautoir et liées de gueules.

6445. Gondin de Boisseron (Louis-Henry de), chevalier de Saint-Louis, major de Chartres, avec rang de lieutenant-colonel, blessé d'un coup de bayonnette à la bataille de Malplaquet en 1709, le fut encore à la bataille de Raucoux en 1746, et fut tué à celle de Creweldt en 1758.

6446. GONDON (le sr de), officier au régiment de Champagne, blessé à la bataille de Hochstett en 1722.

6447. GONDRECOURT (Joseph-Charles-Gabriel-Alexandre de), chevalier de Saint-Louis, major, puis lieutenant-colonel du régiment de Berry-cavalerie et maréchal de camp en 1780, fut blessé et eut un cheval tué sous lui à la bataille de Fontenoy en 1745, il mourut en 1782.

6448. GONDRECOURT (N... de), lieutenant au régiment de la marine, fut blessé à la bataille de Rosbach en 1757.
> Famille de Lorraine et Champagne.

6449. GONDREVILLE (le sr de), écuyer du duc de Longueville, fut grièvement blessé dans une attaque en 1638. (*Mercure de* 1638.)

6450. GONESSE (Eudes de), tué au siége d'Acre en 1171.

6451. GONNEVILLE (de), enseigne de vaisseau du port de Rochéfort, tué à Vigo sur *le Bourbon*, commandé par M. de Blenac, le 23 octobre 1702.

6452. GONTAUT (Antoine *ou* Tonnet de), seigneur de Badefol, fut tué par le captal de Buch au mois de juin 1370, en s'emparant pour le roy de la ville de Linde.

6453. GONTAUT (Arnaud de), tué au service de Charles V dans la guerre contre les Anglois.

6454. GONTAUT (Richard de), chevalier, seigneur de Badefo et de Saint-Geniez, baron de Cazals en Quercy, gouverneur de Montignac dès le règne de Charles VI en 1420, fut dangereusement blessé au visage à la levée du siége d'Orléans : *il se comporta vaillamment au boulevard*, dit une enquête de 1458, *y prit grand honneur, et il fut blessé d'ung pétret au visage qui sallhoit par derrière* : il vivoit encore fort âgé en 1482.

6455. Gontaut (N... de), baron de Biron, tué à la bataille de Marignan en 1515.

6456. Gontaut (Jean de), son frère, baron de Biron, gentilhomme ordinaire de la chambre du roy, capitaine de cent hommes d'armes de ses ordonnances, gouverneur de Saint-Quentin et ambassadeur près l'empereur Charles V, fut blessé à la bataille de Pavie en 1525, et mourut au château de Tournay, des blessures qu'il reçut à la bataille de Saint-Quentin en 1557.

6457. Gontaut (François de), seigneur de Barres, blessé à la bataille de Cérisolles en 1544.

6458. Gontaut (Jean de), seigneur de Saint-Geniez, baron de Badefol, vicomte de Rouzol, guidon de la compagnie de 50 lances du maréchal de Biron, fut tué dans une escarmouche au village de la Fond en 1572.

6459. Gontaut (Armand de), baron de Biron, maréchal et grand maître de l'artillerie de France, chevalier des ordres du roy, gentilhomme ordinaire de sa chambre, conseiller en son conseil privé, capitaine de cent hommes d'armes de ses ordonnances, gouverneur de Guyenne, de Saintonge, du pays d'Aunis, de la Rochelle et de l'isle de Rhé, blessé à la jambe dans les guerres de Piémont, sous Henry II, le fut encore d'une arquebusade à la cuisse au siége de la Rochelle en 1573, eut un doigt de la main gauche et le bout du pouce emportés d'une mousquetade à celui de Marans en 1586 ; fut encore blessé d'un pareil coup à la cuisse au siége de Clermont en Beauvoisis en 1590 et à la levée du siége de Rouen en 1591, et eut la tête emportée d'une volée de canon à celui d'Epernay en 1593.

6460. Gontaut-Biron (Alexandre de), seigneur de Saint-Blancard, gentilhomme ordinaire de la chambre du roy, tué au massacre d'Anvers en 1503.

6461. Gontaut (Charles de), duc de Biron, pair, maréchal et amiral de France, chevalier des ordres du roy, gentilhomme ordinaire de sa chambre, capitaine de cinquante hommes d'armes de ses ordonnances, conseiller en son conseil privé, gouverneur de Bourgogne et de Bresse et ambassadeur en Angleterre, blessé au bras et au visage à la bataille d'Ivry en 1590, le fut encore d'un coup d'épée dans la tête et d'un coup de lance dans le petit ventre, au combat de Fontaine-Françoise en 1595 ; on lit même dans les lettres d'érection du duché de Biron du mois de juin 1598, qu'il étoit couvert de trente-deux blessures *qui étoient autant de marques honorables de sa vaillance* : — décapité à Paris le 31 juillet 1602.

6462. Gontaut (Brandelis de), enseigne-colonel du maréchal de Balagny, fut tué de deux mousquetades au service du roy à l'âge de 19 ans.

6463. Gontaut (Charles, *bâtard* de), fils naturel du maréchal de Biron, mort au siége de Dôle par le prince de Condé en 1636.

> «La place se défendit avec vigueur en attendant le secours des Impériaux et des Espagnols, il consistoit en huit mille fantassins et autant de cavaliers que lui amenèrent le duc de Lorraine et de Lamboi. Le prince ne les sut pas plutôt à une lieue de son camp, qu'il leva le siége par ordre du Roi et se retira en Bourgogne après avoir été repoussé à un assaut qu'il avoit fait donner à la place le 14 juin.

6464. Gontaut (Christophe de), capitaine au régiment des cuirassiers, tué au siége de Turin en 1640.

6465. Gontaut (Charles-Armand de), duc de Biron, pair de France, premier écuyer du duc d'Orléans, lieutenant général des armées du roy, gouverneur de Landau et conseiller du conseil de guerre, blessé à la bataille d'Oudenarde en 1708, le fut encore d'un coup de fauconeau au bras gauche en montant la tranchée au siége de Landau en 1713, et si grièvement qu'on fut obligé de lui en faire l'amputation.

6466. GONTAUT (Louis-Antoine de), duc de Biron, pair et maréchal de France, chevalier des ordres du roy, colonel du régiment des gardes-françoises et gouverneur de Landrecies, blessé en 1733 à l'attaque du château de Milan, reçut deux coups de fusil au siége de Prague en 1742, dont un lui cassa la mâchoire, et un autre dans la tête qui le mit dans le cas d'être trépané : il eut encore le bras cassé à la bataille de Dettingen en 1743, et reçut plusieurs coups de fusil dans sa cuirasse à la bataille de Fontenoy, en 1745, où il eut trois chevaux tués sous lui et deux blessés : il mourut à Paris au mois d'octobre 1788.

6467. GONTAUT (Charles-Antoine-Armand, *duc* de), son frère, chevalier des ordres du roy, lieutenant général de ses armées et au gouvernement de Languedoc, et gouverneur de Landau, eut le bras cassé à la bataille de Dettingen en 1742, étant alors colonel du régiment de Biron.

6468. GONTAUT DE SAINT-GENIEZ (Félix de), officier au régiment de Forez, tué au service,—on ne dit pas oú.

6469. GONTAUT DE SAINT-GENIEZ (Félix de), son frère, chevalier de Saint-Louis, capitaine de grenadiers au même régiment, tué aux lignes de Weissembourg.

6470. GONTAUT DE SAINT-GENIEZ (Charles-Félix ou Félix-Nicolas de), seigneur de la Serre, dit le comte de Gontaut, chevalier, commandeur de l'ordre royal et militaire de Saint-Louis, maréchal de camp en 1780, ci-devant capitaine au régiment du roy-dragons, puis colonel de ceux de Tournoisis et du Perche, blessé en 1744 d'un coup de feu à l'attaque de Montauban, le fut encore d'un coup de sabre au passage du Tanaro, et depuis encore en 1758 servant sous les ordres de M. de Villemar, il fut blessé de trois coups de feu à la défense d'un village dont un lui traversa le corps.

Illustre famille de Guyenne et Périgord, dont la ville et baronnie de Gontaut (Lot-et-Garonne) fut le berceau. Dès l'an 1480, les seigneurs de Gontaut prennent le titre de seigneurs de Biron. Ils étoient possesseurs des titres de Biron et de Lauzun, de Brisembourg, de Moy, de Saint-Blancard, de Chef-Boutonne, de La Chapelle, de Lauzières, de Gontaut-Biron, de Salagune d'Arros, de Loubressac, de Gramat, de Cabrères, de Badefol, et de Saint-Geniès ; de Lansac, de Cusora, de Saint-Julien et de Châteauneuf. Le célèbre et malheureux maréchal de Biron ne laissa point d'enfants. Mais de deux de ses frères sortirent les branches de Biron et de Saint-Blancard, qui ont encore leurs représentants. On connoît leurs armes : Ecartelé d'or et de gueules ; et leur belle divise ; *Perit, sed in armis.*

6471. Gontier (le chevalier), capitaine au régiment de Normandie, tué au siége de Grave en 1674, y donna des preuves de la plus grande valeur.

6472. Gonzague (Frédéric de), prince de Bozzolo, fut blessé au siége de Ravenne en 1512.

6473. Gonzague (Ludovic de), duc de Nevers et de Rethelois, pair de France, prince de Mantoue, chevalier des ordres du roy, conseiller en son conseil privé, capitaine de cent hommes d'armes de ses ordonnances, ambassadeur à Rome, gouverneur à Rome, gouverneur de Champagne et de Brie, blessé à la bataille de Saint-Quentin en 1557, le fut encore d'une arquebusade sur le genou en 1568 au moment où il venoit de défaire quelques troupes protestantes, et mourut le 23 octobre 1595 de la suite de ses anciennes blessures qui se rouvrirent.

Les Gonzague d'une grande maison princière d'Italie, seigneurs, princes de Mantoue, qui donnèrent des souverains à Guastalla, des impératrices à l'Allemagne, une reine à la Pologne, des archiduchesses à l'Autriche et un grand nombre de cardinaux à l'Église, ne sont cités en ce livre que pour leurs services en France. Louis de Gonzague dont il est question ici étoit fils de Frédéric de Gonzague premier duc de Mantoue et de Marguerite Paléologue, marquise de Montferrat et dame d'Alençon : naturalisé avec son frère Frédéric par lettres du mois de septembre 1550, il devint duc de Nevers et de Rethel par son mariage avec Henriette de Clèves, riche héritière de la maison de Clèves. Armes : Fascé d'or et de sable de huit pièces. Voir au *Supplément.*

6474. Georce (le sʳ de), lieutenant au régiment de Piémont, blessé à la bataille de Berghen en 1759.

6475. Gorce (Guillaume de la), capitaine pour le roy à la
garde de Nîmes et commandant une compagnie de chevau-
légers, fut tué par les protestants au mois de novembre 1569,
lorsqu'ils surprirent cette ville, d'après une requête que son
fils, Jean de la Gorce, présenta à l'évêque de Nîmes le 15 novembre 1571 pour avoir permission de retirer le corps de
son père qu'ils avoient enterré dans les fossés de la ville.

6476. Gordon-Desvial (Ennemond), chevalier de Saint-
Louis, lieutenant en premier, avec rang de capitaine au régiment de Durfort-dragons, obtint en 1786 une pension de
retraite de 600 fr. motivée sur ses services et ses blessures.

6477. Gorcon (le sʳ de), capitaine au régiment de Navarre,
tué en 1651 au siège de Chaté, en Lorraine.

6478. Gorjon des Fourneaux (François-Gabriel), chevalier
de Saint-Louis, lieutenant-colonel du régiment de Montmo-
rency-Lugny, depuis Hainaut, blessé à Coni en 1744, le fut
encore à la bataille de Plaisance.

6479. Gorlier de Verneuil (Pierre-François-Marie le), chevalier de Saint-Louis, capitaine au régiment de Piémont,
blessé de plusieurs coups de sabre à la bataille de Rosbach
en 1757.

Les Le Gorlier étoient de Champagne et portoient : d'azur à la fasce
de gueules chargé d'une coquille d'or et accompagné de trois merlettes
de sable.

6480. Gorrevod (Philippe-Eugène, *baron* de), duc de Pont-
de-Vaux, prince du Saint-Empire, comte et vicomte de Sa-
lins, reçut plusieurs blessures au siège de Mardick en 1646,

servant comme volontaire sous le prince de Condé; il mourut
le 16 juillet 1681.

Grande maison, de la Bresse, éteinte depuis 1681 et dont par alliance
hérita la maison de Bauffremont : d'azur au chevron d'or. Devise :
POUR JAMAIS.

6481. Gore (Louis de), lieutenant de grenadiers au régiment de Champagne, tué au combat de Valcour en 1689.

6482. Gosseau de Rochebrune (Louis), capitaine aux gardes-
françoises, mort à Paris au mois de mars 1679, des blessure s
qu'il avoit reçues au siége d'Aire en 1676.

6483. Gosset (Jean-Baptiste-Sébastien de), chevalier de
Saint-Louis, capitaine au régiment de Monnin, puis major de
celui de d'Eptingen avec rang de lieutenant-colonel, fut blessé
à la bataille de Laufeldt en 1747.

6484. Goth (Béraud de), seigneur de la Mothe-Bardignes,
gentilhomme ordinaire de la chambre du roy, recut le 5 mai
1783 une gratification de mille écus motivée sur les blessures
qu'il avoit reçues à la reprise du château de Malause et de la
ville d'Auvillars, en Gascogne.

6485. Goth (le sr le), capitaine françois et bon officier (dit
M. de Thou), dangereusement blessé en 1584 à la défense
du fort de Lille, mourut de ses blessures à Anvers.

6486. Gotho (François de), chevalier de Saint-Louis, capitaine de vaisseau, fut blessé et eut une contusion à la tête
sur *le Zodiaque* dans le combat du comte d'Aché aux Indes,
le 27 avril 1758.

6487. Gotho (le sieur et le chevalier de), lieutenant de
vaisseau, furent tués au combat du comte d'Estaing contre
l'amiral Byron, près de la Grenade, le 6 juillet 1779.

6488. Gots (des), le cadet, chef de brigade, enseigne de

vaisseau du port de Rochefort, mort sur *le Profond*, commandé par M. de Couteneuil le 18 juillet 1733.

6489. Gottesheim (Georges de), lieutenant au régiment d'Alsace, tué à la bataille de Clostercamps en 1760.

6490. Gottrung (le s^r), petit major du régiment des gardes-suisses, blessé au siége de Dunkerque en 1658.

6491. Gouardim (le s^r de), officier auxiliaire, blessé sur *le Petit-Annibal* dans le combat du bailly de Suffren aux Indes, contre l'amiral Hugues, le 20 juin 1783.

6492. Goueldin (le s^r de), chevalier de Saint-Louis et major du régiment de Penthièvre, blessé à la bataille de Rosbach en 1757.

6493. Gouet, lieutenant du régiment de Périgord, blessé à la bataille de Staffarde le 18 août 1690.

6494. Goueyton (de), du port de Toulon, capitaine de vaisseau, tué sur *le Foudroyant*, commandé par M. l'amiral, le 24 août 1704.

6495. Gouffier (Pierre), seigneur de Boisy, se trouva à la bataille de Ravenne en 1512 et fut tué à la bataille de Marignan en 1515.

6496. Gouffier (Guillaume), seigneur de Bonnivet, amiral de France, chevalier de l'ordre du roy, l'un de ses chambellans, premier gentilhomme de sa chambre, ambassadeur en Angleterre, gouverneur du Dauphin et des provinces de Dauphiné et de Guyenne, et capitaine de la ville d'Honfleur, reçut un coup de mousquet au bras à la retraite de la Sessia en 1524, et fut tué à la bataille de Pavie en 1525.

_{On sait qu'il s'unit à la régente Louise de Savoie dans les démêlés de celle-ci avec le connétable de Bourbon : aussi, lors de la bataille de Pavie M. de Bourbon, dit Brantome, chercha fort ce jour-là ledit sieur}

de Bonnivet et l'avoit fort recommandé aux siens, pour le pouvoir prendre vif et lui faire un parti et affront ignominieux, sinon le tuer, car il lui en vouloit et l'ayant vu étendu, il ne dit autre chose sinon : « Ah malheureux ! tu es cause de la ruine de la France et de la mienne ! » mais la fin en fut très-belle, comme il avoit toujours été fort vaillant partout où il s'étoit trouvé : il avoit fait son apprentissage sous M. le grand maître de Chaumont où il fut toujours en grande réputation, et pour ce le roi le prit en grande amitié. Il étoit de fort gentil et subtil esprit et très-habile, fort bien disant, fort beau et agréable. »

6497. Gouffier (Louis), seigneur de Bonnivet, gentilhomme ordinaire de la chambre du roy, se signala aux guerres d'Italie : du Bellay dit qu'il fut si grièvement blessé au siége de Naples en 1528, que les entrailles lui sortoient du corps : il mourut en 1529.

6498. Gouffier (François), seigneur de Bonnivet, chevalier de l'ordre du roy, gentilhomme ordinaire de sa chambre et colonel général de l'infanterie françoise en Piémont, blessé en 1555 au siége de Vulpian, mourut des suites de cette blessure à Saint-Germain-en-Laye le 14 décembre 1556.

6499. Gouffier (Henri), seigneur de Crévecœur et de Bonnivet, marquis des Deffends, chevalier de l'ordre du roy, gentilhomme ordinaire de sa chambre, conseiller en son conseil privé, capitaine de 50 hommes d'armes de ses ordonnances, ambassadeur et premier gentilhomme de la chambre du duc d'Alençon, assassiné en 1589 dans l'église de Breteuil, en Picardie, dans une émotion populaire de la Ligue.

6500. Gouffier (Henri), marquis de Boisy, comte de Maulevrier, fut tué au combat de Saint-Iberquerque le 24 août 1639.

6501. Gouffier (Charles-Henri), seigneur d'Espagny, lieutenant-colonel du régiment dont son père étoit colonel, fut tué au siége de Bapaume en 1641.

6502. Gouffier (Léon), dit *le comte de Lise*, capitaine au régiment colonel général, tué à la bataille de Sintzim en 1674.

6503. Gouffier (Charles), son frère, chevalier de Malte, dit *le chevalier de Morvilliers*, cornette au même régiment, tué à la bataille de Sintzim en 1674.

6504. Gouffier (Augustin), comte de Rozamel, brigadier des armées du roy et capitaine lieutenant des chevau-légers d'Anjou, eut le bras percé d'un coup de pistolet au combat de Mulhausen en 1675; on le croit le même que le sieur *de Rozamel, exempt des gardes du corps du roy*, qui, au siége de Maëstrick en 1673, fut enterré en quelque sorte par un fourneau que l'on fit jouer dans la demi-lune, mais dont il ne résulta pour lui aucune suite fâcheuse.

6505. Gouffier de Boisy (Artus-Armand-Louis), comte de Caravas, enseigne aux gardes-françoises, tué à la bataille de Nerwinde en 1693.

6506. Gouffier (Jean-Alexandre), seigneur de Brazeux, colonel d'un régiment de dragons, mort des blessures qu'il reçut à la bataille d'Hochstett en 1704.

6507. Gouffier (Charles-Antoine, dit *le marquis* de), marquis d'Heilly, chevalier de Saint-Louis, enseigne des gendarmes de la garde et maréchal de camp, mort des blessures qu'il reçut à la bataille de Ramillies en 1706.

Maison du Poitou féconde en personnages illustres, a formé plusieurs branches, celle de Caravas, ducs de Rouanois, celle des marquis de Bonnivet. Les marquis de Thois, les marquis de Brazeux et de Hailli, les marquis d'Espagni, alliés à la maison de Choiseul dont une branche joignit à son nom celui de Gouffier. Voir ce nom. — Armes : d'or à trois jumelles de sable.

6508. Gougnon (Henry), seigneur de la Forge, mort d'une blessure qu'il reçut au siége de Lille en 1667.

6509. Gouiet (Thomas de), capitaine d'une compagnie de cent hommes, tué au siége de la Rochelle en 1573.

6510. Gouïet (Guy de), capitaine d'une compagnie de cavalerie, tué à la bataille de Spire en 1703.

6511. Gouïot (Philippe de), dit le capitaine Montbrison, lieutenant des archers de la garde du roy Henry IV, et capitaine des châteaux de Montgaillard d'Alzac et de Dunsen, fut blessé au combat d'Arques en 1587.

6512. Gouillon (le sr de), garde de la marine, tué en 1758 sur *l'Intrépide*, dans le combat de M. de Kersaint.

6513. Goujon (Jean de), seigneur de Viraux, homme d'armes des ordonnances du roy, tué en 1552 servant dans l'armée du duc d'Aumale, sur les frontières d'Allemagne.

6514. Goujon (André de), seigneur de Condé, tué au siége de Thionville en 1639.

6515. Goujon, lieutenant au régiment du Plessis, blessé à la bataille de Staffarde le 18 août 1690.

6516. Goujon (Jérôme de), capitaine d'une compagnie de chevau-légers, eut un bras fracassé d'un coup de mousquet, près de Fribourg, le 1er juillet 1678.

> Plusieurs familles de ce nom, avec armes diverses, à Paris, en Bretagne, en Normandie, en Champagne. Ces derniers MM. Goujon de Thuisy : Ecartelé au 1, et 4, d'azur au chevron d'or, accompagné de trois losanges du même (Goujon) au 2 et 3 de gueules au sautoir engrelé d'or, cantonné de quatre fleurs de lis d'argent : *Devise* : Sans mal penser.

6517. Gougon de Groniel (Jean-Philippe de), chevalier de Saint-Louis, maréchal de camp, ci-devant commandant en chef les troupes auxiliaires des colonies d'Orient, reçut plusieurs blessures graves, et obtint sa retraite en 1788, après cinquante-huit ans de service.

6518. Goulains (Guillaume de), seigneur de Goulains, tué à la bataille de la Roche-Derrien contre les Anglois en 1347.

6519. Goulaines (Guillaume de), seigneur de Goulaines, fut blessé à la bataille d'Aunay en 1364.

6520. Goulaines (le sire de), cornette du seigneur de la Roche-du-Maine, fut tué à la bataille de Saint-Quentin en 1557.

Famille de Bretagne : Parti d'Angleterre et de France : *Devise* : à celtuy-ci, à celtuy-la j'accorde les couronnes.

6521. Goulard (le s^r), mousquetaire de la garde du roy, blessé à la bataille de Dettingen en 1743.

6522. Goulart (le s^r de), lieutenant aux gardes-françoises, tué au siége de Saint-Omer en 1677.

6523. Gouler (le s^r), officier auxiliaire, fut blessé aux Indes, près de Provdierne dans le combat du bailly de Suffren contre l'amiral Hugues, le 22 avril 1782.

6524. Goulet de Montlibert (Maximilien de), chevalier de Saint-Louis, brigadier des armées du roy, ingénieur et directeur général des fortifications de Provence, grièvement blessé au siége de Volenex, le fut encore à celui d'Ath, à celui de Borgoforte où l'on crut même pendant quelque temps sa blessure mortelle, à l'attaque du château de Nago et très-considérablement encore au siége de Turin en 1766 ; il mourut en 1780.

6525. Goulève (le s^r de), lieutenant-colonel du régiment de Bourgogne, fut blessé à mort en 1638. (*Mercure* de 1638.)

6526. Gouliard (le s^r de), chevalier de Saint-Louis, capitaine au régiment de Monsieur, fut blessé à la jambe gauche sur *le Languedoc* dans le combat du comte de Grasse contre l'amiral Rodney, au mois d'avril 1782.

Goullard (de). V. de Touverac.

6527. Goupillière (le sʳ de la), sous-lieutenant au régiment de Piémont, eut le pied emporté d'un éclat de bombe au siége de Bruxelles en 1746, et mourut de cette blessure.

6528. Goupillière de Beauregard (le sʳ de la), son frère, fut tué à la bataille de Rosbach en 1757.

Famille du Maine : d'argent à trois renards de gueules.

6529. Gourdes (le capitaine), capitaine d'infanterie, tué au siége de Saint-Quentin en 1557.

6530. Gourdes (Nicolas de), capitaine d'une compagnie des vieilles bandes, homme actif et intrépide (dit M. de Thou), se défendit longtemps dans une affaire avec une valeur admirable en 1551, et fut tué criblé de blessures ; il fut enterré à Mézières avec toutes les marques de distinction dues à sa valeur.

6531. Gourdon (Miles), dit *le chevalier de Crolis*, brigadier des armées du roy et capitaine lieutenant des gendarmes anglois, blessé à la bataille de Cassel en 1677, mourut en 1700.

6532. Gourdon (Jean-Baptiste-Louis de), chevalier de Saint-Louis, capitaine aide-major du régiment royal la Marine, blessé au pied d'un coup de feu à la bataille d'Hastembeck en 1757.

Trois familles connues sous ce nom : Les Gourdon de Guyenne : d'azur à trois étoiles d'or rangées en pal. Les Gourdon du Nivernais, d'azur au chevron d'argent accompagné de trois calebasses d'or, et les Gourdon de Genouillac, grande maison du Quercy qui subsiste encore, et d'où sont sortis les seigneurs d'Acier. — Armes : Bandé d'or et de gueules.

6533. Gourges (le sʳ de), mousquetaire de la garde du roy, blessé à la bataille de Dettingen en 1743.

6534. Gourges (Antoine de), mestre de camp d'un régiment, mourut en 1593 d'une blessure qu'il reçut au siége du château de Blaye ; il s'étoit signalé peu de temps avant par la reprise sur l'ennemi de Castillon, dans le Médoc : de Thou dit qu'il fut regretté.

6535. Gourjaudière (de la), enseigne de vaisseau du port de Toulon, mort à Saint-Domingue le... 17...

6536. Gourle (Guy), chevalier, tué à la bataille d'Azincourt en 1415. (*Nobiliaire de Picardie*, Paris, 1693, p. 142.)

6537. Gourle (Jean), son frère, écuyer, tué à la même bataille. (*Nobiliare de Picardie*, p. 142.)

6538. Gournay (Maillet de), chevalier, tué à la même bataille en 1415.

6539. Gournay (Porus de), son frère, tué à la même bataille en 1415.

6540. Gournay (le sr de), mestre de camp d'un régiment, tué à la bataille de Nerwinde en 1693.

On sait que Racine, historiographe du roi, a dans sa lettre du 6 août rendu compte à Boileau de divers incidents de cette bataille. Voir cette lettre.

6541. Gournay (le sr de), commandant le régiment de Guyenne, tué à la défense de Landau en 1702.

Cette ville assiégée par le roi des Romains et que défendit si vaillamment le lieutenant général de Mélac ne capitula qu'au bout de quatre mois le 9 septembre 1702 ; et l'année suivante, les impériaux y furent battus sous ses murs et finalement la ville reprise par les François en 1713 par le maréchal de Besons.

6542. Gournay (Jean-Christophe, *marquis* de), seigneur de Coin-sur-Veille, gouverneur de Maubeuge, lieutenant général des armées du roy et commandant en Hainaut, tué à la bataille de Fleurus en 1690.

Trois familles de ce nom. Les Gournay venus d'Angleterre : Palé d'or ou d'argent. Les Gournay de Lorraine, de gueules à trois tours d'or, maçonnées de sable, rangées en bande : et les Gournay de Normandie, d'argent à la bande de sable accompagné de six merlettes du même, rangées en orle.

6543. Gousangré (le sʳ de), sous-aide-major des gardes-françoises, tué à la bataille de Dettingen le 27 juin 1743.

A cette funeste bataille de Dettingen, le régiment des gardes-françoises qui commença imprudemment l'attaque contre l'ordre du maréchal de Noailles, perdit soixante-et-un officiers, tant tués que blessés.

6544. Goursolas de Laubrière, enseigne de vaisseau du port de Rochefort, mort à la Martinique le 4 juillet 1737.

6545. Goussonville (le sʳ de), sous-lieutenant aux gardes-françoises, tué au siége de Fribourg en 1713.

6546. Goussu (le sʳ de), capitaine des volontaires de Flandres, fut blessé d'un coup de feu à la cheville du pied, à la bataille d'Hastembeck en 1757.

6547. Gouttes (le comte des), capitaine de vaisseau du port de Brest, périt dans l'embrasement du *Fleuron* le 2 février 1745.

Famille de l'Ile-de-France : Tiercé en bande : au premier d'argent plein, au deuxième de gueules à trois coquilles d'or; au troisième d'azur à trois barres d'or.

6548. Gouverneur (le sʳ), lieutenant de vaisseau, tué à bord du *Duc de Bourgogne*, dans le combat du comte d'Aché, aux Indes, en 1758.

6549. Gouville (le sʳ de), lieutenant au régiment de Piémont, blessé à la bataille de Rosbach en 1757.

6550. Gouy-d'Arcy (Charles, dit *le marquis* de), chevalier de Saint-Louis, colonel du régiment de Gâtinois, puis colonel lieutenant de celui de la Reine-infanterie et lieutenant général des armées du roy, fut blessé en 1747, à l'attaque des retranchements de l'Assiette, et mourut au mois d'août 1790.

Famille du Soissonnais. — « Notre perte à ce combat d'Exiles fut de quatre mille morts, et de deux mille blessés. »

6551. Gouyon (le sʳ de), chevalier de Saint-Louis, capitaine au régiment d'Enghien, blessé d'un coup de feu à l'épaule à la bataille d'Hastembeck en 1757.

6552. Gouyon (le s^r de), enseigne de vaisseau, blessé sur *le Moras* dans le combat du comte d'Aché, aux Indes, en 1758.

6553. Gouyon (le s^r de), capitaine au régiment de Lorraine, tué à l'affaire du 30 septembre 1759 à Vandavacht, à trente lieues de Pondichéry (V. Goyon).

L'illustre famille de Matignon se trouve souvent inscrite sous ce nom de Gouyon, peut-être faut-il joindre ces trois mentions à celles qui suivent, plus loin, sous le nom de Goyon.

6554. Gouzillon (André de), vicomte de Belizat, chevalier de Saint-Louis, capitaine de vaisseau, fut blessé au combat du 5 septembre 1781 devant la baye de Chesapeack, entre le comte de Grasse et l'amiral Howe.

Famille de Bretagne.

6555. Govin (le s^r), lieutenant au régiment de Piémont, tué à la bataille de Berghen en 1757.

6556. Govian, lieutenant au régiment de Périgord, blessé le 18 aoust 1690 à la bataille de Staffarde.

6557. Goy d'Idogne (le s^r de), chevalier de Saint-Louis et lieutenant de vaisseau, eut le bras droit emporté d'un coup de canon dans un combat naval sous Louis XIV : il mourut criblé de blessures après avoir donné des preuves éclatantes de sa valeur dans toutes les actions où il se trouva.

On trouve des Goy ou Gouy, en Brabant, en Languedoc, en Auvergne et dans le Bourbonnois.

6558. Goyer de Villers (le s^r de), chevalier de Saint-Louis, capitaine au régiment de Guyenne, blessé à la bataille de Rosbach en 1757.

6559. Goyon de Matignon (N...), comte de la Roche, mestre

de camp d'un régiment (fils du maréchal de Matignon), eut l'épaule cassée d'une arquebusade au siége de Blaye en 1593.

6560. Goyon (François), sire de Matignon, comte de Thorigny et de Gacé, marquis de Lorny, chevalier des ordres du roy, lieutenant général de ses armées, capitaine de cent homme d'armes de ses ordonnances, conseiller d'Etat d'épée, lieutenant général en basse Normandie, gouverneur de Cherbourg, de Grandville et de Saint-Lô et mestre de camp du régiment de Normandie, fut blessé à la tête aux approches de Gavi, en Italie, en 1625 ; mourut le 19 juin 1678.

6561. Goyon (Charles), vicomte de Pommerith, tué dans les guerres de Hollande.

6562. Goyon (Brandelis), baron du Juch, tué dans les guerres de Hollande.

6563. Goyon de Matignon (Charles), comte de Gacé, colonel du régiment royal des vaisseaux, puis de celui de Vermandois, brigadier des armées du roy, gouverneur de Campeu, puis de Boon, mourut d'une blessure qu'il reçut au combat de Senef en 1674.

6564. Goyon de Beaufort (le chevalier de), aide d'artillerie du port de Brest, mort sur *l'Argonaute*, commandé par M. de Rochambault le 26 février 1724.

6565. Goyon de Matignon (Charles-Auguste), comte de Gacé, maréchal de France, chevalier des ordres du roy, gouverneur du pays d'Aunis, de la Rochelle, de l'isle de Rhé, d'Oléron et de Brouage, ambassadeur en Angleterre, blessé dangereusement dans une sortie en Candie en 1688, mourut le 6 décembre 1729.

6566. Goyon de Beaufort (Luc-Jean), dit *le comte de*

Goyon, chevalier de Saint-Louis, capitaine au régiment colonel-général-dragons, blessé d'un éclat de bombe au siége de Fribourg en 1744.

6567. Goyon de Matignon (Marie-François-Auguste), comte de Gacé, chevalier de Saint-Louis, mestre de camp, lieutenant du régiment du roy-cavalerie et brigadier des armées du roy, blessé à la bataille de Minden en 1759, mourut au mois de février 1763, âgé de 32 ans.

La maison de Goyon (marquis de Matignon, comtes de Thorigny et princes de Mortagne) marquis de la Moussaye, ducs de Valentinois : d'argent au lion de gueules, couronné d'or. *Devise :* Honneur a Goyon.

6568. Goyon de Vaurouaut (N...), chevalier de Saint-Louis et major de vaisseau en 1786, fut blessé dans le combat du 5 décembre 1781 devant la baye de Chesapeack, entre le comte de Grasse et l'amiral Howe (V. de Gouyon).

Voir au *Supplément* pour les omissions au nom de Gouyon et de Goyon.

6569. Gozon (Pierre de), chevalier de Saint-Louis, chef de bataillon au régiment de Bourbonnois, blessé à l'affaire d'Exiles en 1747, le fut encore au combat de Warbourg en 1760.

6570. Graff (l'enseigne Jacques), de Soleure, officier suisse au service du roy, tué à la bataille de Dreux en 1562.

6571. Graff (de), capitaine de frégate, mort à Saint-Domingue le ... 1697.

6572. Graffa (le s^r de), capitaine de frégate et chevalier de Saint-Louis, obtint cette décoration militaire sous Louis XIV par provisions motivées sur les blessures qu'il avoit reçues à son service et pour s'être signalé à la prise de la Vera Crux.

6573. Grain de Saint-Marsault (N...), marquis du Verdier, tué au siége de Mons.

6574. Grain de Saint-Marsault (François-Germain), vicomte

de Verdier, chevalier de Saint-Louis, lieutenant au régiment de Penthièvre, puis capitaine dans celui d'Artois, blessé aux siéges de Prague et d'Ypres en 1742 et 1744, le fut encore dangereusement d'un coup de fusil à travers le corps à l'affaire de l'Assiette en 1747, il fut même compris dans les premières listes de morts.

6575. GRAIN DE SAINT-MARSEAULT (le sr de), capitaine dans les volontaires de Hainaut, tué dans l'armée de Broglie en 1761.

6576. GRAIN DE SAINT-MARSAULT (N...), lieutenant de vaisseau, tué le 17 juin 1778 au combat de la frégate *la Belle-Poule*, dont il étoit commandant en second, contre la frégate angloise *l'Aréthuse*.

6577. GRAINVILLE (le sr de), mousquetaire de la garde du roy, blessé à mort au siége de Maëstrick en 1673.

6578. GRAMONT (Robert de), fils d'Arnaud Guilhem de Gramont et de Miramonde d'Aspremont, de la maison d'Orte, tué avec trois de ces gentilhommes pour le service du roi de France, Philippe de Valois, par le seigneur d'Albret tenant le parti du roi d'Angleterre, durant la trève des deux rois.

6579. GRAMONT (François, baron de), accompagna le roi Louis XII dans ses guerres d'Italie et fut tué en 1512 à la bataille de Ravenne où il fit des prodiges de valeur.

6580. GRAMONT (Arnaud de), fils de Royer de Gramont, prit part pour le roi de Navarre contre les Espagnols, à la bataille de Noyan, perdue en 1524, et mourut de suite de ses blessures.

Peut-être est-il le même que Arnaud de Gramont qui périt en 1523 à la défense de Bidache incendié par les troupes de Charles-Quint?

6581. GRAMMONT (le seigneur de), eut son cheval tué sous lui au combat de Saint-Jean-de-Luz en 1523.

« Là il y eut une grande bataille et force gens portés par terre d'un côté comme de l'autre, entre lesquels fut le seigneur de Gramont qui eut son cheval tué sous lui. » (*Mém.de Montluc.*)

6582. GRAMONT (de) vicomte de Castillon, la Marque Sansac et Médoc, tué au siége de Naples en 1528.

6583. GRAMONT (Jean de), 2° du nom, prince souverain de Bidache, contribue aux prises de Pavie, de Gènes et d'Alexandrie, où il commandoit en qualité de lieutenant de Lautrec, et succomba dans les murs de Naples, le 15 septembre 1528, des suites de l'épidémie qui enlevoit en même temps Charles d'Albret, frère du roi de Navarre et Lautrec lui-même.

6584. GRAMONT ET DE THOULONGEON (Philibert de), comte de Grammont et de Guiche, vicomte d'Aster, capitaine de cinquante hommes d'armes des ordonnances du roy, sénéchal de Béarn, gouverneur et maire de Bayonne, eut un bras emporté d'un coup de canon en 1588 au siége de la Fère et mourut de sa blessure.

C'étoit l'époux de la belle Corisandre, célèbre par l'amour du roy Henry IV, auquel après la mort de Philibert elle envoya un renfort de 24,000 Gascons qu'elle avoit levés à ses frais.

6585. GRAMMONT (Théophile-Roger, *dit* Amédée de), seigneur de Mucidan, gentilhomme ordinaire de la chambre du roy, fut tué d'un coup de mousquet à Bar-sur-Seine en 1597.

Il étoit fils d'Antoine, comte de Gramont et de Guiche, et d'Hélène de Clermont dame de Toulongeon, et frère de Philibert, époux de la belle Corisandre.

6586. GRAMONT DE THOULONGEON (Armand comte de), et de Guiche, lieutenant général des armées du roy, colonel du régiment des gardes-françoises, gouverneur de Navarre et de Béarn, blessé à la main au siége de Dunkerque en 1658, se signala au combat naval donné au Texel par les Hollandois contre les Anglois le 1er juin 1666, et il y fut blessé au bras et à l'épaule d'un éclat de canon; il mourut à Creutzenach le 29 décembre 1673.

C'est celui dont Madame Lafayette a raconté les amours avec Madame

Henriette d'Angleterre duchesse d'Orléans. Madame de Sevigné a décrit l'effet que produisit à Paris, la nouvelle de la mort du comte de Guiche.

6587. GRAMONT (Antoine, duc de), pair et maréchal de France, souverain de Bidache, vice-roy de Navarre et de Béarn, chevalier des ordres du roy, colonel du régiment des gardes-françoises, gouverneur de Lorraine, de Bayonne et du château de Rouen, lieutenant général au gouvernement de Normandie et ambassadeur en Espagne, blessé grièvement en 1631 au siége de Saverne, son cheval ayant été tué sous lui, reçut encore en 1635 une mousquetade au-dessous de l'œil en allant reconnoître la ville de Binghen sur le Waw et le Rhin; puis en 1640 au siége d'Arras, puis au siége de Saverne en 1643 : il fut encore blessé à la bataille de Nortlingue en 1645 et mourut à Bayonne le 20 juillet 1678.

6588. GRAMMONT (Antoine, duc de), pair et maréchal de France, colonel du régiment des gardes-françoises, gouverneur de Navarre, de Béarn, de Bayonne, de Pau et de la Castille de Saint-Jean-Pied-de-Port, conseiller au conseil de régence, fut dangereusement blessé la veille de la bataille de Malplaquet en 1709, et mourut le 16 septembre 1725.

6589. GRAMONT (Louis-Antoine-Armand, duc de), pair de France, chevalier des ordres du roy, lieutenant général de ses armées, colonel du régiment des gardes-françoises, gouverneur de Navarre, de Béarn et de la villle de Bayonne, causa imprudemment la perte de la bataille de Dettingen en 1743, et fut tué d'un coup de canon qu'il reçut à la cuisse à la bataille de Fontenoy en 1745.

6590. GRAMONT (Antoine-Antonin de), duc de Lesparre, puis de Gramont, pair de France, chevalier de Saint-Louis, colonel du régiment de Bourbonnois, brigadier des armées du roy et gouverneur de Béarn, fut tué à la même bataille.

Après ces mentions qui toutes certainement s'appliquent à la maison

11

de Gramont, originaire de Navarre, en voici d'autres dont l'attribution est quelque peu embarrassante : nous ne parlons pas des deux qui suivent immédiatement et qui incontestablement appartiennent à MM. de Gramont, établis en Dauphiné, titrés ducs de Caderousse et marquis de Vachères.

6591. GRAMONT (François-Paul de), marquis de Vachères, chevalier de Saint-Louis, colonel d'un régiment d'infanterie de son nom, puis enseigne des gendarmes de la reine, gouverneur de la ville et tour du Crest, reçut un coup de fusil qui lui traversa l'épaule gauche et plusieurs coups de sabre sur la tête à la bataille de Malplaquet en 1709 : il mourut en 1754.

6592. GRAMONT (Marie-Philippe de), duc de Caderousse, marquis de Vachères, chevalier de Saint-Louis, capitaine au régiment colonel-général-cavalerie et gouverneur du Crest, fut blessé à l'épaule à la bataille de Fontenoy en 1745.

Maintenant nous laissons aux différentes familles du nom de Gramont, Gramond ou Grammont (de Franche-Comté) le soin de reconnoître dans les mentions qui suivent celles qui leur reviennent, et que d'Hozier n'a pas cherché à distinguer.

6593. GRAMMONT (Claude-Aristide de), seigneur de Villechevreux, tué au siége de Dôle ₁en 1636. (*Généal. Cab. des tit.*, 125.)

6594. GRAMMONT (le chevalier de), fut blessé dans la guerre de 1644. (*Mercure* de 1644.)

6595. GRAMMONT (le sʳ de), capitaine au régiment de Piémont, tué au siége de Gravelines en 1658.

6596. GRAMMONT (le chevalier de), lieutenant au régiment de Bouzols, depuis Guyenne, fut tué en 1744 à l'affaire de Weissembourg.

6597. GRAMMONT (Michel-Dorothé, *marquis* de), lieutenant général des armées du roy, blessé au siége de Landau (*Généal. Gramm. cab. des tit.*) en 1703.

6598. Grammont (le s^r de), chevalier de Saint-Louis, capiaine de grenadiers au régiment d'Enghien, blessé d'un coup
de feu à l'oreille à la bataille d'Hastembeck en 1757.

6599. Grammont (N... de), 3e fils de Valentin de Grammont
et d'Anne Renée de Falletet, tué à la güerre. (*Généal. d'Hoz.*)

6600. Grammont (le chevalier de), chevalier de Saint-Louis,
capitaine, puis colonel du même régiment lors de la Révolution, fut aussi blessé à cette bataille à la tête et à l'épaule.

Grancham (de). V. de Liberge de Granchain.

6601. Grand (Jean de), l'un des seize bacheliers de la
compagnie d'ordonnances du maréchal de Baudricourt, tué
à la bataille de Fornoue en 1495.

6602. Grand (Charles de), son fils, tué à la même bataille
en 1495.

6603. Grand (Charles le), gentilhomme champenois, tué à
la prise de Fontaine-Françoise en 1595.

6604. Grand (le s^r le), capitaine au régiment de Navarre,
blessé à la bataille de Raucoux en 1746.

6605. Grand (le s^r le), lieutenant au régiment de Béarn,
blessé au siége de Maëstrick en 1748.

6606. Grand de la Piltière (Mathieu le), chevalier de Saint-
Louis, capitaine au régiment de Beaujolois, fut blessé dans
plusieurs affaires sous Louis XV.

6607. Grand (le s^r le), capitaine au régiment de Feuquières,
blessé au combat de Senef en 1674.

6608. Grand (le s^r le), lieutenant au même régiment, tué à
la même bataille.

6609. Grand (Guillaume le), seigneur de Montfloix, capitaine et major du régiment de Reineville-cavalerie, fut tué au service du roy, d'après le jugement de maintenue noblesse de M. de Caumartin, intendant de Champagne, rendu en faveur de cette famille au mois de février 1670.

> Un assez grand nombre de familles portent ce nom avec ou sans le particule. Les Legrand de Champagne portoient : d'azur à trois fusées d'or en fasce, et les de Grand, de la même province : d'azur à la fasce d'or, accompagné de trois étoiles de même.

6610. GRANDCHAMP (le s^r de), capitaine au régiment de la la Marck, blessé à la bataille de Rosbach en 1757.

6611. GRANDCOURT (le s^r de), lieutenant au régiment de Navarre, reçut une blessure considérable au siége de Philisbourg, en 1688.

6612. GRANDEUR (le s^r de la), lieutenant aux grenadiers de France, tué à la bataille de Minden en 1759.

6613. GRANDFONTAINE (le chevalier de), chevalier de Saint-Louis et capitaine de vaisseau, fut blessé au pied à l'attaque du fort de Cayenne par le comte d'Estrées en 1676, de plus au combat de Tabago en 1677; un coup de mousquet lui ayant cassé le bras gauche, il le prit de sa main droite et l'ayant serré entre sa veste et sa chemise, il continua de commander son attaque.

6614. GRANDIÈRE (Charles de la), seigneur de la Soulaye, capitaine au régiment de Plessis-Juive, tué au combat de Veillane en 1630.

6615. GRANDIÈRE (N... de la), enseigne de vaisseau, fut grièvement blessé sur *le Bizarre* dans le combat du bailly de Suffren aux Indes, devant Trinquemalay, contre sir Edward Hugues, le 3 septembre 1782.

6616. GRANDIN (Jean), chevau-léger dans la compagnie

d'Heudicourt, fut blessé et estropié dans l'armée commandée par le comte d'Harcourt, d'après un certificat qu'il lui en donna en 1642.

6617. GRANDIN (Louis), tué au service du roy en Allemagne en 1667.

6618. GRANDIN (Michel-Emery), son neveu, seigneur de Campolan, aide-major du régiment de Brancas-infanterie, blessé au siége de Lille, quitta le service en 1716.

6619. GRANDJEAN (le sr), sous-lieutenant de grenadiers au régiment de Normandie, blessé au siége de Berg-op-Zoom en 1747.

6620. GRANDMAISON (le sr de), capitaine au régiment de Champagne, blessé au combat de Steinkerque en 1692.

6621. GRANDMAISON (le sr de), sous-lieutenant au régiment de Normandie, tué au siége de Tournay en 1765.

6622. GRANDMAISON (le sr de), lieutenant au régiment de Bouzols, depuis Guyenne, tué au siége de Fribourg en 1744.

6623. GRANDMAISON DE GOGUET (Thomas-Nicolas de), chevalier de Saint-Louis, capitaine au régiment de Bassigny, blessé à l'affaire d'Amenebourg en 1762.

6624. GRANDMAISON (le sr de), officier au régiment de Normandie, tué à la défense de Grave en 1674.

L'auteur de la *Relation du siége de Grave*, dans le liste des tués et blessés, ne mentionne point Grandmaison, mais bien Grandmarais, peut-être s'agit-il ici du même? Quoi qu'il en soit la famille Grandmaison de Tourraine portoit : d'azur à un château d'or.

GRANDMONT (de V. de Grammont).

6625. GRANDNOM, capitaine au régiment de la Couronne, tué à l'assaut de Barcelone le. . . .1706.

6626. GRANDPRÉ (le comte de), tué à la bataille d'Azincourt en 1415.

Edouard, fils aîné de Jean III, comte de Grandpré, auquel il avoit succédé en 1374.

Il est cité parmi ceux de cette bouillante et valeureuse noblesse qui périt au désastre d'Azincourt. Pour ce qui regarde encore les comtes de Grandpré. Voir au mot JOYEUSE.

6627. GRANDROCHE (le sr de la), capitaine au régiment de Piémont, tué au combat d'Oudenarde en 1708.

6628. GRANDVAL (le sr de), lieutenant et mestre de camp, reçut en 1627 une mousquetade à travers le corps, à la descente des Anglois dans l'isle de Rhé et mourut trois jours après. (*Mercure* de 1627.)

6629. GRANDVAL (le sr de), eut un cheval tué sous lui en 1704 dans la guerre contre les camisards et y fut lui-même dangereusement blessé. (*Hist. des camisards.*)

6630. GRANDVIL (de), enseigne, du port de Rochefort, mort à Saint-Domingue sur *l'Orox*, commandé par M. Rossel, le 1er février 1739.

6631. GRANDVILLARS (le sr de), lieutenant aux gardes-suisses, blessé au combat de Senef en 1674.

6632. GRANDVILLARS (le sr de), capitaine au régiment d'Enghien, eut le bras cassé à la bataille d'Hastembeck en 1757.

6633. GRANET (François-Alexis), chevalier de Saint-Louis, capitaine commandant au régiment de la Sarre-infanterie, blessé à la bataille devant Rubec, le 28 avril 1760, et obtint sa retraite en 1788.

6634. GRANGE (le sr de la), major du régiment de Picardie, tué devant Tongres en 1673.

6635. GRANGE (le sr de la), lieutenant au régiment royal des vaisseaux, blessé à la bataille de Senef en 1674.

6636. Grange (le s^r de la), capitaine au régiment de Normandie, blessé au siége de Philisbourg en 1688.

6637. Grange (Louis de la), seigneur des Mures, lieutenant aux gardes-françoises, tué au combat de Valcour en 1689.

6638. Grange (Daniel de la), son frère, lieutenant de cavalerie, fut aussi tué au service.

6639. Grange (le s^r de la), gendarme de la garde du roy, blessé au combat de Leuze en 1691.

6640. Grange (le s^r de la), lieutenant au régiment de Champagne, blessé à la cuisse à la bataille d'Hastembeck en 1757.

6641. Grange (le s^r de la), capitaine au régiment de Piémont, fut blessé en 1638 dans une attaque.

6642. Grange (le s^r de la), capitaine au même régiment, blessé au siége de Maëstrick en 1676 .

6643. Grange-du-Clazel-de-Saint-Louis (le s^r de la), capitaine de grenadiers au même régiment, blessé au siége de Philisbourg sous Louis XV.

6644. Grange-du-Clazel (le s^r de la), capitaine au même régiment, blessé à la retraite de Prague en 1742 d'un boulet de canon à la main droite dont il resta estropié.

6645. Grange (le s^r de la), capitaine au régiment de Bourbonnois et chevalier commandeur de l'ordre royal et militaire de Saint-Louis en 1694 (distinction sans exemple à raison de son grade et qui ne lui fut probablement accordée que pour des services très-signalés et de très-grandes blessures), fut blessé à la bataille de Steinkerque en 1692.

6646. Grange-du-Clazel (le chevalier de la), son frère, capitaine au même régiment, tué *ou* mort des blessures qu'il reçut à la bataille de Rosbach en 1757.

6647. Grange (le s^r de la), officier au même régiment, blessé à l'affaire d'Exiles en 1747.

6648. Grange (le chevalier de la), lieutenant au même régiment, tué au combat de Warbourg en 1760.

> Il seroit difficile ici, comme en beaucoup d'autres endroits de ce livre, de distinguer ce qui appartient à chacune des familles qui ont porté le nom de *La Grange*. On en trouvoit en Artois, en Bretagne, en Berry, en Champagne, en Bourgogne, en Limousin et dans l'Ile-de-France. Il y avoit les La Granges de Surgères, les La Grange Trianon, les La Grange d'Arquien, les La Grange Le Lièvre, les la Grange Chancel, etc. Les la Grange, seigneurs et marquis d'Arquien, a qui reviennent au moins les dernières mentions du nom de la Grange qui suivent, ont donné un maréchal de France, un cardinal, des chevaliers des ordres et une reine de Pologne.

6649. Grange (Jean de la), seigneur de Vieilchâtel et de Roussillon, grand maître de l'artillerie de France, maître d'hôtel du roy et bailly d'Auxerre, fut tué à la bataille de Fournoue en 1495.

> Il étoit fils de Jean de la Grange, et de Hélène de la Rivière d'où sont descendus les la Grange d'Arquien et a fait lui-même la branche de la Grange de vieux Chastel,

6650. Grange (Charles de la), seigneur de Montigny et d'Arquien, chevalier de l'ordre du roy, lieutenant de cinquante hommes d'armes de ses ordonnances, gentilhomme ordinaire de sa chambre et gouverneur de la Charité-sur-Loire, fut blessé au siége de la Rochelle en 1573.

6651. Grange-de-Montigny-d'Arquien (Jean de la), seigneur du Fouilloy, mort au siége d'Issoire en 1577.

> Il étoit fils ou neveu du précédent.

6652. Grange (François de la), son frère, mort au Brouage.

6653. Grange (Louis de la), dit *le chevalier d'Arquien*, frère de Marie-Casimire de la Grange d'Arquien, reine de Pologne : tué au siége d'Orsay en 1672.

6654. Grange (François de la), capitaine au régiment de Saint-Agnan, tué au siége de Mouzon.

6655. Grange (Pierre de la), tué au siége de Turin en 1706.

Voy. Le Lièvre pour ce qui concerne la famille le Lièvre de la Grange.

6656. Granger (le sʳ), lieutenant de grenadiers au régiment de Vatan, blessé au talon à la bataille de Minden en 1759.

6657. Granges (des), capitaine au régiment d'Anjou, blessé au siége de Mayence en septembre 1689.

6658. Granges de Sugères (Louis de), marquis de Pugnion, capitaine au régiment de cavalerie du duc de Bourgogne, tué à la bataille de Spire en 1703, à l'âge de 16 ans.

Les de Granges de Sugères, de l'Ile-de-France, portoient : de gueules fretté de vair.

6659. Granges (le sʳ des), lieutenant au régiment de Planta-suisse, blessé à la bataille de Rosbach en 1757.

6659 bis. Granges-de-la-Flocellière (des), du port de Rochefort, mort commandant l'Athalante, le 19 novembre 1717, capitaine de vaisseau.

6660. Grangié (le sʳ de), sous-lieutenant au régiment de Port-au-Prince, blessé au siége de Savannah en 1779.

6661. Grant (N...), tué au siége de Caen en 1417. (Documents de cette famille.)

6662. Grant du Souchey (Gilles-Aignan), tué dans une bataille, sous le règne de Louis XIV.

6663. Grant du Souchey (Nicolas-François), tué dans la même bataille, sous le même règne.

6664. Grant (François), chevalier de Saint-Louis, officier de cuirassiers, fut blessé à une main dans une affaire, sous Louis XIV.

6665. Grant de Blairfindy (Jean-Charles-Adolphe, baron

de), écossois, chevalier de Saint-Louis, colonel dans la légion royale, blessé à la bataille de Clostercamps en 1760.

6666. GRANTZ (Antoine), chevalier de Saint-Louis, lieutenant-colonel du régiment de Clark-irlandois, blessé à la bataille de Fontenoy en 1745, mourut le 29 juin 1761.

6667. GRAS (N... le), fut tué au siége de Thionville, sous le règne d'Henry II ; l'on présume qu'il se nommoit Robert le Gras, seigneur d'Haussetine, d'autant que dans l'enquête du 14 septembre 1610 qui constate ce fait, il est dit qu'il étoit *frère aîné* de Marc le Gras, seigneur de Namur, et qu'en effet Robert le Gras étoit son frère aîné.

6668. GRAS (Antoine le), seigneur de Fontenoy, capitaine au régiment de Cognac, puis dans celui de Bellefèvre, tué sous Louis XIV, à la défense des lignes à Valenciennes.

6669. GRAS (le sr le), enseigne aux gardes-françoises, tué à la bataille de Saint-Denis en 1678.

6670. GRASS (Adam), officier suisse au service du roy, tué au combat de Marciano en 1554.

6671. GRASSE DU BAR (Gaspard de), tué au siége de Marseille en 1524.

6672. GRASSE DU BAR (Gaston de), tué à la bataille de Coutras en 1587.

6673. GRASSE DE VALLETTES (Joseph de), capitaine au régiment de Bourgogne, tué à la bataille de Luzara en 1702.

6674. GRASSE DU BAR (Pierre de), officier de vaisseau du roy, tué au combat naval du 14 août 1704 devant Gibraltar.

6675. GRASSE DU BAR (le chevalier), lieutenant de vaisseau du port de Toulon, mort sur *l'Orgueilleux* devant Gibraltar, e 10 janvier 1705.

6676. GRASSE DU BAR (de), enseigne de vaisseau du port de Toulon, tué aux Cévennes le 14 mars 1704.

Nous ne savons si ces Grasse du Bar sont les ancêtres de M. le marquis de Grasse (du Dauphiné Provence et Maine).

6677. GRASSETEAU (le s^r de), lieutenant aux gardes-françoises, tué au siége de Valenciennes en 1656.

6678. GRASSIN (Charles), lieutenant au régiment de l'Ile-de-France, puis dans celui de la reine, tué à la bataille de la Marsaille en 1693.

6679. GRASSIN (Jacques-Charles), seigneur de Glatigny, chevalier de Saint-Louis, capitaine au régiment de Normandie, se trouva au passage du pont de Marignan et au siége de Barcelone, à l'attaque du Montjouy, à la bataille d'Almanza en 1767, au siége de Gironne, à celui de Saint-Sébastien et dans d'autres occasions où le régiment fut employé, dans la plus grande partie desquelles actions il reçut des blessures considérables (faits consignés dans les lettres patentes du roy, mois de juillet 1720) : mort en m.i 1724.

Son fils, Simon-Claude Grassin, maréchal de camp, d'abord capitaine au régiment de Picardie, leva un régiment d'arquebusiers qui prit son nom et rendit d'importants services, à Fontenoy et en diverses autres rencontres. Le *Journal de Verdun*, nov. 1745 a donné une intéressante notice sur le régiment de Grassin.

6680. GRASSIN (Pierre-François), vicomte de Sens, seigneur de Varennes-sur-Tesche, de la Mothe-Vallière et chevalier de Saint-Louis, capitaine de grenadiers au régiment de Picardie et ingénieur ordinaire du roy au département de Strasbourg, eut le visage et la moitié du corps considérablement brûlés, d'après des lettres patentes du roy du 12 octobre 1749.

Il y a encore des Grassin en Bourgogne, dont les armes sont : de gueules à trois lis de jardin d'argent, posés deux en chef et un en pointe.

6681. GRATTIER DE LA GRATTERIE (Léonard), chevalier de

Saint-Louis, chef de bataillon au régiment d'Orléans, puis commandant du régiment des recrues de Blois, colonel d'infanterie et brigadier des armées du roy, fut blessé aux batailles de Dettingen, de Raucoux et de Laufeldt en 1743, 1746 et 1747 : il mourut en 1790 ou 1791.

Les Grattier de la Gratterie ont encore leurs représentants.

6682. Grave (Jean-Pierre), chevalier de Saint-Louis, lieutenant, au 3ᵉ régiment des chasseurs, ci-devant sous-lieutenant dans les volontaires étrangers, puis lieutenant dans ceux du Hainaut, fut blessé au combat de Saint-Cast en 1758 et encore au visage dans les campagnes de 1759 et 1760.

En 1836, M. de Saint-Perné-Couellan, de Dinan, a publié un curieux petit volume ayant pour titre : *Combat de Saint-Cast*, orné d'un plan des lieux, suivi de pièces à l'appui, etc., nous y renvoyons le lecteur.

6683. Grave (Pierre de), seigneur de Saint-Martin, mort le 10 août 1645 des blessures qu'il reçut à la bataille de Nortlingue.

6684. Grave (N... de), capitaine au régiment de Picardie, blessé au siége de Dunkerque en 1646.

6685. Grave (Jean-Hyacinthe, vicomte de), chevalier de Saint-Louis, mousquetaire de la garde du roy, puis capitaine au régiment de Cambis, eut un bras cassé à la bataille de Dettingen en 1743.

6686. Grave (N... de), chevalier de Saint-Louis, maréchal des logis des mousquetaires de la garde, fut blessé à la même bataille.

6687. Grave (Charles-François, dit *le comte de*), chevalier commandeur de l'ordre royal et militaire de Saint-Louis, colonel du régiment de Provence, puis de celui de Piémont et lieutenant général des armées du roy, blessé à la défense de rague en 1742, le fut encore à la bataille de Raucoux en

1746, à celle de Fillinghausen en 1761, et deux autres fois au siége de Cassel en 1762; il mourut en 1788.

6688. Grave (N... de), capitaine dans les chasseurs de Soubise, blessé dans l'armée de Soubise en 1761 et à la journée de Grebenstein le 24 août 1762.

Il y avoit une famille de Grave en Languedoc, une à Saint-Domingue et des comtes de Grave originaires d'Autriche.

6689. Gravelle (le s^r de la), chevalier de Saint-Louis, premier capitaine au régiment de Normandie, blessé au siége de Berg-op-Zoom en 1747 et à la bataille de Clostercamps en 1760.

6690. Graverie (le s^r de la), mousquetaire de la garde du roy, blessé à la bataille de Dettingen en 1743.

6691. Gravenon (Henry de), chevalier de Saint-Louis, lieutenant-colonel du régiment royal-la-marine, brigadier des armées du roy et inspecteur général d'infanterie, reçut plusieurs blessures sous Louis XIV qui l'obligèrent de quitter le service.

6692. Gravier (Pierre-Toussaint de), chevalier de Saint-Louis et capitaine de vaisseau, fut blessé sur *le Guerrier* dans le combat du 20 mai 1756 de M. de la Gallissonnière contre l'amiral Byog, près de l'isle Minorque.

6693. Gravier (Jean-Jacques du), seigneur de la Golse, chevalier de Saint-Louis, officier supérieur d'artillerie et maréchal de camp, mourut à Anvers le 29 août 1749 de la suite des blessures qu'il reçut au siége de Berg-op-Zoom en 1747.

6694. Gravier de la Golse (Jean-Jacques du), son frère, chevalier de Saint-Louis, capitaine au régiment de Picardie, blessé d'un coup de feu à la jambe à la bataille d'Hastembeck en 1755, mourut à Brunswick en 1758 des suites de cette blessure qui se rouvrit.

6695. Gravier (Jean du), seigneur de Fage, dit *le chevalier de Gravier*, chevalier de Saint-Louis, capitaine au corps royal d'artillerie et commandant en Bourgogne, fut blessé en 1756 au siége du fort Saint-Philippe d'un boulet de canon qui lui coupa un piquet qu'il avoit à la main au moment où il le plantoit pour tirer l'épaulement d'une batterie ; ce boulet lui passa entre le bras et le corps, et la commotion en fut si violente qu'il resta l'espace de 20 jours sans donner presque signe de vie ; il en perdit même l'usage d'un bras et resta accablé d'infirmités de cette blessure.

6696. Gravier, capitaine de vaisseau, blessé au bras gauche sur *le Tonnant*, au combat de Malgue en 1704, sur *le Fondant*, dans l'île de Minorque en 1707, en entrant dans le port Mahon, il reçoit un coup de fusil dans les reins, et le lendemain une blessure à la joue en combattant les rebelles.

Les du Gravier de Guyenne, portoient : de gueules au coq d'or crêté et barbé de gueules au chef cousu d'azur, chargé de trois étoiles d'or.

6697. Gravière (le sr de la), capitaine au régiment de Champagne, mourut en 1704 des blessures qu'il reçut à la bataille d'Hochstett le 20 septembre 1703.

6698. Graviset (Sigismond), capitaine aux gardes-suisses, blessé grièvement à la bataille de Malplaquet en 1709, mourut de cette blessure.

6699. Gréard (Jean), seigneur de Bonnefonds, volontaire dans les régiments de Champagne et de Picardie, blessé d'un coup de mousquet à la lèvre supérieure dont il eut plusieurs dents cassées, à la réduction de Château-Porcien : le fut encore d'un coup d'épée à la main gauche à la défaite de l'armée de M. de Turenne, dans la plaine de Sommepi et de Saint-Etienne, et en resta fort incommodé (faits consignés dans des lettres patentes du roy du mois d'août 1699).

6700. Gréaulme (Henry-François de), seigneur de la Cliette, capitaine dans les régiments de la reine et de Bretagne-infanterie, puis commissaire des guerres et de la noblesse d'Anjou, et enfin commandant l'escadron de la noblesse de cette province, fut blessé en différentes occasions, d'après un certificat de M. de Turenne de 1674, et obligé de quitter le service à raison de ses blessures.

Famille de Touraine : d'argent à une grue de sable, armée d'or, posée au milieu de l'écu; au chef de sable chargé de trois coquilles d'argent.

6701. Gréboval (de). On lit dans le *Nobiliaire de Picardie,* impr. à Paris en 1693, p. 246, que Jean, seigneur de Grouches, épousa Jeanne, dame de Gréboval de Marcourt et du Lucat, *par la mort de ses frères tués à la bataille d'Azincourt en 1415;* l'on ne peut douter que ceux dont on parle ici n'en soient.

Nous voyons dans la liste des tués, fournie par M. de Noailles, après la bataille de Dettingen, figurer un officier des gendarmes de la garde, de ce nom de Gréboval.

6702. Greder (François-Laurent), chevalier de Saint-Louis, lieutenant général des armées du roy, blessé aux batailles de Cassel et de Fleurus, mourut aux eaux de Bourbonne le 17 juillet 1716.

6703. Greder (Wolffang), colonel d'un régiment suisse, brigadier des armées du roy, gouverneur général des comtés souverains de Neufchâtel et de Vallengin, bailly de Luzerne, blessé grièvement à la bataille de Montcassel en 1677, le fut encore à celle de Fleurus en 1690, et mourut à Soleure le 22 septembre 1695.

6704. Greder (Louis), son fils, chevalier de Saint-Louis, colonel du régiment de Greder-suisse et brigadier des armées du roy, reçut deux blessures à la bataille de Nerwinde en 1693, et mourut le 23 décembre 1703.

6705. Greder (Jean-Georges-Ignace), son autre fils, capitaine lieutenant et aide-major au régiment de Greder, mourut en 1674 des blessures qu'il reçut l'année précédente à la même bataille.

6706. GREDER (Balthasar), son autre fils, chevalier de Saint-Louis, colonel au régiment de Greder, brigadier des armées du roy et commendant à Louvain, reçut plusieurs blessures en différentes affaires : il mourut à Paris le 14 décembre 1714.

Famille suisse longtemps au service de France. Un régiment de ce nom dont il est ici question, fut fort injustement accusé d'avoir mis bas les armes à la bataille d'Hochstett et s'est lavé de cette imputation. (*Journ. de Verdun*, oct. 1700 p. 275.)

6707. GRÉE (le s^r de la), capitaine au régiment de Clermont-cavalerie, eut plusieurs chevaux tués sous lui, et reçut plusieurs blessures, d'après des lettres du roy du mois de mars 1695.

6708. GRÉENVILLE (le *marquis de*), sous-lieutenant des chevau-légers de Bourgogne, fut tué à la bataille de Closter-camps en 1760.

6709. GRÉGOIRE (le *chevalier*), gouverneur de Castelsarrazin, eut un bras emporté au combat de Luzara en 1702, commandant au bataillon du régiment de Dauphiné.

6710. GRÉGOIRE (N...), marquis de Saint-Sauveur, chevalier de Saint-Louis, mestre de camp à la suite du régiment de Conti-cavalerie, puis maréchal de camp, fut blessé à la bataille de Fontenoy en 1745 étant aide-maréchal des logis de l'armée, et mourut en 1774.

6711. GRELING (Ignace de), premier lieutenant au régiment des gardes-suisses, fut blessé à l'affaire du 26 juillet 1760.

6712. GRELLY DE BELLISLE (Henry-Antoine de), chevalier de Saint-Louis, capitaine au régiment de Conty, reçut une blessure dans les guerres de Louis XV.

6713. GRELLY (Charles-Joseph-Louis de), chevalier de Saint-Louis, capitaine au régiment de Piémont, puis major de Dusseldorff et lieutenant de roy de Riez, fut blessé aux batailles de Dettingen et de Rosbach en 1743 et 1757.

6714. GREMION (Balthasar), lieutenant aux gardes-suisses et colonel d'infanterie, mourut à l'âge de 23 ans, le 23 juin 1745 au camp, devant Tournay, de la blessure qu'il avoit reçue le 15 mai à la tranchée devant la ville.

6715. GREMONT (le sr de), capitaine au régiment de Champagne, tué à la bataille de Malplaquet en 1709.

6716. GRENELLE (de), lieutenant du régiment des bombardiers, tué au siége de Mayence du 6 au 9 septembre 1689.

GRENEVILLE (de). V. de Gréenville.

6717. GRENIER (Abraham), fut tué en 1621 devant la Rochelle, combattant le vaisseau *le Saint-François* contre les ennemis de l'Etat.

6718. GRENIER DE BELLEMOVE (Jean-Simon), lieutenant de frégate, blessé en 1657 dans le combat de la frégate *l'Aigrette* contre *le Buckingham* de 74 canons.

6719. GRENIER (André-Laurent), son frère, enseigne de vaisseau, mort de ses blessures à la côte Saint-Domingue le 1er décembre 1760, après le combat de la frégate *la Fleur de Lys*.

6720. GRENIER DE CAUVILLE (Jacques-Antoine), capitaine dans les grenadiers royaux de le Camus, fut tué d'un boulet de canon à la bataille de Minden en 1759.

6721. GRENIER (le sr), officier auxiliaire, fut blessé par des gargousses qui prirent feu au combat du comte de Guichen en Amérique, au mois de décembre 1781.

6722. Grenier de Moulen (Charles-Guillaume), chevalier de Saint-Louis, capitaine de grenadiers au régiment de Neustrie, formé de celui de Normandie, fut blessé à la bataille de Clostercamps en 1760, et obtint sa retraite en 1783.

6723. Grenier de la Souzay (Louis), chevalier de Saint-Louis, lieutenant au régiment de la Ferronnays-dragons et commandant un détachement en Saxe dans la guerre de 1764, obtint le 15 mars 1777 un certificat du colonel de ce régiment portant qu'il avoit été presque massacré de coups de sabre au visage et à la tête dont il étoit resté défiguré et qu'il y avoit peu d'exemples sur une même personne de blessures aussi considérables.

> Plusieurs familles de ce nom : en Normandie, en Guyenne, en Auvergne, en Franche-Comté, etc. Les Grenier de Cauville qui sont de Normandie, portent : de gueules à trois épis de blé d'or au chef cousu du premier chargé de trois étoiles du second.

6724. Grenut (le s^r), capitaine de grenadiers au régiment de Planta-suisse, fut blessé à la bataille de Rosbach en 1757.

6725. Grenut (Michel de), chef d'une compagnie de 200 reîtres dans le corps du comte de Schomberg, fut tué à la bataille d'Ivry en 1590.

6726. Grenut (Michelet-Louis de), frères, tués au siége de Candie en 166...

6727. Grenut (Jacob de), lieutenant-colonel, mort au siége de Landau en 1713.

> Famille suisse au service de France : d'argent à la bisse tortillée de deux retours de gueules au chef d'azur, chargée de trois molettes du champ.

6728. Grès (Jean de), chevalier, tué à la bataille d'Azincourt en 1415.

Grès (du). Voir Dugrès.

6729. Gresille (*sire* Aimery de), tué à la bataille de Verneuil en 1424.

6730. Gressigny (le sr de), enseigne de vaisseau, blessé sur *le Zodiaque*, étant alors garde de la marine dans les deux combats du comte d'Aché, aux Indes, en 1778.

6731. Gressigny (le sr de), chevalier de Saint-Louis, lieutenant-colonel du régiment de Crussol, brigadier des armées du roy et lieutenant de roy de Gironne, blessé à la bataille d'Hochstett en 1704.

6732. Greylotz (Bertrand), capitaine au régiment de Courten-suisse, blessé à la bataille de Fontenoy en 1745.

6733. Grèze (le sr de la), capitaine au régiment de Béarn, blessé à la bataille de Laufeldt en 1747. Un autre de même nom, lieutenant-colonel du régiment de Beauvoisis et chevalier de Saint-Louis, fut tué à la bataille de Berghen en 1759.

6734. Grezelle (René de la), seigneur de la Tremblaye, chevalier de l'ordre du roy, capitaine de 50 hommes d'armes de ses ordonnances et gouverneur de Moncontour, de Pempool et de l'Isle de Brehal, mestre de camp de la cavalerie légère dans l'armée de Bretagne, fut tué d'un coup de mousquet à la tête au siége du château du Plessis-Bertrand en 1597; le père Daniel en fait grand éloge.

6735. Grezian (le sr de), chevalier de Saint-Louis et capitaine de grenadiers au régiment d'Eu, fut blessé d'un coup de feu au bas-ventre à la bataille d'Hastembeck en 1757.

6736. Griau (Guillaume), écuyer, tué à la bataille de Poitiers en 1356.

6737. Gribouval (le sr de), officier au régiment de Champagne, blessé au siége de Lérida en 1646.

6738. Gribouval (de), officier de la compagnie des gendarmes de la garde, maison du roy, blessé à l'affaire de Dettingen le 27 juin 1743.

Famille de 'Artois : de sable à trois molettes d'argent.

6739. Griff (Nicolas), de Soleure, officier suisse au service du roy, tué à la bataille de Dreux en 1562.

6740. Griffe (le sr de la), capitaine au régiment de Champagne, tué au siége de la Rochelle en 1573.

6741. Griffolet (de), lieutenant de vaisseau du port de Rochefort, tué sur *l'Amphitrite*, commandé par M. de Boispinault, le 5 juillet 1702.

6742. Grignart (René-Henry), seigneur de Champsavoie, comte de la Muce-Brullon, chevalier de Saint-Louis, capitaine au régiment d'Armenonville-dragons, blessé au combat de Satzay, en 1742, obtint sa retraite en 1760, à raison de ses blessures.

Famille de Bretagne, Grignart de Champ-Savoie : de sable à la croix d'argent cantonnée de quatre croissants du même. *Devise* : Spes mea.

6743. Grigni (Claude de), capitaine d'une compagnie d'hommes d'armes, fut tué devant Barlète en 1502.

6744. Grignol (le sr de), lieutenant au régiment de Piémont, tué à la prise d'Yvrée en 1704.

6745. Grignot-des-Bureaux (Jacques-Antoine de), chevalier de Saint-Louis, capitaine aux grenadiers de France, fut couvert de blessures en 1744 à l'attaque des retranchements de Montalban, et comme enterré sous les ruines d'un des retranchements qu'il avoit forcé avec vingt grenadiers (son oncle étant cornette au régiment royal) : tué en 1707 dans une action. Il avoit pris le comte de Kœnisseck à la bataille de Ramillies, en 1706.

6746. Grille (Antoine de), chevalier de Saint-Louis, major général de l'armée du chevalier de Belle-Isle, fut tué à l'affaire de l'Assiette en 1747.

6747. Grillet (Charles), seigneur de Taillades, chevalier de l'ordre du roy, capitaine de cinquante hommes d'armes de ses ordonnances, gentilhomme ordinaire de sa chambre et ambassadeur à la cour de Savoye, blessé d'un coup de pique au siége de Vaméas (?) en 1562, fut tué à celui de Poitiers, en 1569.

6748. Grillet (Pierre), fut tué dans le combat naval livré aux Espagnols, près l'Isle de Terceire, en 1582, par le général Philippes Strozzy.

6749. Grillet (Charles-Emmanuel), comte de Saint-Trivier, baron de Pommiers et du Bassuy, capitaine d'une compagnie de chevau-légers et mestre de camp d'un régiment d'infanterie, au service du duc de Savoye, son parrain, servit depuis en France, fit la campagne de Lorraine en 1635, comme capitaine au régiment d'Enghien : il mourut dans une expédition.

6750. Grillet de Brissac (Albert), chevalier de Saint-Louis, major des gardes du corps et lieutenant général des armées du roy ; gouverneur de Guise et lieutenant général en Saintonge et en Angoumois, eut la cuisse cassée d'un coup de fauconneau au siége de Douay, en 1667, et mourut le 11 février 1713.

6751. Grillet (Alexandre-Honoré), seigneur de Bienneis, dit *le marquis de Brissac*, chevalier de Saint-Louis, lieutenant des gardes du corps, gouverneur de Guise et maréchal de camp, blessé à la bataille de Fleurus en 1690, mourut le 28 mars 1717.

6752. Grillet (N...), fut tué dans une rencontre en 1702, en allant joindre l'armée du roy en Bavière.

Il y avoit des Grillet dans l'Ile-de-France, dans le comtat Venaissin : MM. de Grillet de Serré qui subsistent encore ont sans doute ici quelques mentions à revendiquer.

6753. Grillières (le s^r de), capitaine au régiment d'Armagnac, blessé au siége de Savannah en 1779.

6754. Grillon (Jean de), chevalier, tué à la bataille de Poitiers en 1356.

6754 *bis*. Grimaldi (Charles-Maurice), sire de Matignon (de la maison de Goyon), dit *le chevalier de Monaco*, chevalier de Malte, puis titré *comte de Valentinois*, grand d'Espagne, chevalier de Saint-Louis, sous-lieutenant des gendarmes de Bretagne, brigadier des armées du roy, lieutenant général au gouvernement de Normandie, gouverneur de Grandville, de Saint-Lô, de Cherbourg et de l'isle de Chausé, fut blessé à la bataille de Fontenoy en 1745.

6755. Grimaldi (Honoré-Camille-Léonor), son frère, prince de Monaco, duc de Valentinois, pair de France, chevalier de Saint-Louis, colonel du régiment de Monaco et maréchal de camp, fut blessé aux batailles de Raucoux et de Laufeldt en 1746 et 1747.

6755 *bis*. Grimaldi (Charles), dit *le grand*, chevalier, amiral de France; les lettres d'érection du duché de Valentinois lui donnent cette qualité: grièvement blessé à la bataille de Crécy, en 1346, mourut en 1363.

6756. Grimaldi (Jean-Baptiste), seigneur de Seroti et de Todoa, tué à la bataille de Cérisolles en 1544.

6757. Grimaldi (Louis, dit *le baron de*), chevalier de Saint-Louis, lieutenant-colonel du régiment de Nice, puis maréchal de camp, commandant à Ypres, ensuite à Saint-Omer, reçut plusieurs blessures à la bataille d'Hochstett et en mourut criblé en 1745.

6758. GRIMALDI (Honoré), marquis de Cagues, fut blessé au siége de Mons en 1691, étant page du roy.

6759. GRIMALDI (Charles), son frère, chevalier de Malte, capitaine au régiment de la marine, tué dans les guerres de Louis XIV.

6760. GRIMALDI (Camille), autre frère, aussi chevalier de Malte et lieutenant de vaisseau, tué dans les mêmes guerres.

6761. GRIMALDI (Alexandre), autre frère, aussi chevalier de Malte et lieutenant de vaisseau, tué d'un éclat de bombe.

6762. GRIMALDI (Joseph-Marie), autre frère, capitaine au régiment de la marine, blessé au service.

6763. GRIMALDI (Louis-Camille), tué à la bataille de Creweldt en 1758. (V. Goyon de Matignon, substitué au même nom et aux armes de la maison de Grimaldi et à la principauté du Monaco.)

L'une des familles patriciennes les plus illustres de Gênes et qui a possédé depuis plus de six cents ans la souveraineté de Monaco. Les Grimaldi se montrèrent constamment partisans de la France où beaucoup d'entre eux occupèrent de hautes positions. Armes : Fuselé d'argent et de gueules. *Devise* : DEO JUVANTE.

6764. GRIMBERT DE HUQUEVILLE (le sr), lieutenant aux gardes-françoises, mort des blessures qu'il reçut au siége de Philisbourg en 1734.

6765. GRIMOARD DE BEAUVOIR DU ROURE (Antoine de), comte de Saint-Remèze, seigneur de Saint-Sust et Saint-Brez, maréchal de camp et conseiller d'Etat d'épée, tué au siége de Montpellier en 1622.

6766. GRIMOARD (Antoine de), seigneur de Combalet, colonel du régiment de Normandie, tué aussi au même siége.

6767. Grimoard de Beauvoir (Jacques de), tué à la bataille de Raab, en Hongrie, en 1664.

6768. Grimoard de Beauvoir (Louis-Scipion de), marquis du Roure, lieutenant général de la province de Languedoc, gouverneur du Pont-St-Esprit et capitaine d'une compagnie de chevau-légers, tué à la bataille de Fleurus en 1690.

6769. Grimoard (Nicolas-René-Henry, dit *le chevalier de*), chevalier de Saint-Louis, capitaine de vaisseau, fut blessé très-grièvement le 4 janvier 1781 dans le combat opiniâtre qu'il soutint à portée de pistolet sur la frégate *la Minerve* de 36 canons, qu'il commandoit, contre deux vaisseaux ennemis de 74 canons qui le forcèrent à se rendre après cinq quarts d'heure de combat ; il fut encore blessé dans celui qu'il soutint dans l'isle Saint-Dominique le 17 octobre 1782, où il commandoit alors *le Scipion* de 74 canons.

> Retiré à Rochefort à l'époque de l'établissement de la République qu'il refusa de servir, il fut mis en arrestation comme accusé de menées contre-révolutionnaires, condamné à mort le 7 février 1794 à Rochefort et exécuté le lendemain. — Les Grimoard du Languedoc, portoient : Écartelé au 1 et 4 d'or au lion de gueules (Beauvoir) au 2 et 3 de gueules au chef emmanché de quatre pièces d'or (Grimoard) sur le tout, du Roure.

6770. Grimonière, capitaine du régiment de Flandres, blessé à la bataille de Staffarde le 18 aoust 1690.

6771. Grimonville (le s^r de), capitaine au régiment de Champagne, tué au siége de Lérida en 1646.

6772. Grimoult de Mayon (Louis), chevalier de Saint-Louis, lieutenant au régiment de Piémont, puis capitaine au corps des volontaires étrangers, perdit un bras au siége de Maëstrick en 1748.

6773. Grimouville (Geoffroy de), seigneur de la Lande, gentilhomme ordinaire de la chambre du roy et lieutenant

de la compagnie des gendarmes du baron de Neubourg, tué
à la bataille de Moncontour en 1569.

6774. GRIMOUVILLE (Georges de), baron de Larchant, chevalier de l'ordre du roy, capitaine de ses gardes du corps, gentilhomme ordinaire de sa chambre, lieutenant de 50 hommes
d'armes de ses ordonnances et lieutenant général colonel des
arrière-bans de Normandie, blessé à plusieurs reprises durant les guerres de religion.

6775. GRIMOUVILLE (Nicolas de), baron de Larchant, chevalier des ordres du roy, capitaine de ses gardes du corps,
gentilhomme ordinaire de sa chambre, conseiller en son
conseil privé et ambassadeur en Angleterre, fut blessé le
2 mai 1589 à l'attaque du faubourg de Tours par le duc de
Mayenne, et faisant tous ses efforts pour parer les coups que
l'on portoit au roy Henry III, il tomba aux pieds de ce mo-
narque, noyé dans son sang, il fut encore dangereusement
blessé au combat d'Arques, et mourut à Darnetal le 8 mars
1592 d'une blessure au talon qu'il reçut au siége de Rouen.

6776. GRIMOUVILLE (le chevalier de), lieutenant aux gardes-
françoises, tué au siége d'Arras en 1654.

6777. GRIMOUVILLE (Louis de), marquis de la Meilleraye,
colonel du régiment de Piémont et brigadier des armées du
roy, fut grièvement blessé en 1672 à l'attaque des retranchements des ennemis devant Woeïden.

> Grimouville et Grimonville, deux familles distinctes, mais que d'Hozier
> confond. Les Larchant étoient Grimouville, mais les Lameilleraye étoient
> Grimonville. Nous les laissons à la place que leur assigne d'Hozier, mais
> en faisant remarquer que les Grimonville originaires de Normandie por-
> tent: de sinople à trois jumelles d'argent; et que les Grimouville également
> de Normandie, et qui ont encore des représentants, portent : de gueules
> à trois étoiles d'or.

6778. GRINBLAN (le sr), gendarme de la garde du roy, blessé
à la bataille de Dettingen en 1743.

6779. Grincourt (le sʳ de), chevalier de Saint-Louis, capitaine au régiment de Rohan, puis de grenadiers dans celui de la Tour du Pin, fut blessé aux batailles de Dettingen et de Laufeldt en 1743 et 1747.

6780. Grip (le sʳ le), lieutenant de frégate auxiliaire, blessé en sortant de l'Orient dans le combat que la frégate *la Capricieuse* soutint le 4 juillet 1780, contre deux frégates angloises.

6781. Gripoivre, lieutenant par ordre de mérite au régiment de la couronne, tué à Creweldt le..... 1758.

6782. Grippière de Moncroc (Louis-Gaston), capitaine de grenadiers, tué au siége de Turin en 1706.

6783. Grisafy de Grimaldy (le sʳ de), chevalier de Saint-Louis, lieutenant de roy à Montréal en Canada, reçut plusieurs blessures à Messine, commandant alors un régiment d'infanterie, et contribua beaucoup à la défaite des ennemis dans le premier combat : il fut estropié aussi à la prise de l'Escalette, sous Louis XIV.

6784. Grise (le sʳ de la), lieutenant aux gardes-françoises, tué au siége d'Ypres en 1648.

6785. Grissé (le sʳ de), fut blessé d'un éclat d'arquebuse dans une attaque en 1590 (de Thou).

6786. Grissac (le chevalier de), capitaine au régiment de la couronne, tué au siége de Valence le... 1696.

6787. Grivard (le sʳ), enseigne de vaisseau, blessé sur *la Sylphide* dans le combat du comte d'Aché, aux Indes, en 1758.

6788. Grivel (François-Louis), du pays de Vaud, lieutenant-colonel du régiment de Villars-Chandieu, se retira du

service au mois d'octobre 1710, à raison de son grand âge et
de ses blessures.

6789. Grivresac (le s^r de), lieutenant au régiment de Normandie, blessé au siége de Luxembourg en 1684. (V. de
Giversot que l'on croit le même.)

6790. Groignard (le s^r), chevalier de Saint-Louis, capitaine
de vaisseau, directeur des constructions et ingénieur général, fut blessé sur *l'Ajax* dans le combat du bailly de Suffren,
aux Indes, contre l'amiral Hugues, le 20 juin 1783.

6791. Groing (Antoine le), chevalier, baron de Grisse-Goüet,
capitaine de la garde à cheval du roy Charles VII, blessé
mortellement à l'assaut de Pontoise en 1441, mourut peu de
temps après; ce fut lui qui le premier monta sur la
muraille à l'assaut et y arbora l'étendard royal.

6792. Groing (Jean le), baron de Grisse, tué à la bataille
de Montlhéry en 1465.

6793. Groing (Claude le), seigneur de Châlus et d'Herculat,
lieutenant de cent hommes d'armes des ordonnances du
roy, fut tué à la bataille d'Issoire en 1590.

6794. Groing (Silvain le), capitaine de grenadiers, tué au
siége de Landau en 1713.
> Famille du Berry et Bourbonnois : d'argent à trois têtes de lion de
> gueules lampassé et couronné d'or.

6795. Grolée (Imbert *ou* Humbert de), chevalier, seigneur
d'Illias et du Breuil, tué à la bataille de Pavie en 1525.

6796. Grolée (François de), comte de Viriville, seigneur
de Châteauvilain, chevalier de l'ordre du roy et colonel de
l'arrière-ban de Dauphiné, fut tué à la bataille de Moncontour en 1569.

6797. Grolée (César de), son fils, baron de Viriville, mort des blessures qu'il reçut à l'assaut de la côte Saint-André où il combattit vaillamment avant la bataille de Moncontour où son père fut tué.

6798. Grolée (Etienne de), seigneur de Mespière et de Saint-Alban, enseigne de la compagnie des gendarmes du duc de Mayenne, tué au siége de Bourg-Oüessant ou du Bourg-d'Oisans, en Dauphiné.

6799. Grolée (Gaspard de), seigneur de Mespière, mestre de camp d'un régiment d'infanterie, blessé d'une mousquetade à travers le corps au siége de Turin en 1643, le fut encore d'un pareil coup, au pied, dans un combat qu'il livra à l'armée d'Espagne en 1645, et mourut le 29 octobre de cette même année.

6800. Grolée (Pierre-Etienne de), seigneur de Villedieu et de Chodoville, lieutenant au régiment de Montboissier, fut blessé en montant à l'assaut au siége de Berg-op-Zoom en 1747.

6801. Grolée (Pierre, dit *le chevalier de*), seigneur de Sainte-Colombe, d'Ussel et de Quintinine, chevalier de Saint-Louis, capitaine au régiment de Dauphiné et major commandant à Aigues-Mortes, eut un bras fracassé de deux coups de feu à la bataille de Rosbach en 1757.

Famille du Dauphiné : gironné d'or et de sable.

6802. Grolet (le s^r de), enseigne au régiment de Normandie, tué au siége de Verceil en 1704.

6803. Grollier (Antoine), tué au siége de Naples en 1528.

6804. Grollier (Nicolas), seigneur de Servière, lieutenant-colonel du régiment d'Aiguebonne, major de Turin et commandant à Pignerol, eut un œil crevé au siége de Verceil en

1638, n'ayant encore alors qu'environ 14 ans, et il y reçut de plus sept coups de fusil à travers le corps : il mourut à Lyon au mois d'octobre 1689.

6805. Grollier (Nicolas), seigneur de Belar, capitaine de dragons, tué à la bataille de Steinkerque en 1692.

> Famille du Lyonnois à laquelle appartenoit sans doute le célèbre bibliophile et riche banquier du XVIe siècle : d'azur à trois besans d'or surmontés chacun d'une étoile de même.

6806. Gromorède (le s[r] de), capitaine au régiment de royal vaisseau, tué au siége de Namur en 1692.

6807. Gronis (le s[r] de), sous-lieutenant des grenadiers à cheval, tué au même siége en 1692.

6808. Gronnière (le s[r] de), gendarme de la garde du roy, blessé au combat de Leuze en 1691.

6809. Grosbois (Macé de), chevalier, tué à la bataille de Poitiers en 1356.

6810. Groseliers (Jacques des), seigneur de Saint-Léger, capitaine de deux cents hommes de pied sous le vicomte de Heilly, tué au siége de Chartres en 1591.

6811. Groseliers (François des), capitaine de cavalerie, reçut plusieurs blessures dans les guerres de Louis XIV.

6812. Grosloy (du), lieutenant de vaisseau du port de Rochefort, tué à la Hogue sur *le Soleil-Royal*, le 29 mai 1692.

6813. Grosman (le capitaine Alexandre), de Thun, tué au service du roy dans les guerres d'Italie en 1524, fut enterré à Novare.

6814. Grosseteste (Pierre-François de), chevalier de Saint-Louis, lieutenant au régiment de la marine, fut blessé en sortant de l'Orient dans le combat de la frégate *la Capricieuse* contre deux frégates angloises, le 4 juillet 1780.

6815. Grosseteste de Jouy (Nicolas-Louis de), chevalier commandeur de l'ordre royal et militaire de Saint-Louis, mestre de camp, lieutenant du régiment d'Orléans-cavalerie et maréchal de camp, fut blessé à la bataille d'Hochstett.

Il y a un Grosseteste qni soutint le siége de Villena en 1707 et qui fut félicité de sa belle conduite par une lettre du maréchal de Berwick.

6816. Grossolles (Antoine de), marquis de Flamarens, baron de Montastruc, tué au combat de la porte Saint-Antoine dans le parti de M. le prince en 1652.

C'est le Tyrcis qu'a célébré dans ses élégies la marquise de la Suze, Henriette de Coligny.

6817. Grossolles (Emmanuel-Félix de), marquis de Flamarens, fils du précédent, guidon des gendarmes anglois, tué au combat de Luzerne en 1702.

6818. Grossolles (Agesilas-Joseph de), marquis de Flamarens, chevalier de Saint-Louis, ancien capitaine de gendarmerie, maréchal de camp en 1780 et lieutenant général des provinces de Saintonge et d'Aunis, fut blessé d'un coup de feu à la bataille de Minden en 1759.

6819. Grossolles (le chevalier de), chevalier de Saint-Louis et lieutenant général d'artillerie en Roussillon et en Languedoc, mourut de la suite de ses blessures.

La maison de Grossolles de Flamerens, originaire de Guyenne : d'or au lion de gueules naissant d'une rivière d'argent, au chef d'azur, chargé de trois étoiles d'or : — a ses représentants.

6820. Gnouches (Jeannet de), gentilhomme du parti du roy, fut tué à l'assaut de Pont-Sainte-Maxence en 1465.

6821. Gnouches (Robert de), seigneur de Grouches et de Griboval, chevalier de l'ordre du roy, l'un de ses chambellans, gentilhomme ordinaire de sa chambre, capitaine de cinquante lances de ses ordonnances, mestre de camp d'un régiment entretenu, gouverneur du château de Pont-de-Remy et bailly de Valois, fut grièvement blessé d'un coup de mousquet au siége de Dourlens en 1575.

6822. GROUCHES (Pierre de), chevalier, seigneur de Griboval, capitaine aux gardes-françoises et gentilhomme ordinaire de la chambre du roy, tué au siége de Saint-Omer en 1638.

> Messieurs de Grouches, seigneurs, puis marquis de Griboval et de Chépy, originaires de Picardie, portent : d'or à trois fasces de gueules.

6823. GROULT DE BEAUFORT (Louis-Hardouin de), seigneur de Bretonville et de Nèie, chevalier de Saint-Louis, capitaine et major du régiment Dauphin-infanterie, maître des exercices de guerre du roy Louis XIV, puis ingénieur en chef, fut blessé au siége de Besançon d'un coup de grenade à la main droite dont il resta estropié, et mourut en 1694.

6824. GROULT (Claude de), dit *le chevalier de Princé*, chevalier de Saint-Louis, lieutenant-colonel du régiment Dauphin, se trouva à presque toutes les affaires de son temps, y fut blessé et mourut en 1703.

6825. GROX (le sr de), capitaine au régiment de Rohan, blessé à la bataille de Rosbach en 1757.

6826. GROYE D'ALOIGNY (le marquis de la), capitaine de vaisseau, périt revenant de Canada sur le navire *le Saint-Jérome*, de la Rochelle, le ... 1743.

6827. GROYE (le sr de la), capitaine aux grenadiers de France, blessé le 24 avril 1762 à la journée de Grebenstein.

6828. GRUBER (le sr de), capitaine lieutenant au régiment suisse de Diesbach, fut blessé à la bataille de Laufeldt en 1747.

6829. Gruel de la Fiette (Gilles), chevalier de Malte, tué au combat de Castelnaudary en 163?.

6830. Gruel de la Fiette (François), son frère, tué pareillement au service et vers le même temps.

6831. Gruffi (le seigneur de), tué au combat de Naples en 1528.

6832. Gruniger (le capitaine), du canton d'Ury, capitaine au régiment de Tammann au service du roy, tué à la la bataille de Dreux en 1562.

6833. Gruture (le seigneur de la), tué au siége de Naples en 1528.

6834. Guacourt (le seigneur de), officier de grande réputation, dit de Thou, fut tué au siége de Poitiers en 1569.

6835. Guadancourt (le seigneur de), fut tué d'un coup de mousquet au siége de Dreux en 1592, presque aux pieds du roy, dit de Thou.

6836. Gualy Choffary (Pierre de), seigneur du Gua, lieutenant-colonel du régiment de Vienne-cavalerie, tué à la bataille de Spire en 1703.

6837. Gualy (Pierre de), seigneur du Gua, chevalier de Saint-Louis, major du régiment de Lemps, depuis Puysségur, blessé en 1744 à l'attaque des retranchements de Montalban, le fut encore au pont de Veisenfels le 31 octobre 1757.

Famille de Rouergue, d'or à une bande d'azur, chargée de trois roses d'argent, accompagnée de dix losanges de sable.

6838. Guarguesaile (René de), seigneur de Coulaines, enseigne de la compagnie de cinquante hommes d'armes du seigneur de la Roche du Maine, fut tué à la bataille de Saint-Quentin en 1557.

6839. GUARRIGUES (le sʳ), officier au régiment de Bettens-suisse, blessé à la bataille de Laufeldt en 1747.

6840. GUAST (Michel de), officier de galères, tué en 1633 dans le combat des quinze galères de France contre pareil nombre de celles d'Espagne.

GUAY-TROUIN (du). V. Trouin du Guay.

6841. GUAY DE CHAZAN (le baron du), lieutenant de vaisseau du port de Brest, mort sur *l'Atlas* le 23 novembre 1739.

6842. GUAY (le comte), lieutenant général, le 17 avril 1757, reçut plusieurs blessures à la tête et au corps ; aux siéges de Flandres en 1709, et au combat de M. de Lestanduère du 25 octobre 1747, commandant *le Terrible* ; blessé d'un coup de mitraille aux jambes en 1747; blessé à la main droite et à l'œil gauche sur *le Mars* en 1707 ; dans l'artillerie au siége de Douay; blessé au haut du bras gauche par une palissade en 1710— autre blessure d'un éclat de bombe qui lui coupa un doigt de la main gauche en 1710.
Famille de Bourgogne : d'azur au cheval gai d'argent.

6843. GUDER (Adam), de Berne, capitaine suisse au service de France et célèbre par sa bravoure, fut tué à la retraite de la Sessia en 1524.

6844. GUÉ (François du), vicomte de Mejusseaume cheva-lier de l'ordre du roy, gouverneur de Rennes et sous-lieute-nant de la compagnie des gendarmes du duc de Montpensier, fut blessé dans une action d'après une montre du 27 août 1575 où le nom n'est point désigné ; il mourut à Rennes le 5 septembre 1582.

6845. GUÉ (le sʳ du), chevalier de Saint-Louis, capitaine de grenadiers au régiment de Normandie, blessé en 1719 au siége de Saint-Sébastien, mourut peu de temps après.

Les vicomtes du Gué de Méjusseaume étoient de Bretagne et portoient d'argent à la croix engrelée de sable.

6846. Guêle (Charles de la), jeune homme de grande expérience, dit de Thou, tué sur le haut de la muraille au siége de Dreux en 1592.

6847. Guelton (le sr de), officier de vaisseau du roy, tué en 1756 à l'attaque générale de Mahon où il fit des prodiges de valeur.

6848. Guemadeuc (le seigneur de), fils du comte de Combourg, fut tué dans un combat contre les ligueurs en Bretagne en 1591, en courant de rang en rang pour encourager les soldats (de Thou).

6849. Guemadeuc (Armand-Jean-François de), lieutenant au régiment du roy-infanterie, tué à la bataille de Nerwinde en 1693.

6850. Guenant (Robert), capitaine de cavalerie, tué au siége de Lille.

6851. Guénard (le sr de), lieutenant au régiment de Normandie, blessé à la bataille de Clostercamps en 1760.

6852. Guénégaud (Gabriel de), comte de Montbrison, fut blessé au siége de Candie le 24 novembre 1668 d'une grenade dont il mourut le 9 décembre suivant.

6853. Guénégaud (Emmanuel de), son frère, dit *le chevalier de Plancy*, d'abord chevalier de Malte, puis chevalier de Saint-Louis en 1700, capitaine lieutenant des gendarmes de Bourgogne et maréchal de camp, blessé au combat de Senef en 1674, le fut encore grièvement à la bataille d'Hochstett en 1704, et mourut à Paris le 5 avril 1706.

6854. Guénégaud (N... de), marquis de Biville, tué au siége de Bonn en 1687.

6855. Guénégaud (le chevalier de), son frère, tué à la même bataille.

Famille du Bourbonnois et de Champagne : de gueules au lion d'or.

6856. Guenet (le s‌ʳ), lieutenant au régiment de Picardie, blessé au combat de Senef en 1674.

Famille de Normandie : d'azur au chevron d'or accompagné de trois dauphins d'argent.

6857. Guenif (Gourard), chevalier, tué à la bataille de Poitiers en 1356.

6858. Guéralion (le s‌ʳ de), capitaine au régiment de Champagne, blessé dans une affaire en 1643, le fut encore au siége de Lérida en 1646.

6859. Guérames (Burel de), tué à la bataille d'Azincourt en 1415.

6860. Guérande (le s‌ʳ de la), capitaine dans le bataillon de Dinan, fut blessé au siége de Lille sous Louis XV.

Guerbauval (de) et de Guerboal. V. de Greboval.

6861. Guerchois (le marquis de), chevalier de Saint-Louis, colonel du régiment de la marine en 1702, puis lieutenant général des armées du roy, blessé en 1734 à la bataille de Parme, mourut de sa blessure un mois après.

6862. Guérée (le s‌ʳ de), gendarme de la garde du roy, blessé à la bataille de Dettingen en 1743.

6863. Guérin (le s‌ʳ) lieutenant au régiment de Bourbonnois, blessé à la bataille de Fridelinghen en 1702.

6864. Guérin (le s‌ʳ), lieutenant de frégate auxiliaire, blessé le 4 juillet 1780 dans le combat de la frégate *la Capricieuse* contre deux frégates angloises en sortant de l'Orient.

6865. Guérin de Bruslard (Gaspard-Robert), chevalier de Saint-Louis, d'abord capitaine, puis lieutenant-colonel du régiment de Picardie, colonel des grenadiers royaux de Bruslard et maréchal de camp, blessé à la bataille de Parme en 1734 et à l'affaire de Dingelfingen en 1743, mourut le 12 janvier 1762.

6866. Guérin de Tamant (les sr), frères, capitaines de dragons, avoient été tués tous deux dans les guerres de Louis XIV.

6867. Guérin des Portes (François), chevalier de Saint-Louis, capitaine au régiment de Piémont, blessé à la défense de Prague en 1742.

6868. Guérin de Lugéac (Charles-Antoine), dit *le marquis de Lugéac*, baron de Breil, chevalier, grand-croix de l'ordre royal et militaire de Saint-Louis, lieutenant général des armées du roy, capitaine lieutenant des grenadiers à cheval, gouverneur de Toul et lieutenant général du Toulois, fut grièvement blessé en différentes actions, entre autres à la bataille de Raucoux en 1746, il mourut en 1782.

6869. Guérin de Moulineuf (Alphonse-Germain), lieutenant aux gardes-françoises, tué au siége de Fribourg en 1713.

Plusieurs familles du nom de Guérin en Normandie, en Bretagne, en Dauphiné, en Champagne, etc.

6870. Guéraisac (le sr de), garde de la marine, eut la main brûlée sur *l'Intrépide* dans le combat de M. de Kersaint en 1758.

6871. Guerbauval (le Ploutre de), ou Gerbauval *ou encore* Gerboval, ainsi nommé dans les chroniques d'Enguerrand de Monstrelet et qui fut tué aussi à la même bataille ; ne seroit-il pas encore un autre frère de ceux-ci.

6872. Guerbauval (Regnault de), tué à la même bataille.

6873. GUERBAUVAL (Guillebert de), tué à la même bataille.

6874. GUERBAUVAL (Baujois de), tué pareillement à la bataille d'Azincourt en 1415.

6875. GUÉRONCIÈRES (le s^r de la), capitaine au régiment de Poitou, blessé à la bataille de Rosbach en 1757.

6876. GUÉRONNIÈRE (le s^r de la), capitaine au régiment de Champagne, blessé en 1761 à la bataille de Fillinghausen.

6877. GUÉRONS (le s^r de), mousquetaire de la garde du roy, blessé au siége de Mons en 1691.

6878. GUÉROULT (Louis-François), seigneur de Guerbois, chevalier de Saint-Louis, capitaine de grenadiers au régiment de Châtillon, tué au siége d'Holst en 1747.

6879. GUÉROULT (Louis de), chevau-léger de la garde du roy, depuis commandant le ban et arrière-ban d'Alençon, fut dangereusement blessé au combat de la porte Saint-Antoine en 1652 où il eut aussi un cheval tué sous lui.

6880. GUÉROULT (Mathieu de), son fils, capitaine au régiment de Clairefontaine, mort dans la guerre d'Espagne le 17 octobre 1711.

6881. GUÉROULT (Mathieu de), seigneur de Boisrobert, lieutenant de grenadiers au régiment de Grancy, et depuis premier brigadier du détachement de la noblesse d'Alençon, quitta le service à raison des blessures qu'il avoit reçues à la bataille de Fleurus en 1690.

6882. GUÉROULT (Charles-Nicolas de), seigneur du Mênil, chevalier de Saint-Louis, capitaine au régiment de Champagne, ingénieur en chef et directeur des fortifications de Landrecies, eut la cuisse emportée au siége de Douay et le roy recommanda qu'on en eut soin comme d'un homme d'une bravoure et d'un mérite distingué, il mourut le 2? novembre 1754.

6883. Guéroult du Mênil (N... de), son frère, capitaine au régiment d'Artois, tué au service.

6884. Guéroult (Louis-Mathieu de), seigneur de Boisrobert, capitaine au régiment de Forez, tué dans la guerre d'Italie en 1734.

> La Famille Guéroult de Normandie dont il reste des représentants, porte : d'azur au chevron d'argent accompagné de trois glands versés d'or.

6885. Guéroust de Saint-Mars (Charles-René-Gaston de), chevalier de Saint-Louis, capitaine au régiment des carabiniers de Monsieur, obtint en 1786 une pension de retraite de mille livres motivée sur ses services et ses blessures.

6886. Guerrau (François de), seigneur de Bekens, capitaine au régiment de Saulx, tué au siége de Barcelone en 1697.

6887. Guerre (Jean de), dit *de la Croix*, seigneur de Guerre, capitaine de cavalerie, mort des blessures qu'il reçut au passage de Suze en 1536.

6888. Guerriers (le s^r de), lieutenant de la mestre de camp du régiment de Champagne, tué d'un coup de mousquet au siége de la Rochelle en 1573.

6889. Guerle d'Artigny (du), lieutenant de vaisseau du port de Rochefort, capitaine à Saint-Domingue, mort lieutenant de roy à Saint-Domingue, le 29 décembre 1698.

6890. Guery (le s^r de), exempt des gardes du corps, blessé au combat de Leuze en 1691.

6891. Gueschvind (le s^r), capitaine lieutenant au régiment de Brendlé-suisse, tué à la bataille de Malplaquet en 1709.

6892. Guesclin (Bertrand du), duc de Molines et de Transtamare, en Castille, comte de Longueville et de Burgos, connétable de France et de Castille, chambellan ordinaire du roy, capitaine de cent lances de ses ordonnances et gouverneur de Pontorson, se cassa un os de la jambe en voulant monter sur la muraille lorsqu'il mena un corps de Bretons à Jean de Saintes, qui vouloit assiéger le château de d'Essay; il fut aussi jeté d'un échelon à bas au siége de Melun comme il vouloit escalader le mur. Le connétable dont le nom étoit la terreur des ennemis de la France, mourut le 13 juillet 1380, le roy Charles V le fit enterrer à Saint-Denis près du tombeau qu'il y avoit fait élever pour lui-même ; il avoit encore reçu plusieurs blessures à la bataille d'Auray en 1364.

6893. Guesclin (René du), seigneur de Beaucé, d'Anvers et de Deffays, lieutenant au régiment du roy-infanterie, puis capitaine dans celui de Sessac-cavalerie, blessé à l'épaule droite au combat d'Ensheimen 1674, mourut en 1714.

6894. Guesclin (Bertrand-Olivier-Marie du), sous-lieutenant de gendarmerie, fut blessé au pied à la bataille de Fontenoy en 1745.

> L'illustre famille de ce nom étoit de Bretagne, éteinte seulement au commencement de ce siècle, portoit : d'argent à l'aigle éployée de sable becquée et membrée de gueules, à la cotice du même brochant sur tout. *Devise :* DAT VIRTUS QUOD FORMA NEGAT.

6895. Guesdon (Olivier de), seigneur d'Esclavolles et de Chamois, vicomte de Saconnay, chevalier de l'ordre du roy, gentilhomme ordinaire de sa chambre, capitaine de cinquante hommes d'armes de ses ordonnances, mestre de camp d'un régiment d'infanterie, bailly de la Montagne, gouverneur de Dunkerque, de Toul et de Sainte-Menehould, tué à la bataille de Senlis en 1578.

6896. Guette Monstreuil (le sr de la), tué au siége de Fontarabie en 1638. (*Mercure* de cette année.)

6897. Gugelberg (le capitaine Jean de), de Moas, officier suisse au service de France, tué au combat de Marciano en 1554.

6898. Gugger (Georges), de Soleure, lieutenant de grenadiers au régiment de la Cour-au-Chantre, blessé à la cuisse au siége d'Ostende en 1745.

6899. Guibal de Salvert (Jacques-Zacharie), chevalier de Saint-Louis, d'abord gendarme de la garde du roy, puis lieutenant-colonel et grand prévôt de Poitou, fut blessé en 1743 à la bataille de Dettingen d'un coup de feu à une jambe, et son cheval le fut aussi d'un coup de fusil à une cuisse et de deux coups de bayonnette dans le poitrail.

6900. Guichard, brigadier de la compagnie d'Harcourt, blessé à l'affaire de Dettingen le 27 juin 1743.

6901. Guiche (Jean de la), homme d'armes de la compagnie d'ordonnances du connétable de Montmorency, fut tué au combat de la Bicoque en 1522.

6902. Guiche (Gabriel de la), seigneur de la Guiche, chevalier de l'ordre du roy, gentilhomme ordinaire de sa chambre, capitaine de cinquante hommes d'armes de ses ordonnances, bailly de Mâcon, gouverneur de Bresse et de Bugey, reçut à la bataille de Pavie en 1525 une arquebusade qui lui froissa l'os du bras gauche en dessus du coude, il mourut en 1559.

6903. Guiche (Charles de la), seigneur de Saint-Aubin et de la Perrieu, chevalier de l'ordre du roy, enseigne des cent gentilshommes de la maison, mourut en 1569 des blessures qu'il reçut à la bataille de Moncontour où il eut aussi un cheval tué sous lui.

6904. Guiche (Claude de la), seigneur de Saint-Géran, chevalier de l'ordre du roy, gentilhomme ordinaire de sa

chambre, capitaine de cinquante hommes d'armes de ses
ordonnances et mestre de camp d'un régiment d'infanterie,
fut blessé à l'assaut de Mazères en 1569 (à une jambe ou dans
une cuisse) dit Montluc, et mourut le 2 janvier 1592.

6905. GUICHE (Antoine de la), lieutenant de la compagnie,
colonel du seigneur Strozzy, fut tué au siége de Saint-Lô en
1574.

6906. GUICHE (Jean-Baptiste de la), capitaine au régiment
de Languedoc, tué dans un combat devant Montpellier contre
les religionnaires (vraisemblablement dans celui que l'histoire de Languedoc désigne à l'époque de 1577).

6907. GUICHE (Jean-François de la), seigneur de Saint-
Géran, comte de la Palice, maréchal de France, chevalier
des ordres du roy, conseiller en son conseil privé, capitaine
de cent hommes d'armes, sénéchal et gouverneur de Bourbonnois, gouverneur de Moulins et blessé à la tête au siége
de Gouërn en 1592, le fut encore en 1597 au siége d'Amiens
où il eut quatre chevaux tués sous lui, il mourut le 2 décembre 1632 au château de la Palice, dont il avoit épousé l'héritière, Anne de Tournon fille de Just, seigneur de Tournon et
d'Eléonore de Chabannes, dame de la Palice.

6908. GUICHE (Bernard de la), comte de Saint-Géran, chevalier des ordres du roy et lieutenant général de ses armées,
fut si grièvement blessé à la tête, en 1674 au siége de Besançon, par le crâne du marquis de Bernyhen, colonel du
régiment Dauphin, qui fut emporté d'une volée de canon,
qu'il fallut le trépaner lui-même, il mourut subitement
à quelque temps de là, dans l'église Saint-Paul, à Paris, le
18 mars 1675, en sortant de confesse.

6909. GUICHE (Antoine-Gabriel de la), capitaine de vaisseau,
périt en 1692 au détroit de Gibraltar sur le vaisseau *le Sage*

qu'il commandoit et qu'il ne voulut jamais abandonner quoiqu'il fut ouvert de tous côtés par une horrible tempête.

6910. Guiche (Claude-Elisabeth, marquis de la), comte de
Sévignon, baron du Rousset, capitaine au régiment, mestre
de camp général cavalerie, reçut à la bataille de Malplaquet
en 1709, quatorze et suivant d'autres vingt-quatre blessures
qui le mirent hors d'état de continuer le service.

6911. Guiche Chawy (le chevalier de la), du port de Toulon,
capitaine de vaisseau, noyé près le détroit, commandant
le Sage, le 19 avril 1692.

> Noble et ancienne famille de Bourgogne dont la descendance est
> établie depuis le XIIIe siècle. MM. de la Guiche étoient seigneurs de la
> Guiche de Rontou et de Chaumont en Charolois d'où sont sortis les
> comtes de Saint-Géran, et les seigneurs de Sévignon. Les plus belles
> alliances ont illustré cette maison dont les armes étoient : de sinople au
> sautoir d'or.

6912. Guictry (le seigneur de), fut tué à la bataille de
Verneuil en 1424 (2e volume de Monstrelet, Paris 1600, p. 15
verso; cet article paroît concerner la maison de Chaumont de
Guitry.

6913. Guider (le sr), aide-major au régiment d'Erlack, tué
au siége de Puycerda en 1678.

6914. Guiersan (le sr de), capitaine au régiment de Guyenne,
tué à la défense d'Aire en 1710.

6915. Guiffrey (François de), chevalier, seigneur de Boutières, tué en Italie d'un coup de canon (l'on présume que ce
fut sous François 1er ou Henry II).

6916. Guiffrey de Boutières (N... de), guidon de la compagnie des gendarmes du seigneur de Gardes (fils du célèbre
Broutières qui s'acquit tant de gloire au combat de Carignan),
fut tué près du Pousin, dans une affaire contre Montbrun en
1570.

6917. Guiffrey (Pierre-Aimé de), comte de Marcieu, chevalier, commandeur de l'ordre royal et militaire de Saint-Louis, lieutenant général des armées du roy, gouverneur de Valence, commandant en Dauphiné, et ci-devant colonel lieutenant du régiment royal des vaisseaux, fut blessé à l'affaire de Clausen en 1745.

> Famille du Dauphiné : d'or à la bande de gueules, chargé d'un griffon d'argent.

6918. Guignard (Pierre-Marie de), chevalier, seigneur de Laleux en Forez, maréchal des camps et armées, gouverneur de Turin pour le roy Louis XIII et de Courtray pour le roi Louis XIV, mort de ses blessures à la suite du combat de Guines, en Savoie.

6919. Guilhem (le sr de), lieutenant, commandant le détachement du régiment du Cap, fut blessé d'un coup de feu dans la poitrine au combat de *l'Amozone* contre une frégate angloise, le 20 juillet 1782.

> Les Guilhem de Guyenne et Languedoc, portoient : losangé d'argent et d'azur.

6920. Guillaume (le sr), lieutenant au régiment de la Guadeloupe, tué au siége de Savannah en 1779.

6921. Guillaume de Chavaudon de Saint-Maure (Louis), lieutenant au régiment du roy-infanterie, tué à la bataille de Fontenoy en 1745.

> Les Guillaume de Chavaudon, étoient de Champagne et portoient : d'azur au chevron d'or, accompagné de trois besans du même. Mais il y avoit d'autres familles de ce nom de Guillaume en plusieurs provinces.

6922. Guille (le sr de), capitaine du régiment Bourbonnois, blessé au siége de Mayence en 1689.

6923. Guillem de Cary (François-Ignace), chevalier de Saint-Louis, capitaine au régiment de Piémont, blessé à la bataille de Minden en 1759.

6924. Guillem de la Paivère (Vital-César), son frère, chevalier de Saint-Louis, capitaine de grenadiers au même
régiment, blessé à la bataille de Rosbach en 1757, mourut à
Wesel au mois de décembre 1762.

6925. Guillem (Jean-Baptiste), chevalier de la Paivère, son
autre frère, capitaine au même régiment, blessé à la bataille
de Berghen en 1759. (V. de la Peyrère au cas de rapport
avec cette famille.)

Les Guillem de Montjustin du comtat Venaissin devoient être de cette
famille.

6926. Guillens (de), enseigne de vaisseau du port de
Brest, mort aux isles le ... 1692.

6927. Guillet, capitaine de flûte du port de Rochefort,
mort aux Indes commandant le lougre *le Gaillot*, le 1er mai
1714.

6928. Guillemart (le sr), capitaine au régiment de Champagne, tué au siége de la Rochelle en 1573.

6929. Guilleminot (Jean-Baptiste), chevalier de Saint-Louis,
quartier-maître avec rang de capitaine dans les carabiniers,
blessé à la bataille de Minden en 1759.

6930. Guillier (le sr), capitaine, aide-major au régiment
de Briqueville, mort des blessures qu'il reçut au siége du
fort Saint-Philippe en 1756.

6931. Guillier de la Motte (Jean-François), capitaine au
régiment du Maine, tué au service.

6932. Guillier de Moulan (Antoine-Victor), son frère, capitaine de grenadiers au régiment de Listenois, tué à la bataille de Steinkerque en 1692.

6933. Guillier (Philibert), autre frère, seigneur de la

Motte, chevalier de Saint-Louis, lieutenant-colonel du régiment de Cavanne-infanterie, se retira après 42 ans de service, affaibli par les blessures qu'il avoit reçues dans les guerres de Louis XIV, et mourut le 30 mars 1725.

6934. GUILLIER (Pierre-Adam), autre frère, seigneur de la Motte, brigadier des armées du roy, lieutenant-colonel du régiment royal-Comtois, lieutenant de roy d'Auxonne et chevalier de Saint-Louis par provisions du 1er janvier 1705, motivées sur les blessures qu'il avoit reçues au service ; mourut le 3 mai 170.i.

6935. GUILLIER DE PÉRIGNY (Philibert), capitaine au même régiment, tué dans la guerre d'Italie en 1734.

Plusieurs familles de ce nom. Les Guillier de Bourgogne : d'azur à la bande dentelée d'argent.

6936. GUILLON (François), seigneur des Essars, capitaine aux gardes-françoises, tué au siége de la Mothe en Lorraine (l'on présume que ce fut à celui de 1634).

6937. GUILLON (le chevalier), lieutenant des gardes, blessé en 1644 au siége de Gravelines. (*Mercure* de 1644.)

Est-ce le même que le sieur Guillon, exempt des gardes du corps qui fut blessé au combat de Kockeberg, le 16 octobre 1697?

6938. GUILLON (le chevalier), chevalier de Saint-Louis, major des troupes de l'armée, fut tué sur le vaisseau *le Comte d'Artois*, le 13 août 1780, dans le combat qu'il soutint à la vue des côtes d'Irlande contre deux vaisseaux anglois à deux batteries.

6939. GUILLOTIN (le sr), lieutenant de frégate, blessé le 4 janvier 1781 dans le combat de *la Minerve* contre deux vaisseaux ennemis de 74 canons.

GUILLOUX D'ORVILLIERS. V. D'ORVILLIERS.

6940. Guilly (le s^r), capitaine au régiment de Touraine, blessé à la bataille de Minden en 1759.

6941. Guimont (Claude), seigneur de la Mahitière, capitaine au régiment d'Auvergne, mourut criblé de blessures dans les guerres de Louis XIV.

Guinaudeau de Montigny (de). V. de Montigny.

6942. Guinement de Keralio (le s^r), chevalier de Saint-Louis, colonel d'infanterie à la suite du régiment d'Aquitaine, obtint en 1756 une pension du roy, motivée sur ses services et ses blessures.

6943. Guinottière (le s^r de la), mousquetaire de la garde du roy, blessé au siége de Maëstrick en 1673.

6944. Guinpié (le s^r de), capitaine au régiment de Piémont, tué au siége d'Arras en 1654.

6945. Guintrand (le s^r de), capitaine au régiment de Béarn, blessé au combat de Warbourg en 1760.

6946. Guintrand (Nicolas-Honoré de), chevalier de Saint-Louis, capitaine au régiment de Baufremont-dragons, puis maréchal de camp, fut blessé en 1761 dans l'armée de Broglie.

6947. Guinuccus (Jérôme de), chevalier de l'ordre du roy et de celui du pape et gouverneur de Cavaillon, mourut de ses blessures en 1575.

6948. Guion de la Chevallerie (Louis-René), enseigne aux gardes-françoises, tué à la bataille de Dettingen en 1743.

6949. Guion de Geis (Guillaume de), seigneur de Pampellone, commandant au château de Chomerac, ayant été assiégé en 1621 par Blacon, gouverneur du Vivarois pour les protestants, il ne traita de la reddition de cette place qu'après avoir eu la cuisse cassée d'un coup d'arquebuse, et il en sortit avec tous les honneurs de la guerre.

6950. Guion (le s[r] du), gendarme de la garde du roy, blessé à la bataille de Dettingen en 1743.

6951. Guiot (Robert), dit *le chevalier de Montbon*, major du régiment de Montbas-cavalerie dont son cousin le vicomte de Montbas étoit colonel, fut tué à la bataille de la Marsaille en 1693

6952. Guiot (Pierre), son frère, seigneur de Brest, tué au combat de Luzerne en 1702.

6953. Guiramand (N... de), tué en 1638 au combat des quinze galères de France contre pareil nombre de celles d'Espagne.

6954. Guiry (N... de), major du régiment de Normandie, blessé au secours de Woërden en 1672.

6955. Guiry (Louis, dit *le comte de*), chevalier de Saint-Louis, lieutenant-colonel au corps des carabiniers, lieutenant général de la province d'Aunis, maréchal de camp en 1748, gouverneur d'Oléron, de l'isle de Rhé et de la Rochelle, fut blessé à la bataille de Dettingen en 1743.

6956. Guiscard (Georges de), dit *le comte de la Bourlie*, comte de Neuvy-sur-Loire, lieutenant général des armées du roy, conseiller d'Etat d'épée, gouverneur et grand bailly de Sedan, commandant à Raucourt, à Saint-Menges, à Donchery, à Mouzon et à Dunkerque, et sous-gouverneur de Louis XIV, eut une jambe cassée d'un coup de mousquet en 1637 à la descente des îles de Sainte-Marguerite et de Saint-Honorat, et obtint en 1644 une pension de 2,000 fr. en considération de ses grandes blessures, il mourut le 9 décembre 1693.

6957. Guiscard (Jean-Georges de), dit *le marquis de la Bourlie*, capitaine aux gardes-françoises, puis colonel du régiment de Normandie, blessé d'un coup de mousquet à la tête à la défense de Grave en 1674, reçut encore un autre coup à travers le corps au siége d'Ypres en 1678 ; il mourut le 28 juin 1712.

6958. Guiscard (Louis, dit *le comte de*), son frère, marquis de Guiscard-Magny, chevalier des ordres du roy, lieutenant général de ses armées, gouverneur de Sedan et de Nancy, ambassadeur en Suède, et précédemment colonel du régiment de Normandie, fut grièvement blessé d'un coup de feu dans l'aisselle au siége de Grave en 1676, où il eut aussi quelques contusions ; il fut encore blessé au siége de Boucharri en 1676 et à celuy du fort de Kell en 1678 : il mourut au mois de décembre 1720.

> La *Chronologie militaire*, la *Gazette de France* et les mémoires du temps abondent en renseignements sur les actions d'éclat des comtes et marquis de Guiscard, comme aussi de l'abbé de la Bourlie, cet étrange personnage mort en prison à Londres le 28 mars 1711.

6959. Guisclin (de), exempt de la compagnie d'Harcourt de la maison du roi, tué à l'affaire de Dettingen le 27 juin 1743.

6960. Guislain (Jean de), tué au siége de Lunéville.

6961. Guislain (Bernard de), son frère, seigneur d'Audericourt, capitaine au régiment du Plessis-Pralin-infanterie, mourut de ses blessures à Paris, ayant perdu les deux yeux au secours d'Arras en 1640.

6962. Guislain (Jacques de), de la Barre, capitaine de cavalerie au régiment royal-étranger, tué dans les guerres de Louis XIV.

6963. Guislain (Alexandre de), seigneur de la Vérüe, lieutenant au régiment colonel de la cavalerie légère, mourut aussi de la suite des blessures qu'il reçut sous ce règne.

6964. GUISLAIN (Claude-Alexandre de), son fils, seigneur de la Vérüe, chevalier, commandeur de l'ordre royal et militaire de Saint-Louis, lieutenant général des armées du roy et gouverneur de Nîmes, mourut au mois d'avril 1719 de la suite des blessures qu'il avoit également reçues dans ce même règne dans le cours de 55 années de service.

6965. GUISTELLE (Louis de), chevalier, tué à la bataille d'Azincourt en 1415.

6966. GUITAL (le sr), gendarme de la garde du roy, blessé à la bataille de Dettingen en 1743.

6967. GUITONNIÈRE (le sr de la), capitaine au régiment de Normandie, blessé au siége de Philisbourg en 1688.

GUITRY (de). V. de Guictry.

6968. GUITTANCOURT, capitaine au régiment de la Couronne, tué au siége de Bonn le... 1703.

6969. GUITTARD (de), enseigne de vaisseau du port de Rochefort, mort à Collioure, revenant de Gibraltar sur l'*Heureux*, le... juillet 1705.

6970. GUITTARD DE RYBEYROLLES, enseigne de vaisseau du port de Rochefort, mort sur l'*Hermione* le... juin 1751.

6971. GUIZELIN (le sr de), chevau-léger de la garde du roy, tué à la bataille de Dettingen en 1743.

6972. GULER (le capitaine Jean), officier suisse au service du roy, tué au combat de Marciano en 1554.

6973. GUMEVILLE (N... de), marquis de Montpapoal, cornette

de la première compagnie des mousquetaires, grièvement blessé au siége de Maëstrick en 1673, mourut en 1681.

6974. Guntzer (Maximilien, baron de), chevalier de Saint-Louis, mestre de camp de cavalerie, aide-maréchal général des logis de la cavalerie en 1762, et depuis maréchal de camp, fut blessé à la bataille de Sundershausen en 1758, et mourut en 1774.

6975. Gurat (le seigneur de), tué à la bataille de Coutras en 1587.

6976. Gurin (le s^r de), lieutenant au régiment de Navarre, tué en 1709 à la bataille de Malplaquet.

6977. Guy (le capitaine Emard), de Neuchâtel, capitaine d'une compagnie suisse, tué en 1576 au siége de Saint-Verne-des-Bois, ville appartenant au duc de Nevers.

6978. Guy (le s^r), enseigne de vaisseau, tué sur le *Saint-Louis*, dans le combat du comte d'Aché, aux Indes, en 1758.

6979. Guy (le s^r), volontaire d'honneur de l'Isle-de-France, tué dans le même combat sur *le Zodiaque*.

6980. Guyot (le s^r), lieutenant au régiment de Béarn, blessé au siége de Hulst en 1747.

6981. Gyldenstobre (le s^r), lieutenant au régiment d'Anhalt, blessé d'un boulet de canon au bras à la bataille de Minden en 1757.

H

6982. Hab (le s^r), de Zurich, capitaine au régiment de Raha-suisse, tué au siége de Lérida en 1646.

6983. Habert (Philippe), commissaire d'artillerie, tué au siége du château d'Emeric sur la Sambre en 1637.

S'étoit trouvé aux plus remarquables occasions de ce temps-là, à la bataille d'Avein, au passage de Bray, aux siéges de la Mothe, de Nancy, et de Landrecies. Mais l'année 1737, au siége du château d'Emeric, entre Mons et Valenciennes, où il avoit la conduite des munitions de guerre, la mèche d'un soldat étant tombée sur un tonneau de poudre, fit sauter une muraille sous les ruines de laquelle il fut écrasé. — Il étoit de l'Académie françoise et est auteur de plusieurs ouvrages bien accueillis dans le temps.

6984. Habert (Louis), gendarme de la garde du roy, tué au combat de Leuze en 1691.

Deux familles de ce nom : les Habert de la Haini en Bretagne, et les Habert de Montmort en Champagne ; ces derniers : d'azur au chevron d'or accompagnée de trois anilles d'argent.

6985. Haccard du Bourg (Pierre-Joseph), quartier maître au régiment royal-infanterie, dangereusement blessé à la retraite de Bavière en 1743, le fut aussi au siége de Berg-op-Zoom en 1707.

6985 *bis*. Haecx (Claude-Alexis de), chevalier de Saint-Louis, brigadier des armées du roy, lieutenant colonel du régiment de la Sarre et lieutenant de roy de Phalsbourg, reçut un grand nombre de blessures dans les différentes actions où il se trouva, soit batailles ou siéges, et mourut à Phalsboug le 7 novembre 1716.

6986. Haecx (Alexis-Simon de), chevalier de Malte, et capitaine au régiment des Landes-infanterie, tué à l'affaire de l'Assiette en 1747.

Famille de Flandre : fascé de sable et d'or de quatre pièces.

6986 *bis*. Hagé (du), lieutenant au régiment du Mayne, blessé au siége de Mayence en septembre 1689.

6987. Hainaut (sire Jean, *fils aîné* du comte de), tué à la bataille de Courtray 130   (*Chronique* de Flandres).

6988. Hais (Léonor-Antoine-André des), tué à la bataille de Berghen en 1759.

Voy. Hays (de).

6989. Haize (le s^r d'), capitaine au régiment de Champagne, blessé aux batailles de Parme et de Guastalla en 1734, mourut à Thesbac en 1742.

6990. Halgoet (le chevalier du), lieutenant de vaisseau du port de Brest, mort au fort royal de la Martinique, revenant de Siam, le 23 octobre 1690.

6991. Halegoet (le chevalier du), capitaine au régiment de Béarn, tué à la bataille de Crewelt en 1758. (V. de Cargrez, au cas que ce soit la même famille, ce que l'on est très-fondé à croire.)

Les Halegoët de Bretagne : d'azur au lion morné d'or, avoient pour devise : *Koreguenhag Haléguec* (blanc comme du saule).

Hallay-d'Andigné (du). (V. d'Andigné du Hallay, *au Supplément*.)

6992. Hallebout (Marc-Antoine de), chevalier de Saint-Louis, lieutenant-colonel du régiment de la Tour-du-Pin avec rang de colonel et maréchal de camp en 1767, blessé de trois coups de feu à la bataille de Dettingen en 1743, eut encore deux contusions au siége d'Ypres en 1744, et une autre au siége d'Hulst en 1747, où il fut aussi blessé d'un coup de feu.

6993. Hallé de Freteville, lieutenant de vaisseau du port de Brest, noyé à Bancok, commandant les troupes de la campagne de Siam, le 3 octobre 1688.

6994. Hallier (le s^r du), capitaine au régiment de Navarre, blessé aux batailles de Senef et de Cassel en 1674 et 1677.

6995. Hallot (Claude de), seigneur de Meiouville, maréchal de camp, gouverneur de Saint-Amour et de Partenay, tué au combat de Saint-Aigné en Franche-Comté en 1637.

6996. Hallot de l'Etourville (Louis-René de), lieutenant aux gardes-françoises, tué dans les guerres de Louis XIV, et l'un des trois frères, au siége de Maëstrick en 1673.

6997. Hallot de l'Etourville (Maximilien de), son frère, lieutenant aux gardes-françoises, tué dans les mêmes guerres.

6998. Hallot de l'Etourville (Pierre de), autre frère, lieutenant aux gardes-françoises, tué dans les mêmes guerres.

6999. Hallot de Donville, enseigne de vaisseau du port de Brest, noyé sur l'*Oriflamme* le dernier février 1691.

7000. Hallot (Charles de), lieutenant au même régiment, tué au siége de Fribourg en 1713.

7001. Hallot (Pierre de), tué dans l'armée d'Italie, sous Louis XII.

> Famille de l'isle de France : d'argent à deux fasces de sable accompagnées de trois annelets du même, rangés en chef.

7002. Hallweil (François-Gaspard, *comte* de), de Soleure, chevalier de Saint-Louis, premier lieutenant aux gardes-suisses, avec rang de colonel, blessé à la bataille de Fontenoy en 1745.

7003. Halwin (Roland de), fut tué par les Anglois en 1337, étant au service du roi Philippe de Valois.

7004. Halwin (Antoine de), seigneur de Bugënhoult et de Maignelai, grand-louvetier de France, chevalier de l'ordre du roy, gentilhomme ordinaire de sa chambre et capitaine de 50 hommes d'armes de ses ordonnances, blessé en 1523 à l'assaut et à la prise de Bailleul le Montifat, tué au siége de Thérouanne en 1553.

7005. Halwin (Florent de), son fils, seigneur de Piennes, fut tué au même siége.

7006. Halwin (Charles, duc de), pair de France, seigneur de Piennes, chevalier des ordres du roy, conseiller en son conseil privé, gentilhomme ordinaire de sa chambre, capitaine de cent hommes d'armes de ses ordonnances, gouverneur de Picardie, de Metz et du pays Messin, blessé au siége de Metz en 1552, le fut encore d'une arquebusade à la jambe à la prise de Valence, en Piémont ; l'historien de l'ordre du Saint-Esprit observe qu'il fut le gentilhomme du royaume qui pouvoit se vanter d'avoir le plus versé de sang pour le service de ses roys ; il se trouva à quinze siéges et à onze batailles ou combats où il fut toujours blessé.

7007. Halwin (Florimond de), marquis de Maignelai, fut blessé d'un coup d'arquebuse au siége de la Fère en 1580.

7008. Halwin (Robert de), seigneur de Roussoy, guidon de la compagnie des gendarmes du duc de Joyeuse, tué à la bataille de Coutras en 1587.

7009. Halwin (Florimond d'), marquis de Maignelai, gouverneur de la Fère, assassiné en 1591 par Colas, vice-sénéchal de Montélimar, assisté des gens du duc de Mayence.

7010. Halwin (Léonor de), son frère, seigneur de Roussoy, gouverneur de Dourlens, tué à la prise de Dourlens en 1595.

7011. Halwin (Charles de), son autre frère, comte de Dinan, tué à la prise de Dourlens en 1595.

7012. Halwin (Nicolas de), seigneur d'Attin, dit *le capitaine Attin*, gentilhomme ordinaire de la chambre du roy et capitaine des gardes du duc d'Aumale, obtint du roy au mois de janvier 1460 une gratification de 500 fr. motivée sur ce qu'il avoit été grièvement blessé dans une escarmouche, près les moulins à vent du faubourg Saint-Denis; il mourut le 28 juin 1578.

> Maison d'ancienne souche de Picardie qui tiroit son nom de Halleim, aujourd'hui Magnelay, près de Noyon, qui a eu titre de marquisat et de duché. De Rolland, tué en 1337, sont descendus les sieurs de Piennes, marquis de Maignelai, ducs d'Halluin, sieurs d'Eclebecq Ouali, etc. — D'argent à trois lions de sable armés et lampassés d'or, 2 et 1. (Voir *Recherches de Picardie. — Les Antiquités de la ville d'Amiens*, par la Morlière et le P. Anselme.)

7013. Ham (le s^r), lieutenant de vaisseau suédois au service de France, tué au combat du comte de Grasse en Amérique au mois de décembre 1781.

7014. Hamel (Jean de), seigneur de Bellenglise, tué à la bataille d'Azincourt en 1415.

7015. Hamel (Charles de), seigneur de Bellenglise, tué en 1630 au siége de Cassel où il fit des prodiges de valeur.

> Les de Hamel de Bellenglise, de la province d'Artois, prenoient pour devise : Qui s'y frotte s'y pique.

7016. Hamel (le s^r du), mousquetaire de la garde du roy, blessé au siége de Maëstrick en 1673.

7017. Hamel (Hermen du), seigneur de Forgeville, sous-brigadier de la première compagnie des mousquetaires, fut blessé à la jambe en 1673 d'un éclat de grenade au siége de Waterchlus ou Wesel, où il fut détaché dans les mousquetaires de Cologne avec les Enfants-perdus, pour faire lever le siége au prince Maurice.

7018. Hamel (Adrien du), seigneur de la Prunerie, lieutenant au régiment de bombardiers du roy, blessé au siége de Philisbourg en 1688 et d'un coup de mousquet au ventre à la bataille de Fleurus en 1690.

7019. Hamel-Pernalle (le s^r), capitaine au régiment de

Pontchâteau, blessé devant Aire, dans la nuit du 20 au 21 juin 1641.

7020. Hamel (de), sous-lieutenant de galiote et d'artillerie du port de Rochefort, mort sur *le Dromadaire* commandé par M. le comte des Gouttes le 20 octobre 1724.

> Plusieurs familles de ce nom, en Picardie, Champagne et Guyenne, Normandie, Bretagne, etc. Ceux de Champagne, d'argent à la bande de sable, chargée de trois sautoirs d'or. On a imprimé le *Tableau généalogique des différentes branches et rameaux de la maison de Hamel, en Picardie, Champagne et Guyenne*, Paris, s.-d. in-folio ; puis *la généalogie de la maison du Hamel, dressée sur titres originaux* par Saint-Pons et Laisné. Les du Hamel de Bellenglise: de gueules au chef d'or chargée de trois molettes de sable. *Devise* : qui s'y frotte s'y pique. — Une branche des du Hamel de Normandie, ou ce nom est porté, a pour devise : *Tout ou rien.*

7021. Hamelin (Louis de), baron de Bouloire, tué au service (probablement sous le règne de Louis XIII).

7022. Hamelin (François de), son frère, tué de même au service.

7023. Hamelleton (Guillaume), chevalier; Alain Chartier le met au nombre des officiers françois qui furent tués à la bataille de Crévant en 1423. (V. Hamilton, peut-être de la même maison.)

7024. Hames (Robert de), seigneur de Hames, chevalier, conseiller, chambellan ordinaire du roy et du duc de Bourgogne, tué à la bataille d'Azincourt en 1415.

7025. Hames (le s^r de), cornette de la compagnie de M. de Villequier, tué au siége de Saint-Omer le 23 juin 1638. (*Mercure* de 1638.)

7026. Hames (le s^r de), lieutenant-colonel du régiment de Navarre, blessé au combat de Senef en 1674.

7027. Hames (le s^r de), capitaine au même régiment, blessé au même combat.

7028. Hames (le s^r de), lieutenant au même régiment, tué au siége de Luxembourg en 1674.

Famille de l'Artois : vairé contre vairé d'or et d'azur.

7029. Hamgard (Carnel de), tué à la bataille d'Azincourt en 1415. (V. de Hangières.)

Ce nom paroît défiguré.

7030. Hamilton-Albercorne (Georges d'), *dit le comte d'Hamilton*, maréchal de camp et capitaine lieutenant des gendarmes anglois, blessé à l'affaire d'Einseim, en juin 1674 ; tué d'un coup de mousquet dans un combat près de Saverne en 1676, à la tête du régiment qui portoit son nom. (V. Hamelleton qui peut-être de cette maison).

La compagnie des gendarmes anglois avoit été amenée en France en 1667 par le comte George Hamilton, seigneur de la branche d'Hamilton-Albercorne, établie depuis longtemps en Irlande. Charles II, remonté sur le trône en 1660, avoit été obligé de sacrifier ceux de ses sujets catholiques qui l'avoient servi dans sa guerre de Flandre. Réfugiés en France, Louis XIV en avoit composé une compagnie de gendarmes dont il s'étoit lui-même institué capitaine et avoit fait Georges Hamilton capitaine-lieutenant. On sait l'illustration de cette famille.

7031. Han (Jacques de), tué à la bataille d'Azincourt en 1415.

7032. Han (Daniel du), seigneur de Crèvecœur, chevalier de Saint-Louis, capitaine de grenadiers, puis major du régiment de Leuvillé, tué à la bataille de Malplaquet en 1709.

Les du Han, de Champagne et d'Artois, portoient : losangé de gueules et d'or au chef de gueules, chargé de deux quintes-feuilles d'or.

7033. Hangest (Aubert de), seigneur de la Taule de Hangest et conseiller, chambellan ordinaire du roy, tué à la bataille de Poitiers en 1356.

7034. Hangest (Aubert de), seigneur de Genlis, tué à la bataille de Brignois en 1364.

7035. Hangest (Robert de), chevalier, tué au siége de Carthage en 1390.

7036. Hangest (Jean, *sire* de), grand maître des arbalétriers de France, conseiller, chambellan ordinaire du roy, conseiller de son étroit et grand conseil et gouverneur de Boulogne, tué à la bataille d'Azincourt en 1415.

7037. Hangest (Claude de), seigneur d'Arzillières, tué au siége de Pontoise en 1441.

7038. Hangest (Joachim de), seigneur de Moyencourt, dit *le brave Moyencourt*, capitaine de 50 hommes d'armes des ordonnances du roy, tué en 1537 à la prise du château de Saint-Pol par les impériaux.

7039. Hangest (Yves de), son frère, seigneur d'Yvoy, tué à la prise du même château.

7040. Hangest (Jean de), dit *le jeune Genlis*, seigneur de Genlis, chambellan du roy Louis XII, fut tué en 1544 après la bataille de Cérisolles, où il se signala dans une sortie qu'il fit de la ville de Châlons, où il s'étoit jeté lors du passage de l'empereur.

7041. Hangest (Charles-Nicolas de), capitaine d'une compagnie de cavalerie, blessé d'un coup de feu à la prise de Montmédi en 1667, ce qui le mit hors d'état de continuer le service ; mourut le 11 février 1675.

7042. Hangest (Philippe-Louis-Joseph de), seigneur de Fontigny, lieutenant du régiment de Conti-cavalerie, fut blessé en 1719, au point d'être obligé de quitter le service.

7043. Hangest (Louis-Augustin d'), chevalier de Saint-Louis, ancien colonel du régiment de Grenoble, artillerie et lieutenant général des armées du roy en 1702, fut blessé à la bataille de Minden en 1759. (V. d'Angest.)

Grande maison de Picardie riche en personnages à citer, Rogues, seigneur d'Angest, étoit grand panetier du roi et maréchal de France.

1352, Jean de Hangest, chambellan et maître des arbalestriers, Adrien de Hangest, sieur de Genlis, grand échanson de France; Charles, évêque de Noyon en 1501, etc. (Voir La Morlière, *maison de Picardie*; Monstrelet, de Thou, etc.) Armes : échiqueté d'argent et d'azur à la croix de gueules, brochant sur le tout.— *Cri* : Hangest! ou *Ex cinere revivo*.

7044. Hangiers (Carnel de), chevalier, tué à la bataille d'Azincourt en 1415. (V. de Hamgard qui paroît être le même que celui-ci qui est établi ici d'après Monstrelet, mais dont il est probable que les noms sont altérés.)

7045. Hanguel (le s^r), officier auxiliaire, fut blessé à la prise de *la Belle-Poule* par un vaisseau anglois de 64 canons, le 15 juillet 1780, dans les environs de Croisie, et continua de combattre malgré sa blessure.

7046. Henmer-Claibrocke (Maximilien-Albert-Joseph, *baron* d'), capitaine au régiment de Boufflers-Wallons-infanterie, perdit un œil d'un coup de feu dans une action sous Louis XV.

7047. Hannedouche (François-Charles), seigneur d'Ablainvelle et de Rebèque, capitaine au régiment de Rebèque-infanterie, tué à la bataille de la Marsaille en 1693.

7048. Hanpedourt (Hopart de), écuyer, tué à la bataille de Poitiers en 1356.

7049. Hanschemann (Ambroise), capitaine au régiment de Travers Suisse, mort des blessures qu'il reçut à l'attaque de Pierrelongue en 1744.

7050. Hanse (le s^r), capitaine au régiment de Waldner, tué à la bataille de Minden en 1759.

7051. Hant (le s^r du), capitaine aux grenadiers de France, tué à la bataille de Minden en 1759.

7052. Hannivel (Alexandre de), marquis de Crèvecœur

de Masmevillette, chevalier de Saint-Louis, capitaine aux gardes-françoises et brigadier des armées du roy, gouverneur de l'isle de Rhé, blessé en 1692 à la bataille de Steinkerque où il se signala, le fut encore à la cuisse à celle de Nerwinde en 1693.

7053. Hany (de), capitaine au régiment d'Anjou, blessé au siége de Mayence en septembre 1689.

7054. Happlaincourt (le s^{gr} d'), tué à la bataille d'Azincourt en 1415 : Monstrelet, dans ses chroniques, le nomme le seigneur d'Applincourt.

7055. Happlaincourt (Jacques d'), fils du précédent, chevalier, tué à la même bataille (V. d'Oplincourt.)

7056. Harambures (le comte d'), fut blessé à l'assaut de Bobili, servant dans l'Inde sous M. de Bussy en 175…

7057. Haranguier de Quincerot (le s^r), capitaine au régiment de Navarre, tué à l'attaque de Charenton en 1649.

7058. Haranguier de Quincerot (le s^r), capitaine de grenadiers au régiment de Guyenne, tué au siége de Barcelone en 1706.

7059. Haranguier de Quincerot (le s^r), lieutenant au régiment d'Auvergne, blessé à la bataille de Clostercamps en 1760.

7060. Haraucourt (le seigneur d'), tué à la bataille de Marignan en 1515.

7061. Haraucourt (Charles de), baron de Gircourt, suivit le parti du roy Henry IV pendant la ligue, et fut massacré à son service.

7062. Harcourt (Amaury de), seigneur d'Elbeuf, tué au siége de Perpignan en 1285.

Il étoit seigneur d'Elbeuf par succession de Robert d'Harcourt, époux de Jeanne de Meulant, dame d'Elbeuf de Briosne et de Beaumesnil.

7063. Harcourt (Godefroi d'), dit le boiteux, sieur de Saint-Sauveur-le-Vicomte, qui se trouva à la bataille de Montcassel en 1328 ; mais ayant été chassé du royaume, il se jeta dans le parti d'Edouard III, roi d'Angleterre, fut maréchal d'Angleterre et en cette qualité servit aux batailles de Crécy et de Poitiers, et fut tué dans un combat près Coutances en 1356.

7064. Harcourt (Jean IV, comte d'), vicomte de Chastellerault, se trouva à la bataille de Montcassel, à l'Ost, *armée* de Vironfossel, l'an 1339, à Bouvines, en 1340, et fut tué à la bataille de Crécy en 1346. Il fut le premier des comtes d'Harcourt, en 1338.

7065. Harcourt (Jean V, comte d') et d'Aumale, vicomte de Chastellerault, seigneur d'Elbeuf, chevalier, capitaine de Granville, blessé à la bataille de Crécy en 1346, où il donna des marques de la plus grande valeur ; depuis, ayant pris parti pour le roi de Navarre, il encourut la disgrâce du roy Jean, et fut décapité à Rouen en 1355.

Il étoit vicomte de Chatellerault par succession de Jean d'Harcourt, maréchal et amiral de France, époux de Jehanne, vicomtesse de Chatellerault. Il avoit épousé en 1340 Blanche de Ponthieu, comtesse d'Aumale et de Montgommeri.

7066. Harcourt (Robert de), chevalier, baron de Beaumesnil, de Rosay et do Flers, blessé au siége de Carthage en 1390, fut tué à Nicopolis en 1396, à la bataille perdue par la noblesse française conduite par Philippe d'Artois, connétable de France, et gagnée par le sultan Bajazet.

7067. Harcourt (Robert de), son fils, chevalier, baron de Beaumesnil et de Marbeuf, doit être le seigneur de Beaumesnil qui fut tué à la bataille d'Azincourt en 1415.

7068. Harcourt (Gérard de), chevalier, baron de Bonnestable, de Beaufou et de Beuvron, doit être le même que

M. Guérard de Haucourt qui, d'après les chroniques d'Enguerrand de Monstrelet, impr. à Paris en 1603, fut tué à la même bataille d'Azincourt : d'autant que presque tous les noms qu'il cite y sont altérés ; d'ailleurs l'on voit un très-grand rapport entre ces deux noms : cependant quelques autres témoignages prétendent qu'il ne fut tué qu'à la bataille de Verneuil en 1424.

7069. Harcourt (Jean VIII d'), comte d'Aumale et de Mortaing, lieutenant et capitaine général de Normandie, capitaine de la ville et du château de Rouen et de la forteresse de Sainte-Catherine-du-Mont, fut tué à la même bataille de Verneuil le 17 août 1424.

7070. Harcourt (fils du comte d'), fut tué aussi à cette bataille, d'après Monstrelet, vol. 2ᵉ des Chroniques, p. 15, *verso*.

7071. Harcourt (Jacques de), chevalier, baron de Montgommery, capitaine de la ville de Rüe et de celle du Crotoy, fut tué en 1428 en voulant s'emparer du château de Parthenay.

7072. Harcourt (Jean de), baron de Croisy et de Pierray, chevalier de l'ordre du roy et capitaine d'une compagnie de chevau-légers, mort à Caen en 1509 des blessures qu'il reçut au siége de Dieppe.

7073. Harcourt (Pierre de), seigneur d'Hardancourt et de la Rocherie, tué au siége de Montauban en 1621.

7074. Harcourt (Ambroise de), son frère, seigneur de Sacey, tué au même siége.

7075. Harcourt (Jacques de), marquis de Beuvron, comte de Cônne baron de Sigournay et de Puybeliard, chevalier de l'ordre du roy, capitaine d'une compagnie de chevau-légers et gouverneur de Falaise, blessé devant Clérac d'un coup de mousquet à la bouche, le fut encore d'un coup de pierre au siége de Montauban en 1621, et termina glorieusement sa vie à celui de Montpellier en 1622, où il reçut quatorze blessures.

7076. HARCOURT-GUY (de), dit *le marquis* de *Beuvron*, baron de Perray, gouverneur de Falaise, fut tué au siége de Casal en 1628 d'un coup de carabine dans la gorge qui lui coupa la grosse veine.

7077. HARCOURT (Jacques de), seigneur d'Auvrecher, mort des blessures qu'il reçut dans les guerres d'Allemagne sous Louis XIV.

7078. HARCOURT (Louis-François de), comte de Sézanne, chevalier de l'ordre de la Toison-d'Or, et lieutenant général des armées du roy, eut le bras percé au combat de Luzzara en 1702 et mourut le 30 octobre 1714.

7079. HARCOURT (Henry, duc de), pair et maréchal de France, chevalier des ordres du roy et de celui de la Toison-d'Or, lieutenant général en Normandie et en Franche-Comté, gouverneur de Tournay, du pays de Luxembourg et du vieux palais de Rouen, capitaine des gardes du corps, ambassadeur en Espagne, conseiller du conseil de régence et nommé gouverneur du feu roy Louis XV, fut blessé grièvement au siége de Cambray en 1677, et mourut le 14 octobre 1718.

7080. HARCOURT (François, duc de), pair et maréchal de France, chevalier des ordres du roy, capitaine des gardes du corps et gouverneur de Sedan, d'abord mestre de camp dès 1712 du régiment Dauphin-cavalerie, blessé d'un coup de feu au bras gauche à la bataille de Guastalla en 1734, le fut

encore dangereusement à l'épaule à celle de Dettingen en
1743 ; il mourut le 10 juillet 1750.

7081. Harcourt (Anne-Pierre, duc de), son frère, pair et
maréchal de France, chevalier des ordres du roy, gouverneur de Sedan, puis de Normandie, d'abord mestre de camp
du régiment royal en 1738, fut blessé aussi à la bataille de
Dettingen en 1743, et mourut en 1784.

> La grande maison d'Harcourt-Beuvron (comtes en 1338, ducs en no-
> vembre 1700) : porte de gueules à deux fasces d'or. *Devise* : GESTA
> VERBIS PRÆVENIENT.

7082. Hardentun (Orenglois de), seigneur de Maison, tué à
la bataille d'Azincourt en 1415.(*Nobiliaire de Picardie*, Paris,
1693, p. 257.)

7083. Hardentun (Jean de), son frère, tué à la même bataille. (*Nobiliaire de Picardie*, Paris, 1693, p. 257.)

7084. Hardouin (le s'), lieutenant de vaisseau, tué sur le
Bien-Aimé dans le combat du comte d'Aché aux Indes en
1718.

7085. Hardouin (Charles-Henry d'), dit *le chevalier de la
Girouardière*, chevalier de Saint-Louis, capitaine de vaisseaux, obtint sa retraite en 1763, étant devenu aveugle des
suites d'un coup de feu qu'il reçut dans un combat naval ; il
mourut à Brest au mois de janvier 1772.

> HARDOUIN DE LA GIROUARDIÈRE (famille d'Anjou et Maine) portoit :
> d'argent à la fasce de gueules accompagnée en chef d'un lion passant
> de sable lampassé de gueules et en pointe de deux quinte-feuilles aussi
> de sable.

7086. Hardy (Pierre), dit *le capitaine Hardy* ou *le capitaine
Testu*, servit dans les guerres de Flandres où il fut blessé en
différents endroits du corps, d'après les termes d'une enquête
du mois d'août 1625, faite sur la noblesse de François Hardy,
son petit-fils ; ce fut au siége de Mariembourg (en 1573),
d'après deux documents des années 1623 et 1667.

7087. HARDY, capitaine au régiment du Plessis, tué à la bataille de Staffarde, le 18 aoust 1690.

7088. HARDY (le s^r), capitaine au régiment de Navarre, blessé au siége de Woërden.

7089. HARDY (le s^r), lieutenant au régiment de Picardie, tué à la bataille de Ramillies en 1706.

7090. HARDY (le s^r), lieutenant dans les grenadiers royaux de le Camus, blessé à la bataille de Minden en 1759.

7091. HARDY (Nicolas le), seigneur du May, lieutenant au régiment d'Anjou, tué à la journée d'Anvers en 1583 (d'après une attestation du 20 janvier 1655, une enquête du 7 juin suivant, et des lettres patentes du roy du mois de février 1706.)

7092. HARDY (François le), dit *le marquis du Fay de la Trousse*, seigneur du Fay, maréchal de camp, conseiller d'Etat d'épée, mestre de camp du régiment de la marine et gouverneur de Roses, blessé de deux coups de mousquet à la prise de Saluces en 1630, fut tué d'un pareil coup au siége de Tortose en 1648.

7093. HARDY (François le), son frère, seigneur de la Trousse, dit *le marquis de la Trousse*, commandant un régiment de cavalerie, fut tué au siége de Saint-Omer en 1638 par le général Colloredo, chef de la cavalerie espagnole, auquel il donna la mort au même temps qu'il la reçut.

7094. HARDY (Gaspard le), seigneur de Boliard, écuyer ordinaire du roy, gentilhomme ordinaire de sa maison et enseigne de la compagnie d'Adrien le Hardy de la Trousse au régiment de la marine, fut blessé aux siéges d'Aucey et de la Bassée en 1641, et à celui de Rocroy en 1642 : il mourut le 15 septembre 1693.

7095. Hardy de la Trousse (Adrien le), chevalier de Malte, lieutenant-colonel du régiment de la marine, puis maréchal de bataille, reçut de fortes blessures en 1648 à la prise de Tortose dont il força l'une des portes.

7096. Hardy (Philippe-Auguste le), marquis de la Trousse, chevalier des ordres du roy, lieutenant général de ses armées, gouverneur d'Ypres, et d'abord capitaine lieutenant des gendarmes Dauphin, fut blessé à la bataille de Consarbrick en 1675, il mourut en 1691.

Hardy de la Trousse, famille de Brie : armes : d'argent au chevron de sable bordé d'or potencé et contre-potencé du même, au chef d'or chargé d'un lion passant de gueules.

7097. Hardy (le s^r le), capitaine au régiment de Piémont, tué en 1634 au siége d'Heydelberg.

La famille Le Hardy (de Normandie), qui n'étoit point des le Hardy de la Trousse, portoit : de gueules au chevron rompu d'or accompagné de quatre lions affrontés d'argent, 2 en chef et 2 en pointe : devise : *Nec leporem feroces procreant imbellem Leones.*

7098. Harivel ou d'Hariveld (le s^r le), lieutenant au régiment de Piémont, blessé à la bataille de Rosback en 1757.

7099. Harlay (Jacques de), seigneur de Champvallon, fut grièvement blessé au siége d'Issoire en 1557.

7100. Harlay (Nicolas de), baron de Maule et de Sancy, capitaine d'une compagnie d'infanterie au régiment de Coligny, fut tué au siége d'Ostende en 1405.

7101. Harlay (Henry de), baron de Maulède, Palemar et de Sauge, mestre de camp d'un régiment, fut blessé au siége de Montauban en 1621, d'un coup de pique au bras et d'une mousquetade dans l'épaule, indépendamment d'une grêle de coups de pierre qui le renversèrent du haut, de la brèche où il étoit monté, dans le fossé, et il y demeura même longtemps comme mort : il eut encore le bras droit rompu d'une mousquetade à celui de Royan en 1612 et finit par se retirer dans la maison de l'Oratoire en 1627.

7102. HARLAY (François-Antoine de), capitaine de cavalerie, tué dans un combat en Italie le 23 septembre 1647.

7103. HARLAY (François-Bonaventure de), seigneur de Champvallon, marquis de Breval, lieutenant général des armées du roy, grièvement blessé au siége d'Alexandrie en 1657, mourut le 16 mars 1682.

7104. HARLAY (Louis de), son fils, marquis de Champvallon, cornette des chevau-légers de la garde du roy, tué au combat de Senef en 1674.

7105. HARLAY (François de), marquis de Champvallon, guidon des gendarmes du roy, tué à l'âge de 21 ans à la bataille de Nerwinde en 1693.

Quoique les principales illustrations de la maison de Harlay aient été dans l'épiscopat, dans le parlement, les ambassades et les finances, on vient de voir qu'elle ne laissa pas de payer largement sa part de l'impôt du sang. Elle étoit suivant toute apparence originaire de la Franche-Comté, de la ville d'Arlai qui lui a donné son nom. Elle fournit de grands personnages dans chacune de ses trois branches, les Harlay de Sancy, de Beaumont de Cèsy et de Champvallon. Ils portoient: d'argent à deux pals de sable.

La maison paroît éteinte depuis 1739.

7106. HARLIÈRE (le sr de la), capitaine au régiment de Navarre, fut blessé à la bataille de Cassel en 1677 et au siége de Luxembourg en 1684, fut tué en 1689 dans une entreprise sur Oberkerch.

7107. HARPILLÉ DU PERRAY (Louis), chevalier de la garde du roy, blessé d'un coup de fusil et d'un coup de sabre dans les guerres de Louis XIV.

7108. HARPILLÉ (Louis), son frère, aussi chevau-léger de la garde du roy, blessé au combat de Leuze en 1691.

Les Harpillé du Perray (que D'hozier écrit Harpaillé) de Touraine :

d'azur au chevron d'or accompagné en chef de deux croissants d'argent, et en pointe d'une étoile du même.

7109. HARPE (Isaac la), de Roll, au canton de Berne, lieutenant au régiment de Hessy, tué au siége de Landau en 1713.

Famille suisse : de gueules à la harpe d'or.

7110. HARPPE (le s^r de l'), enseigne au régiment de Suibeck-suisse, blessé au combat de Denain en 1712 (V. la Harpe qui paroît être la même famille).

7111. HARPEDANNE (le seigneur de), tué à la bataille de Verneuil en 1424, d'après Monstrelet, qui le nomme *le fils de Harpedanne.*

HARQUELINGUE (d'). (V. d'Herguelingue.)

7112. HARTAIN (Michel de), tué à la bataille d'Azincourt en 1415, d'après Scohier.

7113. HARTELOIRE DE BETZ (de la), lieutenant de vaisseau du port de Brest, tué sur *l'Achile* commandé par M. Duguay-Trouin, le 6 mai 1709.

7114. HARTMANÈS (Jean-Fortuné d'), chevalier, grand-croix de l'ordre du mérite militaire et maréchal de camp en 1780, ci-devant major du régiment de Jenner, blessé dans une action le 17 novembre 1759.

7115. HARVILLE (Guillaume de), seigneur de Palaiseau, chevalier, échanson du roy, tué à la bataille d'Azincourt en 1415.

7116. HARVILLE (François de), seigneur de la Selle, mort au camp de Renty en 1554.

7117. HARVILLE (Jacques de), seigneur de Palaiseau, jeune seigneur, dit de Thou, dont la bravoure étoit déjà connue parmi les troupes, fut tué au siége de Brouage en 1577.

Maison de Beauce : de gueules à la croix d'argent, chargé de cinq coquilles de sable.

7118. Harzillemont (d'), deux frères de cette famille, furent tués au siége de Valenciennes en 1656.

7119. Halte de Chevilly (Claude), chevalier de Saint-Louis en 1693, lieutenant général des armées du roy et commandant à Ypres, l'un des braves du siècle de Louis XIV, fut blessé d'un coup de pertuisanne à la cuisse, et d'un coup de mousquet à l'épaule au siége de Saint-Omer : il mourut en 1722.

7120. Hasmel (du), capitaine au régiment de Flandres, blessé le 18 août 1690 à la bataille de Staffarde.

7121. Haslay (du), capitaine au régiment d'Hainault, blessé le 18 août 1690 à la bataille de Staffarde.

7122. Haubourg (le s^r de), exempt des gardes du corps tué en 1677 au combat de Kokesberg.

7123. Haucourt (Guérard de), chevalier, tué à la bataille d'Azincourt en 1415. (V. l'observation faite à l'article de Gérard de Harcourt).

7124. Haucourt (le seigneur de), en Cambrésis, tué à la bataille d'Azincourt en 1415.

Famille du Cambresis : d'argent semé de billettes de gueules au lion de même, brochant sur le tout. *Cri* : Wallincourt.

7125. Hardicourt, capitaine au régiment Dauphin, blessé au siége de Mayence en septembre 1689.

7126. Haudoire (Nicolas de), capitaine d'infanterie, tué au siége de Guise sous Louis XIV.

7127. Haudouin de Passy (de), deux frères de cette famille furent tués au service dans les guerres de Louis XIV, d'après la maintenue de noblesse de M. de Caumartin, rendue en 1667, en faveur de cette famille.

Les Haudouin se titroient vicomtes de Passy-sous-Gigny, élection d'Epernay.

7128. Haudouin (Josias de), vicomte de Passy, capitaine au régiment de la couronne.

7129. Haudouin (Marc de), sieur de Marigny, capitaine au régiment de Turenne-infanterie.

7130. Haudouin (Charles de), enseigne au même régiment.

7131. Haudouin (Abraham de), lieutenant au même régiment. Tous quatre frères ou proches parents, blessés au service du Roi, suivant une note de famille, mais sans autre renseignement.

> Cette famille de Champagne originaire d'Anjou portoit : de gueules au chevron d'or accompagné de trois têtes d'hommes de carnation, chevelés de sable, tortillés d'or.

7132. Hauguen-Houzen (le sr de), enseigne de vaisseau suédois au service de France, fut blessé devant la baye de Chesapeack le 5 septembre 1781, dans le combat du comte de Grasse contre l'amiral Howe.

7133. Haulles (Alexandre, *dit le chevalier* des), chevalier de Saint-Louis, capitaine de grenadiers au régiment de Béarn, puis dans celui d'Agenois avec rang de major et ensuite gouverneur de la citadelle de Valenciennes, fut blessé dans une sortie à Lenz, le 16 janvier 1742 et obtint sa retraite en 1777.

7134. Haumont (Jean), chevalier de Saint-Louis, lieutenant de vaisseau du roy, blessé sur *le duc de Bourgogne* dans le combat du comte d'Aché, aux Indes, en 1758.

7135. Haupré (le sr d'), aide-major au régiment d'Auvergne, tué à la bataille de Clostercamps en 1760.

7136. Hausen (Pierre d'), chevalier de Saint-Louis, dit *le chevalier d'Hausen*, lieutenant dans la légion royale, puis capitaine dans les volontaires d'Austrasie et de Flandres, attaché ensuite au 3e régiment de chasseurs, fut blessé à l'affaire de Belfeldt en 1755.

7137. HAUSSEAU, le *fils* (le s^r), capitaine au régiment de la Marck, blessé à la bataille de Rosback en 1757.—Ne seroit-ce pas le même que Jean-Léonard-Henry de Haussens, chevalier de Saint-Louis, chef de bataillon au même régiment avec rang de lieutenant-colonel, qui obtint en 1777 une pension de retraite de 1,200 fr.?

7138. HAUSSAY (Nicolas-Anne-François de), chevalier de Saint-Louis, capitaine au régiment d'Heudicourt, puis dans ceux de Lenoncourt et de Toustain-cavalerie, blessé à l'attaque des lignes de Weissembourg en 1744 et à la bataille de Creweldt en 1758.

7139. HAUTECLOQUE DE MONTHUREL (Louis-François), chevalier de Saint-Louis, porte-étendard des gendarmes de la garde, blessé à la bataille de Dettingen en 1743.

> Famille de Normandie: d'argent à la croix de gueules chargée de cinq coquilles d'or.

7140. HAUTECOMBE (le seigneur de), gouverneur pour le roy de Fontenoy-le-Comte ; ayant défendu cette place en 1568, fut forcé de l'abandonner et conduit à la Rochelle où les huguenots le firent mourir.

7141. HAUTEFEUILLE (le seigneur d'), blessé mortellement en 1568 dans une action contre les protestants (de Thou).

7142. HAUTEFEUILLE (le s^r d'), officier au régiment de Picardie, tué au siége de Philisbourg en 1688.

7143. HAUTEFEUILLE DE FOURCIERS (le s^r de), chevau-léger de la garde du roy, tué au siége de Mons en 1691.

7144. HAUTEFORT (Antoine de), seigneur de Gabillon et de la Vaudre, archer des ordonnances du roy dans la compagnie du prince de Navarre, fut tué par les ligueurs en défendant son château de la Vaudre.

7145. Hautefort de Lestrange (Frédéric de), baron de Montbrun, tué au siége de Montpellier en 1622.

7146. Hautefort (Gilbert de), capitaine d'une compagnie de chevau-légers, tué au siége de Tonneins en 1622.

7147. Hautefort (François de), seigneur de la Roué, aussi capitaine de chevau-légers, tué à la même bataille.

7148. Hautefort (N... de), lieutenant de la galère *le Riche-lieu*, tué en 1638 au combat des 15 galères de France contre pareil nombre de celles d'Espagne. (*Mercure* de cette année.)

7149. Hautefort (Louis), capitaine d'une compagnie de cent hommes, quitta le service à raison de ses blessures, et Louis XIV lui accorda une pension de 400 fr.

7150. Hautefort (le comte de), colonel du régiment d'Anjou, blessé au siége de Mayence en septembre 1689.

7151. Hautefort (Foucaud de), capitaine d'une compagnie de cent hommes, quitta le service à raison de ses blessures, et Louis XIV lui accorda une pension de 400 fr.

7152. Hautefort (Charles-Nicolas de), maréchal de camp et sous-lieutenant de la première compagnie des mousquetaires, blessé au siége de Mons en 1691 et dangereusement, mourut le 2 février 1712.

7153. Hautefort (Louis-Charles de), marquis de Surville, chevalier de Saint-Louis et lieutenant général des armées du roy, grièvement blessé d'un coup de mousquet à travers le corps au siége de Lille en 1708, mourut le 19 décembre 1721..

7154. Hautefort (Emmanuel-Dieudonné, *marquis* de), chevalier des ordres du roy, maréchal de camp et ambassadeur à Vienne, d'abord colonel lieutenant du régiment de

Condé, fut très-dangereusement blessé à la bataille de Parme en 1734, et eut la main percée d'un coup de feu : il mourut le 10 janvier 1777.

La maison Hautefort, originaire du Périgord : d'or à trois forces de tondeur, de sable, les pointes en haut. — *Devise* : FORCE NE PEUT VAINCRE PEINE.

7155. HAUTEMAISON (le sʳ), capitaine dans le régiment de Bretagne, tué dans la nuit du 8 au 9 juillet 1641 dans la tranchée devant la ville d'Aire.

7156. HAUTEMER (Jean de), seigneur de Fervaques, lieutenant de la compagnie des gendarmes du maréchal de Saint-André, eut beaucoup de part au gain de la bataille de Cérisolles, où son cheval ayant été tué sous luy, il fut trouvé expirant parmi les morts, le 24 août 1544.

7157. HAUTEMER DE FERVAQUES (Guillaume de), comte de Châteauvilain et de Grancey, baron de Mauny, maréchal de France, chevalier des ordres du roy, conseiller en son conseil privé, capitaine de cent hommes d'armes de ses ordonnances, sous-lieutenant général en Normandie, chambellan, premier gentilhomme de sa chambre, grand maître de la maison, chef du conseil et surintendant des finances du duc d'Alençon, fut blessé au siége de Domfront en 1574, mourut en 1613 (Voy. encore FERVAQUES.)

Voir ce nom au supplément.

7158. HAUTERIVE (le capitaine d'), guidon du capitaine d'Espenau, fut tué au siége de Montauban en 1563 (de Thou).

7159. HAUTERIVE (le sʳ de), d'abord enseigne au régiment de Normandie, blessé au siége de Oberchenheim le 24 juillet 1636, puis aide de camp dans l'armée du duc de Longueville, reçut deux blessures à la prise de Saint-Amour, en Franche-Comté, en chargeant les assiégés à la tête du régiment de Normandie, le 14 avril 1637, fut de nouveau blessé le 5 septembre, en poursuivant les troupes de Jean de Verth le 22 septembre.

7160. HAUTERIVE (le seigneur d'), blessé en 1586 au siége de la Peyre (de Thou).

7161. HAUTERIVE (le s^r d'), aide de camp, blessé en 1638 au siége de Renty (*Mercure* de 1638) : sans doute le même, aide de camp du duc d'Enguien, qui fut encore blessé au siége de Mardick le 30 août 1646, puis qui sous le titre de gentilhomme du prince de Condé, le fut encore au siége de Furnes le 16 septembre 1648.

7162. HAUTERIVE (le s^r de), capitaine au régiment de la marine et aide de camp, est tué au combat donné le 11 août 1645 au poste de la Montagne, près Aveillanes.

7163. HAUTFAYE (Henry de), marquis de Jauvelle, capitaine lieutenant de la deuxième compagnie des mousquetaires; s'étant trouvé au siége de Condé en 1670 et les ennemis y ayant fait jouer deux fougades, une le fit sauter à quelques pas, sans autre mal que d'en être un peu brisé.

7164. HAUTIER (Robert), seigneur de Villemontée, chevalier de l'ordre de l'Etoile, fut tué à la bataille de Verneuil en 1124. (Documents de famille.)

7165. HAUTIER (Arnoult), seigneur de Villemontée, avoit été tué en 1304 à la bataille de Mons-en-Puelle (On auroit desiré pouvoir citer sur ces deux militaires des preuves plus certaines de leurs services).

7166. HAUTIER (François), seigneur de Villemontée, gentilhomme ordinaire de l'hôtel du roy et gouverneur de Compiègne, tué à la bataille de Saint-Quentin en 1557.

7167. HAUTIER (Jacques), seigneur de Villemontée, chambellan du duc d'Alençon, fut dangereusement blessé au siége de la Rochelle en 1573.

7168. Hautier de la Bizière (le sr le), capitaine puis major au régiment, depuis Guyenne, et ensuite commandant à Stenay, fut blessé à la défense d'Aire en 1710 ; c'est donc à tort qu'on lit dans un mémoire qu'il fut tué au siége de Denain en 1708.

Famille d'Auvergne. *Devise* : nec dura nec aspéra terrent.

7169. Hautil (le sr d'), enseigne des gardes du maréchal de Brezé fut tué le 28 mars 1642 à la défaite d'un corps de Castillans qui venoit au secours de Collioure.

7170. Hauviller (le sr), lieutenant de grenadiers au régiment de Solis-suisse, fut dangereusement blessé en 1746 près de Vintimille, en Italie.

7171. Hauvres (Guérard de), *Alias* de Hauressis, (ces deux noms paroissent très-altérés) chevalier, tué à la bataille d'Azincourt en 1415.

7172. Havre des Hayes (Jean-Baptiste), chevalier de Saint-Louis, capitaine au régiment de Foix, fut blessé sur *le Magnanime* dans le combat du comte de Grasse contre l'amiral Rodney, au mois d'avril 1782.

7173. Havré (Simon de), chevalier, tué à la bataille d'Azincourt le 25 octobre 1415.

7174. Havy (le sr), capitaine au régiment de Guyse, est blessé dans Guise assiégé par les Espagnols en juin 1650.

Hayatz (des). V. Deshayatz.

7175. Haye (le seigneur de la), tué à la bataille d'Azincourt le 25 octobre 1415.

7176. Haye (le sr de la), capitaine au régiment de Navarre, blessé à l'affaire de la Roquette en 1653.

7177. Haye (le s^r de la), colonel du régiment de la Fère, tué d'un coup de mousquet dans une action en 1677.

7178. Haye (de la), capitaine de flûte, du port de Brest prisonnier en Angleterre et mort des suites de ses blessures le... 1703.

7179. Haye (Bazile de la), seigneur de Saint-Hilaire, enseigne des gardes du corps et mestre de camp de cavalerie, fut grièvement blessé à la bataille de Malplaquet en 1705, il étoit connu sous le nom *de chevalier Saint-Hilaire*.

7180. Haye (le marquis de la), guidon des gendarmes d'Aquitaine, mort des blessures qu'il reçut à la bataille de Minden en 1759.

7181. Haye (Alexandre de la), chevalier de Saint-Louis, capitaine de grenadiers au régiment de Languedoc, et depuis lieutenant de roy de Bapaume, blessé d'un coup de bayonnette dans le ventre à l'attaque des lignes de Weissembourg en 1744, le fut encore d'un coup de sabre sur la tête au siége de Mons en 1746.

Haye d'Anglemont (de la). V. d'Anglemont.

Les familles de la Haye sont extrêmement nombreuses, aussi devons-nous renoncer à les reconnoître et à les classer.

7182. Hayer (Eméric le), mort à la bataille de Strasbourg sous Louis XIV.

7183. Hays (d'), enseigne de vaisseau du port de Dunkerque, tué sur *l'Adroit* le 27 janvier 1703.

Il y avoit une famille en Normandie du nom d'Hays qui portoit : de sable à trois épieux d'argent. (Voy. de Hais, peut-être de la même maison.)

7184. Hé (Jacques de), chevalier, tué à la bataille d'Azincourt le 25 octobre 1415.

Ce nom est ainsi écrit, sans doute par abréviation dans les chroniques d'Enguerrand de Monstrelet.

7185. Hébecourt (le chevalier d'), capitaine au régiment de la reine, blessé à la défense du fort Carillon en Canada à l'affaire du 8 juillet 1758.

7186. Hébène (le sr), sous-lieutenant au régiment d'Anjou, est blessé au siége de Maëstrick le... juillet 1673.

7187. Hébert (le sr), capitaine au régiment des gardes-françoises, blessé mortellement au siége de Gravelines en 1658.

7188. Hébert (le sr), lieutenant-colonel du régiment de Béarn, fut tué en 1674 au combat de Senef où il donna des marques de la plus grande valeur.

7189. Hébert de la Pleignière (Pierre), lieutenant-colonel du régiment de Piémont, brigadier des armées du roy et gouverneur d'Arras, blessé en différentes actions et entre autres au siége de Dunkerque en 1638 et à celui de Maëstrick en 1676 : mourut au mois de novembre 1695 à l'âge de 95 ans.

7190. Hébert (le sr), exempt des gardes du corps, blessé à la bataille de Fontenoy le... mai 1745.

Ce nom d'Hébert a été porté par plusieurs familles nobles, en Normandie, en Languedoc, en Champagne et dans l'Ile-de-France et qui se sont signalées dans la magistrature et surtout par les armes : Hébert de la Pleignière, entre autres, s'est distingué par sa valeur, il étoit frère du doyen des auditeurs de la chambre des Comptes. — Le *Journal de Verdun*, oct. 1718, contient une notice sur cette famille.

7191. Hébrail (Blaise), seigneur de Laval, gentilhomme ordinaire de la chambre du roy, eut un bras emporté d'un coup de canon au siége d'Arsens sous Henry IV.

7192. Hébrail (Jean), son frère, seigneur de Canast, lieutenant de la compagnie des gendarmes du baron de Ferrale, fut blessé à l'épaule dans une rencontre et resta estropié du bras gauche d'où l'on ne put extirper les balles.

7193. Hébrail (César), seigneur de Canast, reçut plusieurs blessures au service, une entre autres d'un coup de mousquet à l'épaule gauche au combat de Saint-Germain en Vivarais ; il fut encore blessé d'un coup de feu à la tête dans une rencontre, et ce dut être au plus tard sous Louis XIV, puisque son testament est de l'an 1684.

7194. Hébrail (Jean-Baptiste-Louis), seigneur de Canast, lieutenant au régiment de Picardie, eut la cuisse percée d'un coup de bayonnette à la bataille de Parme en 1734.

7195. Hébrail (Jean-François), de Canast, son frère, chevalier de Saint-Louis, capitaine au régiment de Vermandois, fut terrassé au siége du fort Saint-Philippe en 1756, par un éclat de bombe dont il fut meurtri, et mourut à Makau le 25 août 1757.

Les d'Hébrail (du Languedoc), avoient pour devise : *Egenis sollicito* et pour armes : d'azur à deux lièvres courants d'or, l'un sur l'autre.

Hebron. V. Hepburne.

7196. Hectius (le seigneur de), de Boisregnier, lieutenant du régiment *d'Ahor...* ? tué de deux coups de feu au siége de Caru dans les états sardes, sous Louis XIII.

7197. Hector, maréchal des logis des gardes du P..., enseigne de vaisseau du port de Rochefort, mort sur *le François*, commandé par M. de Sérigny le 5 novembre 1731.

7198. Hedelin de Challemaison (Louis), capitaine au régiment de Grancey, reçut un coup de feu à la bataille de Luzzara en 1702, et mourut à Castiglione le 30 novembre 1703.

7199. Hédouville (le sʳ de), capitaine au régiment de la

Clavière, meurt à Laon des blessures qu'il avoit reçues à la bataille de Rocroy le... 1643.

7200. Hédouville de Serval (Théodore d'), seigneur de Revillon, chevalier de Saint-Louis, capitaine au régiment de la Vieille-Marine et lieutenant des maréchaux de France, blessé au siége de Fontarabie en 1719.

7201. Hédouville (N... d'), lieutenant au régiment d'Armagnac, tué dans le combat du comte de Guichen, près de la Martinique contre l'amiral Rodney en 1780.

> Les Hédouville de Champagne : d'or au chef d'azur chargé d'un lion léopardé d'argent, armé et lampassé de gueules. *Devise :* Totum pro Deo et Rege.

7202. Heffelberg (le baron de), lieutenant au régiment d'Alsace, blessé à la bataille de Clostercamps en 1760.

7203. Heguerty *ou* O-Heguerty (Patrice d'), chevalier de Saint-Louis, brigadier des armées du roy et colonel à la suite du régiment de Berwick-irlandois, blessé dangereusemement d'un coup de feu à la bataille de Laufeldt en 1747.

7204. Heguerty (François-Bernard d'), chevalier de Saint-Louis, capitaine au régiment de Dillon, depuis lieutenant-colonel d'infanterie, commandant à Oudenarde et à Auch, et gentilhomme de la cour du roy de Pologne, duc de Lorraine, fut grièvement blessé à la bataille de Fontenoy en 1745.

7205. Heilly (Jacques, *sire* de), chevalier, dit *le maréchal de Guyenne*, maréchal de France, conseiller, chambellan ordinaire du roy, lieutenant général au gouvernement et capitaine du château de Beauquêne, fut tué à la bataille d'Azincourt en 1415.

7206. Heilman (le sr), lieutenant-colonel du régiment de

Rose, est blessé à la bataille de Nortlinguen le... août 1645.

7207. Helchemances (Girard de), chevalier, tué à la bataille de Poitiers en 1356.

7208. Helfenberg (François-Emmanuel-Jean-Nepomucène, comte d'), colonel du régiment royal-Bavière, chevalier de Saint-Louis, est tué le 16 juillet 1760 près de Marburg (affaire dite d'Ermsdorff) dans une rencontre avec les troupes du prince héréditaire de Brunswick.

7209. Hellande (le seigneur de), fut tué à la bataille d'Azincourt en 1415 (il étoit fils de Robert de Hellande, chevalier : étoit bailly de Rouen le 23 mars 1413.

7210. Helon de Kernisan (Jean-André), chevalier de Saint-Louis, capitaine de grenadiers au régiment de la Tour-du-Pin, depuis Béarn, blessé au combat de Corback en 1760.

7211. Helloni (le s^r), officier au régiment des chasseurs de Soubise, blessé à l'affaire du 30 août 1761, à Roxel.

7212. Hemenel (Jean-Jacques d'), chevalier de Saint-Louis, colonel du régiment de Suibeck-suisse et brigadier des armées du roy en 1719, eut une forte contusion au siége de Landau en 1713, et mourut à Argenteuil le 16 mai 1729.

7213. Hemery (Nicolas d'), officier au régiment de Soubise, tué à la bataille de Guastella en 1734.

Les Hemery de Bretagne avoient pour devise : Sans larcin et pour armes : d'or à l'annelet de sable, accompagné de trois chouettes du même bq. et memb. de gueules.

7214. Hemmel (le s^r d'), l'*aîné*, chevalier de Saint-Louis, capitaine de grenadiers au régiment de Fregelin, de Sudorff, blessé au siége d'Ostende en 1745.

7215. Hennequin (le s^r), officier au service du roy, tué en 1587 à l'attaque du faubourg de Tours (de Thou).

7216. Hennequin (le s^r), mestre de camp d'un régiment de cavalerie, tué près de Mons, le 12 juillet 1678, l'année de la bataille de Saint-Denis.

7217. Hennequin (Bénigne), seigneur de Charmont, capitaine aux gardes-françoises et maréchal de camp, tué au siége de Sainte-Ménehould en 1653.

7218. Hennequin (le s^r), lieutenant de vaisseau, chevalier de Saint-Louis, puis capitaine de vaisseau, commande le *Fidèle* dans le combat engagé le 13 mai 1707 entre le chevalier de Forbin et une flotte angloise, y est blessé.

7219. Hennequin, enseigne de vaisseau du port de Rochefort, mort à Saint-Domingue le... 1696.

7220. Hennequin de Champanetz (Antoine), tué au siége d'Amiens en 1597.

7221. Hennequin de Tury (Henry), chevalier de Malte, tué au siége de la Rochelle en 1622.

7222. Hennequin (le s^r d'Ecquevilly), lieutenant des grenadiers de la reine, est blessé au siége d'Ypres le... 1674.

Le nom d'Hennequin a été porté par plusieurs familles. En Flandres : d'azur au dromadaire d'argent, posé sur une terrasse de sinople. — En Lorraine : de gueule à la fasse accomp. en chef de trois étoiles, et en pointe d'une rose, le tout d'argent. — En Champagne : vairé d'or et d'azur au chef de gueules ch. d'un lion léopardé d'argent. *Devise :* Spes mea deus : à cette dernière appartiennent les Hennequin d'Ecquevilly et les Hennequin de Villermont.

7223. Hennin-Liétard *ou* d'Alsace (N... d'), prince de Chimay et du Saint-Empire, grand d'Espagne, colonel aux grenadiers de France et commandant les gardes du roy Stanislas, fut tué le 1er août 1757 à la bataille de Todenhausen, près Minden.

7224. Hennin-Liétard, comte de Bossut, meurt le 4 juillet 1652 des blessures qu'il avoit reçues le 2 au combat du faubourg Saint-Antoine en 1652 entre les troupes du roy et celles de Condé.

7225. Hennin-Liétard, marquis de la Ver, frère du prince de Chimay et capitaine dans les gardes wallonnes du roi d'Espagne, est blessé au combat d'Eckeren le... 1703.

7226. Hennin-Liétard (François-Joseph), dit le *chevalier d'Alsace*, chevalier de Saint-Louis et capitaine au régiment de Languedoc-dragons, obtint en 1762 une pension de 400 fr. motivée sur ses services et sur ses blessures.

> Les d'Hennin prétendoient tirer leur origine de la maison d'Alsace par un Simon d'Alsace, réputé frère puiné de Thierry, comte de Flandres, mort en 1168, lequel étoit fils de Thierry d'Alsace premier du nom, duc de Lorraine, et de Gertrude de Flandres. Ce Simon épousa, dit-on, Marguerite, héritière de Hennin-Liétard, et en eut Baudouin, dit de Flandres, qui quitta le surnom d'Alsace, pour prendre celui de Hennin : on ajoute qu'il retint les armes d'Alsace qui étoient : de gueules à une bande fleurdelisée d'argent. Mais l'auteur de l'*Histoire du Cambrésis* (Jean Lecarpentier), parlant de cette maison, dit qu'il prit les armes de sa mère, qui étoient : de gueules à une bande d'or, et qu'il est certain que les premiers seigneurs de la maison de Hennin-Liétard n'ont jamais porté d'autres armes. — Quoi qu'il en soit de cette origine, ce n'est que vers la fin du XVIIe siècle que les comtes de Bossut, devenus princes de Chimay, ont pris le surnom d'Alsace. — *L'Annuaire de la Noblesse*, année 1846, p. 92, contient une très-intéressante notice sur la maison Alsace-Hennin-Liétard.

7227. Hennol de Brillevast, enseigne de vaisseau du port de Brest, noyé sur *le Fougueux*, commandé par M. le chevalier d'Amfreville, le 10 décembre 1696.

7228. Henrière (le sr de la), lieutenant au régiment de Piémont, blessé à la bataille de Minden en 1757.

7229. Henry (le sr), capitaine des chevau-légers, est tué à la levée du siége de Lérida en 1646.

7230. Henry (le sr), capitaine au régiment d'Alsace, blessé à la bataille de Clostercamps en 1760.

> Il y avoit, outre un très-grand nombre de familles de ce nom en Bre-

tagne, les Henri du Quengo, qui prenoient pour devise : *Potius mori
quam fœdari* : — de gueules à trois épées d'argent, les pointes en bas.

7231. Henry (le s^r d'), lieutenant au régiment du roi, a le
bras emporté à la bataille d'Hastembeck le... 1757.

7232. Hepburne (le chevalier Jean), *dit le colonel Hebron*,
colonel du régiment de Douglas-écossois et maréchal de
camp, fut tué au siége de Saverne en 1638. Louis XIV, par
honneur pour sa mémoire, lui fit élever un superbe monu-
ment dans l'église cathédrale de Toul.

7233. Herau (Louis d'), chevalier de Saint-Louis, capitaine
de grenadiers au régiment de Poitou avec rang de lieutenant-
colonel et gouverneur de Colmars, en Provence, blessé d'un
coup de feu à la cuisse droite à l'attaque d'un des ouvrages
de Château-Dauphin en 1743.

> Colmars, aujourd'hui chef-lieu de canton de l'arrondissement de
> Castellane (Basses-Alpes).

7234. Hérault de Lecholles (Jean-Baptiste-Martin), chevalier de Saint-Louis, capitaine du régiment d'Apchon-dra-
gons, puis colonel de celui de Rouergue, mourut des blessures qu'il reçut à la bataille de Minden en 1759.

7235. Herbainnes (Guérard de), chevalier, tué à la bataille
d'Azincourt en 1415.

7236. Herbais (François-Xavier-Antoine-Joseph d'), chevalier de Saint-Louis, capitaine commandant au régiment
d'Auxerrois, obtint en 1780 une pension de 800 fr. et une
autre de 400 fr. en considération de la perte qu'il avoit faite
d'un bras à l'affaire de Sainte-Lucie.

7237. Herbiers (Jean des), chevalier, sire de l'Etenduère,
tué à la bataille de Poitiers et enterré aux Jacobins de cette
ville, en 1356.

7238. Herbiers (Henry-François des), marquis de l'Etenduère, chef d'escadre des armées navales, reçut un éclat de bombe à la tête qui lui fracassa la mâchoire à la bataille de Velez-Malaga le 24 avril 1704.

> La famille des Herbiers étoit fort ancienne. Il existoit sous Philippe Ier un Elmeric des Herbiers dont le fils Geoffroy, des Herbiers, accompagnoit Guillaume d'Aquitaine, comte de Poitou, au voyage que ce prince fit en Palestine en 1100. — Les services réunis des personnages de ce nom dans le corps royal de la marine forment plus de deux cent dix ans.

7239. HERBIERS D'ARDELAY (N... des), son frère, chevalier de Malte, garde de la marine, eut la tête emportée d'un coup de canon au siége de Gibraltar, où il servoit comme officier d'artillerie.

7240. HERBIERS (N... des), marquis de l'Etenduère, chevalier, commandeur de l'ordre royal et militaire de Saint-Louis, chef d'escadre des armées navales et commandant la marine à Rochefort, reçut, dans le célèbre combat qu'il soutint contre les Anglois en 1747, un éclat de poulie au bras droit et un autre à une jambe qui lui firent deux fortes contusions; il mourut au mois de mars 1750.

> La vie de cet héroïque marin ne se trouve dans aucune de nos grandes biographies : il faut recourir aux écrivains spéciaux de l'histoire de la marine françoise pour trouver sur lui quelques détails biographiques. (Voy. notamment *Les hommes illustres de la marine françoise* de Graincourt. — C'est ainsi qu'en agissent les faiseurs de dictionnaires et de biographies qui, se copiant les uns les autres, trouvent place dans leurs colonnes pour le plus infime écrivain et n'ont pas un mot sur ces nobles et grandes familles qui, de générations en générations, ont versé leur sang pour leur pays. — Les régénérateurs de la France sous le règne de la Convention ont payé à leur façon la dette du pays envers le dernier descendant des l'Etenduère. A. des Herbiers de l'Etenduère, capitaine en 1789, général de brigade dans la campagne d'Italie, où il avoit donné les preuves de la plus grande valeur, décrété d'accusation, comme *ci-devant*, périt sur l'échafaud le 3 février 1794.

7241. HERBIN (Louis-Frédéric), chevalier de Saint-Louis, capitaine du régiment des recrues d'Alençon, puis lieutenant colonel, commandant de bataillon des garnisons de Conty et maréchal de camp en 1791.

7242. HERBOUVILLE (le marquis d'), capitaine lieutenant des

chevau-légers de Bourgogne, mourut des blessures qu'il reçut à la bataille de Minden en 1753.

7243. Hercé (le s^r d'), enseigne de vaisseau, est tué sur *le Zodiaque* dans le combat du comte d'Aché, aux Indes, en 1758, le 29 avril.

7244. Hercuelongue (le s^r d'), capitaine au régiment de Picardie, blessé à la bataille de Guastella en 1714.

7245. Hericourt (Jean de), exempt des gardes du duc d'Enghien, tué à la bataille de Saint-Quentin en 1757.

7246. Hericourt (César de), lieutenant aux gardes-françoises, tué à la bataille de Lens en 1648.

7247. Hericourt (Adrien de), seigneur de la Comoye, capitaine du régiment de Coing, tué au siége de Verceil en 1638.

7248. Hericourt (Louis de), enseigne de la mestre de camp du régiment de Navarre, tué au siége de Pavie en 1525.

7249. Héricourt (le s^r d'), aide de camp et capitaine au régiment de Champagne, est blessé de dix coups d'épée et d'un coup de pique à la levée du siége de Lérida en 1646; se trouve au combat du 12 août au poste de la Montagne, près des Aveillanes, le 30 août 1648.

7250. Hericourt (d'), enseigne de vaisseau aux colonies, est tué à Candie le ... 1669.

Un autre d'Héricourt, parent et peut-être fils de celui-ci, est fait capitaine de vaisseau au mois de mars 1738.

7251. Hericourt (d'), lieutenant de vaisseau du port de Toulon, mort à Candie le... 1669.

Est-ce le même que le précédent, ou son frère? c'est ce que les rôles de la marine ne disent pas.

7252. Hericourt (le s^r d'), capitaine de grenadiers au régiment royal des vaisseaux, tué à la surprise de Crenou (?) en 1702.

7253. Hericourt (Adrien de), seigneur de la Comoye, capitaine au régiment du Coing, tué au siége de Verceil en 1704.

7254. Heriey (Pierre le), seigneur d'Estrehan, capitaine, lieutenant des chevau-légers de la reine, tué à la bataille de Malplaquet en 1701.

7255. Hérisson (le sr d'), capitaine du régiment des Isles, est blessé dangereusement le 28 mars 1637 à l'attaque des orts de l'isle de Sainte-Marguerite et se signale encore à la bataille du 28 septembre suivant gagnée, par le duc d'Halewin sur les Espagnols, devant Leucate.

7256. Hermane, capitaine au régiment de Champagne, a deux doigts de la main emportés à la bataille de Fleurus le 1er juillet 1690.

7257. Hermelsheim (le sr), capitaine au régiment d'Alsace, tué à la bataille de Clostercamps en 1760.

7258. Hermite (Jean l'), seigneur du Bouchet et de la Rougerie, homme d'armes de la compagnie d'ordonnances du duc d'Alençon, blessé à la bataille de Pavie en 1525.

7259. Hermite (Nicolas l'), seigneur de la Rougerie, homme d'armes de la compagnie d'ordonnances du seigneur de la Rochedumarie, grièvement blessé à bataille de Saint-Quentin en 1557, mourut à Laon de ses blessures, trois semaines après.

Hermite-Maillane (l'). V. de Maillane.

Les L'Hermite de Normandie avoient pour devise : Prier vaut a l'hermite.

7260. Hermite de Rochebrun (Sicaire l'), seigneur de Lanty, chevalier de l'ordre de Saint-Lazare, capitaine au régiment de la Ferté, puis dans celui de la Sarre, et enfin aide-major de la ville de Calais, fut blessé au siége de Lille en 1667 et encore en d'autres occasions, entre autres au siége de Luxembourg où il eut la cuisse cassée d'un coup de mousquet, d'après un certificat du chirurgien major du régiment de la Ferté du 15 août 1679.

7261. Héron (le s^r du), colonel du régiment du Héron-dragons et brigadier des armées du roy, tué à la bataille de Munderkingen en 1703.

7262. Héron (le marquis du), colonel d'un régiment de dragons de son nom, tué en 1706 à l'affaire de Calcinato, en Italie.

> *Calcinato*, village d'Italie, dans le Bressan, sur la rivière de la Chusa, à trois lieues de Monte-Chiaro, fameux par la victoire que le duc de Vendôme y remporta le 19 avril 1706 sur les impériaux commandés par le comte de Reventlau, qui y perdirent trois mille hommes, non compris les blessés, et sept mille prisonniers, six pièces de canon vingt-quatre drapeaux, dix étendards, et des munitions. Les François achetèrent bien cher cette victoire par le sang d'un grand nombre d'officiers de mérite, trois cents hommes tués et cinq cents blessés.

7263. Héron (le s^r), premier lieutenant de la frégate du roy, *l'Aquilon*, tué dans le combat naval du 17 mai 1756, livré aux Anglois près l'isle d'Oléron.

> Les Héron de l'Isle-de-France avoient pour devise : ARDUA PETIT ARDUA. D'azur au chevron d'or accompagnée de trois grenades tigées et feuillées du même, ouvertes de gueules. — Il y a des descendants.

7264. Héronnière (de la), lieutenant de vaisseau du port de Brest, périt sur *l'Oriflamme* le dernier février 1691.

7265. Hérouard DE LA Piogerie, capitaine de vaisseau du port de Rochefort, tué d'un coup de mousquet dans l'expédition du comte d'Estrées contre Tabaco, le 3 mars 1677.

7266. Hérouville (le s^r d'), colonel du régiment de Bourgogne, est blessé dans l'expédition sur la ville du Plan, en 1742.

Nous n'avons trouvé au nom d'Hérouville que cette mention; cependant Lafarouille, dans ses *Fastes militaires*, a fourni un grand nombre d'officiers de ce nom de tous grades et qui ont rendu dans l'armée les plus grands et les plus honorables services.

7267. Herpin (le s^r), lieutenant du commandeur Paul, est tué à l'expédition du duc de Beaufort sur Alger en 1665.

7268. Herpin (le s^r), enseigne de vaisseau, a la cuisse percée d'un coup de mousquet au combat naval avec les Hollandois à Tabaco, en 1677.

Famille que nous croyons du Berry.

7269. Hersart de la Villemarqué (Toussaint), capitaine du régiment de Béarn, blessé en 1765 au siége de la citadelle de Tournay.

Famille de Bretagne : d'or à la herse de labour de sable : *Dev.* Evertit et acquat. Encore représentée par le savant académicien de ce nom.

7270. Hertling (Conrad), de Bâle, d'abord capitaine au régiment de Vieux-Suppa, puis lieutenant-colonel de celui de Brendlé, perdit un œil d'un coup de fusil à la bataille de Nerwinde en 1693, et mourut au mois de février 1705.

7271. Hertwig (Jean-Georges), de Soleure, officier suisse au service du roy, tué à la bataille de Dreux en 1562.

7272. Hervé, capitaine au régiment de la couronne, tué à l'attaque de Burick le... 1692.

7273. Hervé de Brevolles, enseigne de vaisseau du port de Brest, mort aux isles en 1692.

Les Hervé de Kergoff, de Bretagne, avoient pour devise : Plus penser que dire.

7274. Hervilliers (le s^r d'), enseigne de vaisseau, est tué le 13 mai 1707 dans un des combats livrés par le chevalier de Forbin à la flotte angloise.

7275. Hervilly (le comte d'), chevalier de Saint-Louis et de la Société militaire de Cincinnatus, colonel du régiment de Rohan-Soubise en 1780, puis commandant de cavalerie de la garde du roy et maréchal de camp en 1591, l'un des plus zélés défenseurs de Louis XVI dans la journée du 10 août 1792; y fut blessé d'un coup de bayonnette à la cuisse.

Famille d'Artois : d'azur semé de fleurs de lis d'argent.

7276. HERY (Jean-Jacques), lieutenant au régiment de Vigier-suisse, puis capitaine dans celui de Castella, perdit l'œil gauche à la bataille de Sundershausen en 1758.

7277. HESLIN (le seigneur de), tué à la bataille d'Azincourt en 1415.

HESSELINS (*Maison* des). V. Gascourt.

7278. HESSY (Fridolin de), chevalier de l'ordre du roy et colonel du régiment des gardes-suisses, blessé d'un coup de pistolet au bras au siége de Montauban en 1621, mourut au mois de novembre 1626.

7279. HESSY (Bernard), du canton de Glaris, catholique, capitaine au même régiment, tué à la bataille de Lens en 1648.

7280. HESSY (Jean-Melchior), colonel du même régiment, mort au mois de novembre 1653 d'un coup de mousquet qu'il reçut à la cuisse au siége de Sainte-Ménehould.

Famille suisse, fort attachée au service de France : d'azur à la fleur de lis d'or, cantonnée de quatre étoiles du même.

7281. HESWICK (Frédéric-Louis d'), chevalier de Saint-Louis, capitaine au régiment de la Marck, puis commandant de bataillon dans les volontaires de Clermont, fut blessé en 1744 à l'attaque des lignes de Weissembourg et en 1759 à Coësfeld.

7282. HETTE (le capitaine), servant dans le parti du roy, fut blessé au siége de Saint-Lô en 1574.

7283. Heu-Maleroy (Robert de), jeune homme fort brave et de bonne maison, dit de Thou, commandant l'artillerie au siége d'une petite ville près le Pont-Saint-Esprit; y fut blessé et mourut de sa blessure : c'est lui qui en 1581 avoit entrepris de s'emparer de Strasbourg.

7284. Heu de Rambures (du l'), lieutenant de vaisseau du port de Dunkerque, tué au siége de Douay le ... juillet 1710.

7285. Heucourt (le marquis d'), est blessé dangereusement dans une rencontre, le 19 juin 1658, entre un parti de deux cents hommes de la garnison d'Arras et quatre cents cavaliers ennemis.

7286. Heudey (Jean-Antoine-Adrien de), capitaine au régiment de Louvigny, mort le 13 octobre 1734 de la blessure qu'il reçut au genou à la bataille de Guastella en 1734.

7287. Heughel (le s^r de), sous-lieutenant au régiment du comte de _Buihl_ (?) au corps des Saxons, blessé au pied à la bataille de Minden en 1759.

7288. Heuglas (d'), enseigne de vaisseau du port de Brest, mort à Saint-Domingue sur _l'Emporté_ le ... 1694.

7289. Heurtault (Charles-Thomas), capitaine d'une compagnie de dragons, tué au service en 1706.

7290. Heurterie (le s^r d'), officier de cavalerie, tué en 1627 à la descente des Anglois dans l'isle de Rhé. (_Mercure_ de 1627.) (V. d'Ortobie et d'Urtobie.)

7291. Heurtin, lieutenant du port de Rochefort, mort à Siam le ... 1690.

7292. Heurtin, lieutenant de vaisseau du port de Brest, mort à Siam le ... 1690.

Semble le même que le précédent; cependant il se peut qu'ils fussent deux du même nom massacrés dans cette misérable affaire de Siam: affaire dont le *Cabinet historique* (année 1861) a donné un si intéressant récit.

7293. Heuse (le seigneur de la), tué à la bataille de Poitiers en 1356.

7294. Heuse (Jean de la), baron d'Escotignies, tué à la bataille d'Azincourt en 1415.

7295. Heuse (Jacques de la), son frère, tué à la même bataille.

7296. Heymau (le baron de), chevalier de Saint-Louis et major au corps des carabiniers, fut blessé d'un violent coup de feu à la jambe à la bataille de Minden en 1759.

7297. Heyssen de Klein (Philippe-Laurent, (dit *le chevalier* de), chevalier de Saint-Louis, capitaine dans les volontaires étrangers, puis dans le régiment d'Auvergne et ensuite dans le 3ᵉ régiment des chasseurs, et major des chasseurs des Alpes, reçut un coup de bayonnette lors des affaires de Hanovre, et fut encore blessé d'un coup de feu au bras droit dans la campagne de Corse.

7298. Hiem (le sʳ), lieutenant au régiment de la Marck, tué à la bataille de Rosbach en 1757.

7299. Hieruille *ou* Hierville (le sʳ d'), capitaine au régiment de Navarre, blessé au siége de Maëstrick en 1748.

7300. Hiery (le sʳ d'), chevalier de Saint-Louis, lieutenant colonel du régiment de Bourbonnnois, puis lieutenant de roy d'Aiguemortes, blessé au siége de Luxembourg en 1684.

7301. Hiky (le sʳ), gentilhomme irlandois, chevalier de Saint-Louis et lieutenant-colonel du régiment de Béarn, blessé à la bataille de Dettingen eu 1743.

7302. HILAIRE (Jean), damoiseau, blessé à la bataille de Poitiers en 1356.

7303. HILAIRE (N... d'), tué au siége d'Yvoy sous François Ier, à la tête d'une troupe de gens de guerre qu'il avoit levée.

7304. HILAIRE DE JOVIAC (Alexandre d'), s[r] des Faisres, cornette au régiment de Buzenval, tué au camp devant Roses en 1674.

7305. HILAIRE DE JOVIAC (Jacques-François d'), son neveu, s[r] de Saint-Martin, lieutenant de cavalerie, tué au siége de Courtray en 1683.

7306. HILAIRE DE JOVIAC (Alexandre d'), frère du précédent, lieutenant au régiment de Margon, tué au siége de Roses en 1693.

7307. HILAIRE (Alexandre-François, dit *le vicomte de Joviac*), chevalier de Saint-Louis, capitaine de grenadiers au régiment de Flandres, blessé à la bataille de Lutzelberg en 1758; le fut encore au siége de Cassel et quitta le service en 1585.

7308. HILERIN DÉ SINIÈRES, enseigne de vaisseau du port de Rochefort, tué devant Gibraltar le 31 décembre 1704.

7309. HIRE (Samuel de la), capitaine au régiment de Vieux-Suppa, tué au combat de Steinkerque en 1692.

7310. HIRE (Jean-Pierre la), son frère, chevalier de Saint-Louis, lieutenant-colonel du régiment de Brendlé avec rang de colonel et brigadier des armées du roy, fut dangereusement blessé au genou dans le même combat et mourut à Spire le 21 août 1734 d'une autre blessure qu'il avoit reçue au siége de Philisbourg.

7311. HISEL (le s[r] de la), lieutenant au régiment de Navarre, tué à la bataille de Senef en 1674.

7312. Hithard (le sr), capitaine au régiment d'Alsace, blessé à la bataille de Clostercamps en 1760.

7313. Hitier (le sr), exempt des gardes du corps, est blessé à l'affaire de Dettingen, en 1743.

7314. Hitton, enseigne de vaisseau du port de Brest, noyé à Merguy, campagne de Siam, le 27 juin 1688.

7315. Hitton, lieutenant de vaisseau du port de Rochefort, mort aux isles commandant *le Cheval-Marin*, en 1692.

7316. Hobacq (Jean), tué en 1596 sur la brèche à Calais, en soutenant l'assaut donné à la citadelle.

7317. Hocart (Jean), seigneur de Bouvray et de Viesve-la-Ville, capitaine d'une compagnie de gens de pied et commandant à Château-sur-Marne, tué au siége d'Epernay en 1592.

7318. Hocart (Gaston-Jean-Zacharie), seigneur de Renneville, capitaine au régiment de Picardie et grand bailly de Châlons-sur-Marne, fut blessé à la bataille de Parme en 1734.

7319. Hocart (Jean-Baptiste), seigneur du Frêne, lieutenant au même régiment, tué à la même bataille.

7320. Hocdenault de Breugnon, capitaine de vaisseau en octobre 1734, chevalier de Saint-Louis, blessé d'un coup de sabre sur la tête pendant le siége de Calais 1695 ; quelques jours après, blessé d'un coup d'esponton, qui lui traversa le bras, fut fait prisonnier par les Anglois en 1702 ; blessé derechef d'un coup de fusil sur *le Magnanime*, au combat de Malgue 1703 ; puis encore sur le Lys, à la jambe, en 1707.

7321. Hoch (Cail), capitaine au régiment d'Alsace, blessé à la bataille de Clostercamps en 1760.

7322. Hoquart de Montfermeil (Jean-Hiacinthe), enseigne

de vaisseau, tué d'un coup de canon à la poitrine et aux cuisses dans le combat naval du 8 juin 1755, servant sur *l'Alcide*, commandé par M. Hocquart, son oncle, capitaine de vaisseau.

7323. Hodebourg (le s^r d'), capitaine au régiment de la Rochefoucauld-cavalerie, blessé d'un coup de bayonnette à l'épaule à la bataille de Minden en 1759.

7324. Hodène (le vicomte de), blessé au siége de Carthage en 1390.

7325. Hodilin (?) (le s^r), lieutenant au régiment suisse de Planta, blessé et fait prisonnier à la bataille de Rosbach en 1757.

7326. Hogue (le s^r de la), capitaine au régiment de Normandie, blessé au siége de Philisbourg en 1688.

7327. Hogguer (Georges-Léonard d'), chevalier de l'ordre du Mérite militaire et colonel d'infanterie, d'abord capitaine au régiment de Waldner, puis dans celui de Vigier-suisse ; blessé en 1758 à la bataille de Sundershausen, le fut encore de trois coups de feu à l'affaire de Dillembourg en 1760.

7328. Hohendorff (Jean-Frédéric de), chevalier de Saint-Louis, chef de bataillon au régiment de royal-Bavière avec rang de lieutenant-colonel, blessé d'un coup de bayonnette à l'attaque des lignes de Dettingen en 1734, le fut encore au siége de Prague en 1742.

7329. Hohensax (le baron de), capitaine suisse au service du roy, fut tué au combat de la Bicoque en 1522.

7330. Hohenson (le baron Philippe-Ulrich de), reçut un coup de pique à la gorge à la bataille de Cérisolles en 1544, où il commandoit pour le roy une partie des Suisses. Des

historiens du temps rapportent qu'il fut guéri par cette blessure d'un goître effroyable dont il étoit incommodé; dans la
campagne précédente il avoit encore reçu deux autres blessures ; il mourut en 1585 âgé de 73 ans.

7331. HOIS (Angeau de), chevalier, tué à la bataille de
Poitiers en 1356. — Cet officier paroit être le même que
Anclin de Caron, seigneur de *Hes*, cité ci-devant et qui en
effet périt à cette bataille.

7332. HOMIÈRES (le sr d'), capitaine des grenadiers dans le
régiment de Nice, est blessé au siége de Mahon le .... 1756.

7333. HOMME (Pierre l'), chevalier de Saint-Louis, capitaine
commandant au régiment de Rouergue, reçut plusieurs blessures au service sous Louis XV et obtint sa retraite en 1777.

7334. HOMME DE RUEL (Jacques l'), lieutenant au régiment
de royal-Pologne-cavalerie, reçut une blessure à la jambe au
service qu'il quitta en 1766.

> Il y avoit en Dauphiné une famille de ce nom qui prenoit pour devise:
> L'HOMME, SOIS HOMME. — D'azur à une fasce d'argent.

7335. HOMMEI (Robert d'), capitaine d'une compagnie d'infanterie, tué au siége de Montauban en 1621.

7336. HOMMEI (Claude d'), ayant servi 65 ans tant dans la
compagnie des chevau-légers de la garde qu'en qualité de
maréchal des logis des gendarmes de la reine, mourut de ses
blessures à Limbourg.

7337. HOMMEI (N... d'), son fils, servit 20 ans dans la compagnie des gendarmes écossois, et mourut aussi de blessures reçues à la guerre.

7338. HOMMEI (Jacques d'), fils du précédent, chevalier de
Saint-Louis et gendarme de la garde du roy, reçut huit

blessures de fer et de feu à la bataille de Ramillies en 1706 et fut encore blessé d'un coup de fusil au visage à celle d'Oudenarde en 1708.

7339. Hommei (N... d'), son autre fils, fut tué à la bataille d'Eckeren en 1703, servant comme volontaire dans le régiment de Grignan-cavalerie.

7340. Homps (le s^r d'), capitaine au régiment de Piémont, blessé au siége de Prague en 1742.

7340 bis. Honoré (le s^r), lieutenant au régiment de Rohan depuis Béarn, chevalier de Saint-Louis, puis aide-major de Saint-Omer, blessé au siége de Philisbourg en 1734 et dans une sortie à Lintz, le 16 janvier 1742; le fut encore à l'affaire de Mèle en 1765.

7341. Honoré Julien, capitaine de brûlot du port de Toulon, mort sur *le Bizarre*, commandé par M. Bidault, le 15 février 1700.

7342. Hôpital (Jacques de l'), marquis de Choisy, chevalier des ordres du roy, l'un de ses chambellans, gentilhomme ordinaire de sa chambre, conseiller en son conseil privé, capitaine de cinquante hommes d'armes de ses ordonnances, cornette de la compagnie des gendarmes de S. M., chevalier d'honneur de la reine, chambellan et premier écuyer du duc d'Alençon, gouverneur de Dourdan, sénéchal et gouverneur d'Auvergne, fut blessé et eut un cheval tué sous lui à la bataille d'Yvoy en 1590.

7343. Hôpital (Antoine-Jacques l'), vicomte de Vaux, lieutenant de la mestre de camp général de la cavalerie légère, tué à l'âge de 74 ans à la bataille de Rethel, en 1653.

7344. Hôpital (François-Marie de l'), duc de Châteauvilain, pair de France, marquis de Vitry, conseiller d'Etat d'épée, capitaine de cent hommes d'armes des ordonnances du roy, mestre de camp du régiment de la reine-infanterie et lieutenant général de la province de Brie, reçut plusieurs blessures qui le mirent *dans un extrême péril*, d'après les lettres d'érection du duché-pairie de Châteauvilain, qu'il obtint au mois de juin 1650; mort le 9 mai 1679.

C'est le fils de Nicolas de l'Hôpital, marquis puis duc de Vitry, à qui le meurtre de Concini valut le bâton de maréchal de France. Il avoit acheté le comté de Châteauvilain des créanciers du florentin Ludovic Adjacetto, qui pour ce fait le provoqua en combat singulier. — Voir TALLEMANT DES RÉAUX, t. 3, p. 163, *Commentaires* de M. P. Paris.

7345. HÔPITAL (Thierry de l'), seigneur de Vaux, enseigne au régiment de Piémont, blessé au siége de Valenciennes en 1656, fut tué à celui de Dunkerque en 1658.

7346. HÔPITAL (François de l'), seigneur du Haillier, comte de Ronay, maréchal de France, militaire d'Etat, chevalier des ordres du roy, capitaine de ses gardes du corps, blessé au siége de Saint-Omer en 1638, et dangereusement encore à la bataille de Rocroy en 1643; mourut le 20 avril 1668.

C'est le frère puiné du maréchal de Vitry. Il est sans doute superflu de noter qu'aucun des l'Hôpital qui viennent d'être cités ne descend du célèbre chancelier. — (Voir pour cette descendance au mot Hu-RAULT.) Les l'Hôpital dont il est ici question venoient des *Galluni*, famille ancienne du royaume de Naples établie en France vers le XIVe siècle, et qui avoit pris le nom de l'Hôpital d'une terre située dans l'Orléanais. Le premier qui vint en France avoit épousé Jeanne Braque, dame de Choisy, d'où vint à ses descendants le titre de seigneur, de comte, puis enfin de marquis de Choisy. Adrien de l'Hôpital l'un d'eux, capitaine de Caudebec en 1487, s'étoit trouvé à la bataille de Saint-Aubin du Cormier. Il avoit épousé Anne Rouhaut, fille du maréchal de France de ce nom, dont il eut Charles qui a fait la branche de Vitry. Armes : de gueules, au coq d'argent, crété, membré et barbé d'or portant au col un écusson d'azur chargé d'une fleur de lis d'or.

7347. HÔPITAL (le sr de l'), capitaine dans les troupes de la marine, fut tué au siége de Dunkerque en 1658.

7348. HÔPITAL (le sr de l'), également capitaine dans les

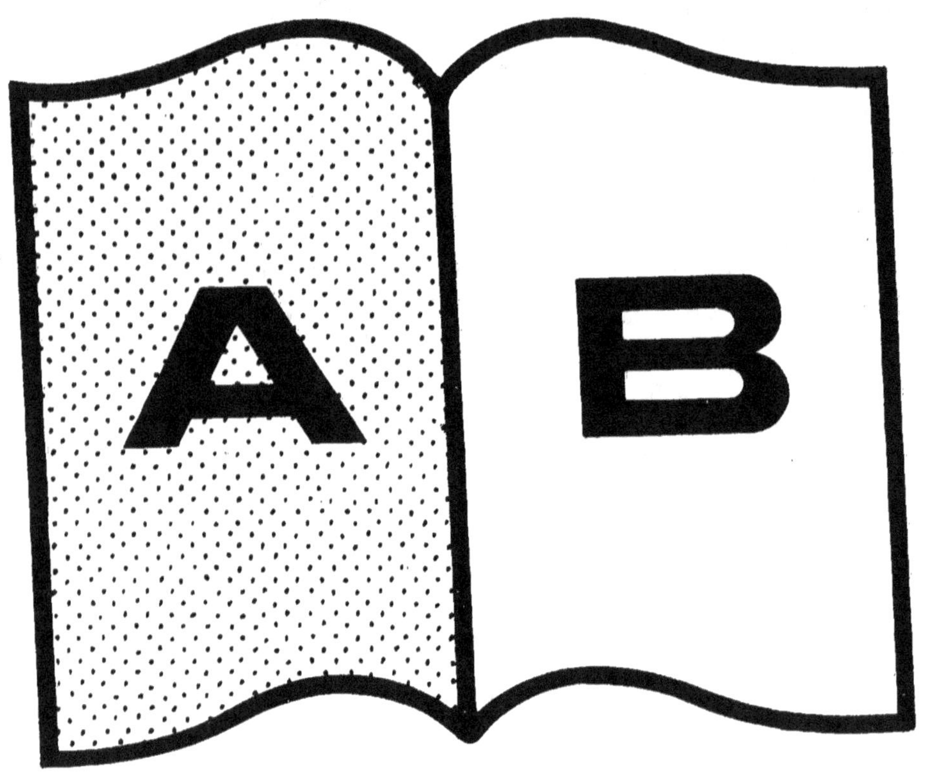

Contraste insuffisant

NF Z 43-120-14

troupes de la marine, fut blessé en 1704 dans un combat contre les Camisards. (*Hist. des Camisards.*)

> Ces deux derniers semblent être des L'Hospital de Champagne qui prenoient pour devise : *Semper vigil* et pour armes : d'or au chevron d'azur compaagné de rois écrevisses de gueules.

7349. Hoquetot (le s^r de), favori du prince de Condé, fut tué au siége de Montpellier en 1622.(V. de Houquetot, en cas de rapport avec cette famille.)

7350. Horadou (le s^r), sous-lieutenant au régiment de Hainaut, blessé au siége de Savannah en 1779.

7351. Horner (le s^r), lieutenant au régiment de Brendlé-suissé, tué au siége de Landau en 1713.

7352. Horric (Pierre, dit *le chevalier* de), chevalier de Saint-Louis, ancien lieutenant au régiment de Médoc, puis lieutenant-colonel au régiment de Lamballe, blessé à la bataille de Parme en 1734, le fut encore à celle de Creweldt en 1758.

> MM. de Horric de Beaucaire, originaires de l'Angoumois, semblent issus de cette famille : d'azur à trois fermaux d'or, 2 et 1.

Hons (des). V. Deshors.

7353. Hory (le s^r), capitaine, est blessé au siége de Stenai, le ... 1654.

7354. Hostager (Pierre d'), capitaine au régiment de Piémont, mort des blessures qu'il reçut dans les guerres de Louis XIV.

7355. Hostallier (le s^r), capitaine au régiment d'Auvergne, blessé à la bataille de Clostercamps et au combat de Rhimberg en 1760.

7356. Hostun (François d'), marquis de la Baume, brigadier des armées du roy et mestre de camp d'un régiment de cavalerie, mourut à Strasbourg le 20 septembre 1704, des blessures qu'il reçut à la bataille d'Hochstett.

7357. Hostun (Laurent d'), capitaine de vaisseau, mort au siége de Candie en 1669.

7358. Hostun (Camille, duc d'), comte de Tallart, baron d'Alon, seigneur du duché de Lesdiguières, maréchal de France, chevalier des ordres du roy, ministre d'Etat, gouverneur de la Franche-Comté et de Besançon, lieutenant général en Provence et en Dauphiné et ambassadeur en Angleterre, eut le pied percé d'un cheval de frise, au siége de Woërden en 1672, en entrant dans la redoute où les ennemis furent forcés; eut un cheval tué sous lui et un autre blessé au combat de Senef en 1674; reçut un coup de mousquet à l'attaque de Rhinfelds en 1678 et le fut encore à la bataille de Blenheim et à la levée du siége d'Eberabourg en 1692 ; il mourut le 30 mars 1728.

7359. Hostun (Marie-Joseph, duc d'), son fils, pair de France, comte de Tallart, seigneur du duché de Lesdiguières, chevalier des ordres du roy, brigadier de ses armées, gouverneur de Besançon, gouverneur et lieutenant général de la Franche-Comté, fut blessé dangereusement à la bataille de Ramillies en 1706.

La maison la Baume a formé plusieurs branches : — les la Baume du Languedoc, — les la Baume-le-Blanc, ducs de la Vallière, originaires du Bourbonnais — les la Baume-Cornillon de l'île de France — les la Baume de Forsal du Périgord et d'Auvergne, les la Baume, comtes de Montrevel, de la Bresse, les la Baume, marquis de Pluvinel du Dauphiné, enfin la Baume d'Hostun, dont l'un fut créé duc et pair en 1712.

7360. Hôte de Bocce (Hugues l'), chevalier de Saint-Louis, brigadier des armées du roy, commandant de la citadelle de Lille, à Courtray et à Pignerol, puis lieutenant de roy à Mézières, fut obligé de quitter le service à raison de ses blessures et mourut en 1712.

7361. Hôtel (François-Gaston de l'), marquis d'Escots, colonel du régiment d'Artois, maréchal de camp et lieutenant général de la province de Brie, tué au service du roy en Irlande, en 1690.

7362. Hôtel (Henry-Nicolas de l'), son fils, marquis d'Escots, aussi colonel du régiment d'Artois et lieutenant général de la province de Brie, mort de ses blessures à Hay le 18 août 1692.

7363. Houbert (le sʳ d'), est blessé à la tranchée, devant Dôle le ... 1674.

7364. Houndes (François-Jacques), chevalier de Saint-Louis, major du régiment de la Sarre, blessé à la bataille de Parme en 1734, quitta le service en 1765.

7365. Houdescotte (le seigneur de), tué à la bataille d'Azincourt en 1415.

7366. Houdetot (Pierre de), seigneur d'Auffay la Malet et de Fultot, homme d'armes de la compagnie d'ordonnances de Montmorency, tué à la bataille de Saint-Denis en 1567.

7367. Houdetot (Charles), tué au siége de Montpellier sous Louis XIII.

7368. Houdetot (Claude-Constant-César, *marquis* de), chevalier de Saint-Louis, capitaine lieutenant des gendarmes bourguignons, lieutenant général des armées du roy et lieutenant général pour S. M. en Picardie, fut blessé à la bataille de Minden en 1759 et mourut en 1781.

Famille de Normandie : d'argent à la bande d'azur bordée d'or et chargée d'une chaîne de trois médaillons du même, celui du milieu chargé d'un lion et les eux autres d'une aiglette.

7369. Houdouart (Jean-Baptiste d'), chevalier de Saint-

Louis, commandant de bataillon au régiment de royal-Bavière avec rang de lieutenant-colonel, blessé près de Gênes en 1747, mourut au mois de mai 1765.

7370. Houel (Laurent), seigneur de la Pommeraye, fut blessé au siége d'Hesdin ; mais on ne sait si ce fut à celui de François Ier ou d'Henry II.

7371. Houel (Guillaume), seigneur de la Pommeraye, homme d'armes de la compagnie d'ordonnances du seigneur d'Annebaut, blessé à la bataille de Dreux en 1568.

7372. Houel (Philippe), seigneur de la Pommeraye, blessé à la bataille de Rocroy sous Louis XIV.

7373. Houel (Anne), seigneur de Morainville, mort dés blessures qu'il reçut à la bataille de Nordlingue en 1645.

7374. Houel (Antoine), chevalier de Malte, mort dans les guerres de Guyenne en 1652.

7375. Houel de Morainville (François), exempt des gardes du corps, demeura presque enseveli au siége de Maëstrick en 1673 sous une mine que l'on fit jouer, et il en fut retiré comme par miracle ; il reçut encore plusieurs blessures à la bataille de Senef en 1674, et mourut à Charleroy où il s'étoit fait porter.

7376. Houel (N...), son frère, dit le chevalier de Morainville, blessé à la bataille de Cassel d'un coup d'épée dans la cuisse.

7377. Houel (Charles), marquis d'Houëlbourg, dans l'isle de la Guadeloupe, seigneur de Varennes et la Roche-Bernard, chevalier de Saint-Louis, capitaine aux gardes-françoises, maréchal de camp et gouverneur de l'isle de Rhé, blessé aux batailles de Fleurus, de Steinkerque et de Malplaquet en 1690, 1692 et 1709 ; mourut en 1736.

Il y a encore des Houel du Hamel que nous croyons issus de cette famille : d'azur à trois pals d'or.

7378. Houillon (le sr), enseigne de vaisseau, blessé au pied d'un coup de lance au siége de Carthagène en Amérique en 1697.

7379. Houquetot (le sr de), lieutenant aux gardes-françoises, tué au siége de Dôle en 1674.(V. de Hoquetot.)

7380. Hourmelin (le sr de), capitaine au régiment de la Tour-du-Pin, depuis Béarn, tué à la bataille de Creweldt en 1758.

7381. Houssaye des Vergers Saint-Georges (la), enseigne de vaisseau du port de Brest, mort à Siam le ... septembre 1690.

7382. Houssaye (le sr de la), chevau-léger de la garde du roy, blessé au siége de Mons en 1691.

7383. Houssaye (le sr de la), capitaine au régiment de Bourbonnois, tué à la bataille de Malplaquet en 1709.

7384. Houssaye (le sr de la), lieutenant aux gardes-françoises, tué à la bataille de Dettingen en 1743.

7385. Houssaye (le sr de la), lieutenant de grenadiers au régiment de Champagne, tué en 1744 à l'attaque de Weissembourg.

7386. Houssaye (Joseph, dit *le chevalier* de la), chevalier de Saint-Louis, capitaine de vaisseau, eut une jambe emportée au combat du *Pégase* de 74 canons contre le vaisseau anglois *le Foudroyant* de 80 canons, le 10 avril 1782.

    Famille de Normandie dont les armes : d'argent à trois feuilles de houx de sinople.

7387. House (le sr de la), blessé en 1638 au siége de Poligny en Franche-Comté, où il servoit comme volontaire. (*Mercure* de 1638.)

7388. Houssiette (le s^r de la), lieutenant au régiment d'Aquitaine, blessé à la bataille de Minden en 1759.

7389. Houssoie (le s^r de la), capitaine de carabiniers, tué à la bataille de Nerwinde en 1693.

7390. Houssoie (Jean-Michel-Daniel de la), son frère, tué à la bataille d'Hochstett.

7391. Howard (Mylord), tué au service de France à la prise de Luxembourg en 1684.

7392. Houx (Charles-Antoine du), baron de Viomenil, chevalier, grand-croix de l'ordre royal et militaire de Saint-Louis, lieutenant général des armées du roy, gouverneur de la Rochelle et de Tours, blessé au siége de Berg-op-Zoom en 1747, mourut à Paris trois semaines après la journée du 10 août 1792, d'une blessure qu'il reçut à la cuisse.

7393. Houx (N... du), officier dans les volontaires de Dauphiné, fut tué le 4 juillet 1762 servant dans l'avant-garde de l'armée du prince de Condé.

La maison Le Houx de Viomesnil de Champagne prenoit pour devise : Toujours fidèle à l'honneur.

7394. Houy (le s^r de), capitaine au régiment de Guise, reçoit deux blessures dangereuses au siége de Guise le ... 1650.

7395. Hozier (Antoine d'), enseigne aux gardes-françoises, fut tué le 26 juillet 1582 dans le combat naval livré aux Espagnols par le général Philippe Strozzi, près l'isle de Tercère où il commandoit une compagnie comme enseigne du s^r du Bus qui lui-même y fut tué; on trouve en effet dans les titres de cette famille une procuration qu'il donna le 7 janvier

1580 à Etienne d'Hozier, son frère, capitaine de la ville de Salon en Provence, pour l'administration de son bien, *s'en allant,* dit-il *en cour, pour se mettre aux gardes du roy.*

7396. Hozier de la Garde (Jean d'), chevalier de Saint-Louis, aide-major et capitaine des portes de Strasbourg, puis major du château de Lichtemberg, fut blessé d'un coup de feu à l'attaque de Castelfollit en 1694, étant alors cadet au régiment d'Aunis, et mourut le 1er août 1747.

> La famille d'Hozier dont sortoit l'auteur du présent ouvrage, originaire de Salon en Provence, étoit réputée noble antérieurement au XVIe siècle, on en trouve la généalogie, et avec plus d'étendue, dans le *Registre III de la Noblesse de France,* armes : d'azur à une bande d'or, accompagnée de six étoiles de même, posée en orle. *Devise* : Et habet sua sidera tellus.

7397. Huardon (le sr), commandant un navire marchand, soutint deux combats très-vifs contre un corsaire anglois de cent cinquante hommes d'équipage, à la vue de l'isle Dieu. Il y reçoit un coup de fusil à l'épaule droite qui le traverse de part en part, en décembre 1747.

7398. Huault (Janvier, dit *le chevalier de Vaires*), tué d'un coup de canon au siége de Bois-le-Duc en 1629.

7399. Huault (Alexandre), son frère, reçu le 12 novembre 1629 chevalier de Malte, tué au siége de Dolle en 1636.

7400. Huault (Pierre, dit *le marquis de Vaires*), comte de Jouy en Theles, gentilhomme ordinaire de la chambre du roi et lieutenant général de ses armées, blessé le 4 juin 1661 au passage de la rivière de Perpignan, reçut encore trois coups de mousquet au combat donné six jours après devant Tarragone ; étoit maréchal des camps et armées du roi en 1645 ; lieutenant général en 1652, il mourut le 14 février 1662.

7401. Huault (Barthélemy), seigneur de Bernay, colonel

d'un régiment de cavalerie, fut blessé au combat donné
près de Villefranche en Roussillon le 31 mars 1642, et
mourut le 8 juin 1669.

Les Huault de Bernai, famille de la Brie, originaire de Touraine, sei
gneurs de Bernai, marquis du Vaires, marquis de Bussi, etc. Voir au
supplément.

7402. Hubert (Christophe), lieutenant garde-côte à la
Hogère, reçut plusieurs blessures, d'après un certificat du
17 janvier 1676, servant à ses frais, armés et chevaux dans
le régiment de Saint-Loup-cavalerie.

7403. Hubert de Lauberdière (le sr), est fait lieutenant de
grenadiers dans le régiment de Talaru ; blessé au siége de
Mahon, le... 1756.

7404. Hubert (le sr), lieutenant de grenadiers au régiment
d'Aumont, blessé à la bataille de Minden en 1757.

7405. Hubner (le sr de), capitaine au régiment prince de
Gotha au corps des Saxons, eut plusieurs contusions à la
tête à la bataille de Minden en 1757.

7406. Huchar (le sr), capitaine au régiment de Piémont,
tué au siége du Quesnoy en 1712.

7407. Hue de Miroménil (Jean-Sébastien), chevalier de
Malte, colonel du régiment de Quercy et brigadier des
armées du roy, fut blessé d'un coup de pierre à la tête et
eut le bras cassé d'un coup de fusil au mois de juillet 1705
dans la guerre des Camisards, et mourut de ses blessures à
Oran le 15 juin 1733.

7408. Hue (François), son frère, colonel du régiment de
Miroménil, fut tué aussi à Oran le 3 juin de la même année
1705.

Hue de Miromesnil, maison de l'Orléanois, établie en Normandie d'où
sortoit le garde des sceaux de ce nom et qui en cette qualité, sous le

règne de Louis XVI, rédigea la déclaration du 24 août 1780, relative à l'abolition de la question.Armes : d'argent à trois hures de sanglier de sable.

7409. Huet d'Arlou (Laurent-Claude), chevalier de Saint-Louis, capitaine au régiment de royal-Cravates, eut un doigt coupé au passage du Ter en 1694, fut encore très-grièvement blessé à la tête dans une autre action et mourut le 1er janvier 1721.

7410. Hugel (le sr), capitaine-lieutenant au régiment suisse d'Eptingen, blessé à la journée de Grebenstein le 24 août 1762.

La *Gazette de France* dit à l'affaire du 24 juin auprès de Cassel.

7411. Hugi (Abraham), suisse, capitaine au régiment de Sparre-infanterie, reçut plusieurs blessures en différentes affaires, entre autres au siége de Barcelone, et mourut le 8 mars 1727 en odeur de sainteté.

7412. Hugo (Nicolas), seigneur de Rouvray, capitaine au régiment de Phalsbourg, tué en 1635 par les Suédois, après avoir défendu un fort où il commandoit près d'Heydelberg.

7413. Hugo (Jean), capitaine au régiment de Baudricourt, tué dans les guerres de Louis XIV.

7414. Hugo, sous-lieutenant au régiment de Grancey, tué à la bataille de Staffarde le 18 août 1690.

Famille d'origine étrangère ; on trouve des Hugo qualifiés au Luxembourg, en Silésie, en Hanovre, en Flandre et au Wurtemberg, sans parler des Hugo de Lorraine, anoblis sous l'empire et d'où sort le grand poëte si connu.

7415. Hugues (David d'), baron de Beaujeu, gentilhomme ordinaire de la chambre du roy, maréchal de camp, gouverneur de Lauzet, et viguier de Marseille, fut blessé en 1641 de plusieurs coups à la prise du château de Demont.

Hugues (d') seigneurs, barons de Beaujeu, originaires du Languedoc, puis établis en Dauphiné et en Provence. *Voir au supplément.*

7416. Huillier (Jean l'), seigneur de Saint-Gratian, de la Rigaudière, de Motheux et de Chalendos en Brie, fut tué en 1567 à la bataille de Saint-Denis où il eut aussi un cheval tué sous lui.

7417. Huillier (de l'), lieutenant-colonel au régiment de Jarzé, blessé au siége de Mayence en septembre 1689.

7418. Huillière (le s^r de la), chevau-léger de la garde du roy, fut grièvement blessé au siége de Mons en 1691.

7419. Huimélinière (le s^r), *sans autre désignation*, est blessé à la bataille de Sens le... 1648.

7420. Humbelot (Pierre), capitaine aide-major du régiment de Piémont, tué à la bataille de Sedan.

7421. Humbert (Louis-François), chevalier de Saint-Louis, major du régiment de Nassau-Usingen, puis capitaine dans celui de royal-Navarre, lieutenant-colonel dans celui de Bercheny, maréchal de camp en 1784 et général de la République françoise lors de la Révolution, blessé à la bataille de Sundershausen.

7422. Humes (Charles-Antoine de), seigneur de Chérisy, colonel des deux régiments de Condé, puis maréchal de camp, gouverneur de Clermont et du Catelet, où il fut tué pour le service du roy en 1658.

7423. Humes de Chérisy (le s^r), capitaine au régiment de Trassy-cavalerie, blessé en 1644 au siége de Fribourg. (*Mercure* de 1644.)

> La maison Humes de Chérisy (Ecosse et Bretagne) avoit pour devise : Fidèle jusqu'au bout.

7424. Humières (Jean, *sire* d'), chevalier, tué à la bataille de Poitiers en 1356.

7425. Humières (Mathieu et Jean d') frères, tués à la bataille d'Azincourt en 1415.

7426. Humières (Mathieu d'), tué à l'attaque de la forteresse de Milly en Beauvoisis en 1442.

7427. Humières (Charles, *sire* d'), marquis d'Ancre, chevalier des ordres du roy, gentilhomme ordinaire de sa chambre, conseiller en son conseil privé, capitaine de cent hommes d'armes de ses ordonnances, lieutenant-général au gouvernement de Picardie et gouverneur de Compiègne, tué d'un coup de mousquet à la tête à la prise de la ville de Ham en 1595. De Thou en parle comme du plus brave et du plus capable officier qui fut en Picardie, et il ajoute que le roy et tout le royaume le pleurèrent.

> Humières, famille françoise qui tiroit son nom de la terre d'Humières en Artois, mais dont la terre de Mouchy-Humières en Beauvoisis devint par suite le siége principal. Cette maison, fertile en vaillants hommes de guerre, s'éteignit en la personne de Charles, tué à Ham et dont l'article précède. L'héritage de la maison d'Humières passa à Jacqueline, sa sœur, mariée à Louis de Crevant, vicomte de Brigueil, dont les descendants joignirent à leur nom celui d'Humières. — *Voy.* Crevant.

7428. Hunault de la Thibaudière (Germain), seigneur de la Chevallerie, aide de camp des armées du roy en 1651, reçut quittance du receveur des tailles d'Angers le 16 février 1675, d'une somme de 40 fr. à laquelle le roy avoit fixé son service personnel dispensé du ban et de l'arrière-ban, ne pouvant s'y rendre à raison de ses blessures et de ses infirmités.

7429. Huault de la Chevallerie (René-François), chevalier de Saint-Louis, capitaine au régiment Dauphin-dragons, fut blessé à la bataille de Rosbach en 1757 d'une balle qui lui traversa le genou.

> Famille de Touraine : d'or à la fasce d'azur chargée de trois molettes d'éperon d'or, accompagnées de trois coquerelles de gueules, 2 en chef et 1 en pointe. Une autre famille de ce nom en Berry : de gueules à trois roses d'argent.

7430. Huober (le sr), capitaine au régiment de Court-en-Suisse, tué en 1746 au siége de la citadelle d'Amiens.

7431. Huraudière (le sr de la), sous-lieutenant aux gardes-françoises, tué au siége de Dunkerque en 1658.

7432. Hérault de Villeluisant (Louis), mestre de camp d'un régiment, fut grièvement blessé au siége de la Fère en 1580.

7433. Hurault (Anne), baron d'Huriel, de Précy et de Vibraye, chevalier de l'ordre du roy, gentilhomme ordinaire de sa chambre, capitaine de cinquante hommes d'armes de ses ordonnances, tué en 1506 d'une arquebusade au siége de Sabregnac en Périgord-Languedoc, où il avoit accompagné le duc de Joyeuse à la poursuite des religionnaires.

7434. Hurault (François), seigneur de Châteaupers, maître des requêtes, fut blessé dans une rencontre près d'Orléans pendant les troubles de la ligue vers l'an 1590.

7435. Hurault de l'Hôpital (Charles), seigneur de Bélesbat, capitaine d'une compagnie de chevau-légers, tué au siége de Chartres en 1591.

7436. Hurault (Philippe), seigneur du Marais, tué au siége du Pont-de-Cé en 1620.

7437. Hurault de l'Hôpital (Jean-Baptiste), chevalier de Malte et enseigne aux gardes-françoises, tué au siége de Landrecies en 1637.

7438. Hurault, comte d'Onzain, fils du marquis de Vibraye, mestre de camp du régiment de Beaune, est tué au siége de Thionville, le... 1639.

7439. Hurault de l'Hôpital (Charles), tué au service du roy en Sicile.

7440. Hurault (César), seigneur de Châteaupers, chevalier de Malte et capitaine aux gardes-françoises, tué à la levée du siége d'Arras en 1654.

7441. Hôpital-Hurault de l' (Philippe), son frère, tué à la bataille de Fleurus en 1690.

7442. Hurault (François), seigneur de Weil et de Valence, capitaine de dragons, tué au combat de Steinkerque en 1692.

7443. Hurault (Louis-Charles), capitaine au régiment de Rouergue, tué à Crescentia dans le Milanais.

7444. Hurault (Jacques), seigneur de Saint-Denis, capitaine de dragons, tué au service en 1695.

7445. Hurault de Villeluisant (N...), chevalier de Saint-Louis et capitaine de vaisseau sous Louis XIV, se trouva à tous les combats de remarque, et ne se retira d'aucun sans avoir été blessé ; son corps n'étoit que cicatrices.

7446. Hurault de Veuil, enseigne de vaisseau du port de Toulon, tué au siége de Toulon le 18 aoust 1707.

7447. Hurault (N...), enseigne de vaisseau, fut blessé à la tête dans le combat du comte de Guichen près de la Martinique contre l'amiral Rodney en 1780.

7448. Hurault de Villeluisant (N...), garde du pavillon, tué dans le fameux combat de la frégate *la Belle-Poule* contre un vaisseau ennemi de 64 canons, dans les environs de Croisie le 15 juillet 1780.

Plusieurs familles célèbres ont porté ce nom : les Hurault de Lorraine ; les Hurault — de Cheverny de Bretagne ; les Hurault de Vibraye (Blaisois), puis les Hurault de L'Hôpital. D'Hozier a mêlé ces diverses familles de façon à les distinguer difficilement. Pour ce qui regarde ces derniers on sait que le chancelier de l'Hospital (que d'Hozier écrit partout *L'Hôpital*), n'eût de Marie Marin sa femme qu'une fille, Magdeleine de l'Hôpital, qui épousa Robert Hurault, seigneur de Belesbat, conseiller au grand conseil, puis chancelier de Marguerite de France, duchesse de Lorraine, et dont les enfants prirent le nom et les armes de l'Hôspital.

Les Hurault de Cheverny (de l'Orléanois) avoient pour devise : *Cortat majoribus astris.*

7449. HURTAR (le sʳ), lieutenant au régiment de Navarre, blessé à la bataille de Raucoux en 1746.

7450. HURTAUMONT (le sʳ de), capitaine au régiment de Picardie, blessé au combat de Senef en 1674.

7451. HURTAUT (le sʳ), d'abord sergent dans le régiment de Blois, puis porte-drapeau et sous-lieutenant dans celui du Perche, fut blessé au siége du fort Saint-Georges en Canada en 1757.

Famille du Berry : d'azur au chevron d'or, accompagné de trois croissants d'argent, celui en pointe surmonté d'un dextrochère d'or, de la main de carnation tenant une poignée d'épis au naturel.

7452. HUSSON (Olivier de), comte de Tonnerre, tué à la bataille de Verneuil en 1424.

7453. HUSSON (Claude de), comte de Tonnerre, tué à la bataille de Pavie le 24 février 1525.

Ce Claude de Husson étoit fils de Louis de Husson et de Françoise de Rohan. — Olivier de Husson qui précède, tris-aïeul de Claude, étant devenu époux de Marguerite de Chalon, fut le premier de ce nom qui prit le titre de comte de Tonnerre, du fait de Marguerite, héritière de son père, Louis de Chalon, et de Marie de la Trémoille.

7454. HUYAS (le sʳ), officier au régiment de Rambures, depuis Feuquières et Béarn, blessé au combat de Senef en 1674.

7455. HUZY DE MULHAUSEN (le sʳ), lieutenant au régiment de Brendlé-suisse, tué à la défense d'Ath en 1706.

7456. HYERMONT (le sʳ d'), chevalier de Saint-Louis, capitaine de grenadiers au régiment de Picardie, blessé à la bataille de Parme en 1734.

7457. Hym (le baron d'), commandant les troupes saxonnes, fut dangereusement blessé d'un coup de canon à la bataille de Berghen en 1759.

I

7458. Igoin (le chevalier d'), capitaine au régiment de Picardie, blessé à la bataille de Guastella en 1734, mourut à Lyon en 1742.

7459. Ignes (le s^r), garde de la marine, est blessé le 13 mai 1707 dans un combat du chevalier de Forbin contre une flotte angloise partie des Dunes. (*Gazette de France.*)

7459 *bis*. Illa (le s^r d'), lieutenant au régiment de Crillon, depuis Béarn, fut tué en 1746 dans un détachement.

7460. Illières (le chevalier d'), garde de la marine, embarqué sur le vaisseau du chevalier de Coëtlogon au combat de Rinsal, ayant sauté en l'air avec la dunette de ce vaisseau, frappé d'un coup de canon ennemi qui donna dans des grenades et dans un baril de poudre, il fut jeté à 50 pas dans la mer sans être blessé, nagea quelque temps et eut le bonheur de se saisir d'une planche au moyen de laquelle il se soutint deux heures sur l'eau ; il passa entre les deux lignes et essuya pendant tout ce trajet, le feu de nos vaisseaux et le feu de l'ennemi ; sollicitant le secours de tous, sans qu'aucun voulut y avoir égard ; au contraire, s'étant approché d'une chaloupe et ayant prié les matelots de le recevoir, ils le chargèrent à coups d'avirons et l'un d'eux lui enfonça presque l'estomac. On le croyoit Anglois parce qu'il avoit les cheveux blonds ; enfin, après que plusieurs chaloupes lui eurent passé sur le corps, et lorsque l'excès de la lassitude le laissoit sans espérance, il fut reçu dans celle du chevalier de Rosmandée et embarqué sur son vaisseau comme Anglois, sans être reconnu d'aucun officier : on lui parla anglois qu'il entendoit pas, et comme il demeura trois heures sans rien dire parce qu'il avoit perdu connaissance, les matelots prétendirent qu'il étoit huguenot et qu'il ne vouloit pas répondre de peur de se convertir». (*Histoire de l'ordre de Saint-Louis.*)

7461. Illiers (le sʳ), capitaine, est blessé le 4 août 1639 à la défaite des Espagnols près du fort Saint-Nicolas.

7462. Illiers (Elizé d'), seigneur des Radrets, chevalier de l'ordre du roy, fut tué au siége d'Arras en 1640.

7463. Illiers de Balsac (Henry d'), marquis d'Illiers, lieutenant des chevau-légers de la garde du roy, est blessé mortellement à la bataille de Senef en 1674.

7464. Illiers de Balsac d'Entragues (Jacques d'), son fils, dit *le marquis d'Illiers*, chevalier de Saint-Louis, maréchal de camp et capitaine lieutenant des chevau-légers de Berry, fut blessé à la bataille de la Marsaille en 1693, d'un coup de mousquet à la bouche, puis l'instant d'après d'un autre à l'épaule: il eut aussi un cheval tué sous lui. A la bataille de Fleurus, en 1690, un cavalier lui ayant donné sur la tête un coup de sabre qui l'étourdit, et lui ayant arraché son étendard de la main, le marquis d'Illiers reprend ses sens et s'étant fait accompagner de deux chevau-légers, se jette au milieu de l'escadron ennemi, tue d'un coup de pistolet celui qui lui avoit pris son étendard, le rapporte et charge de nouveau les ennemis avec la cavalerie. — Il mourut en 1739.

7465. Illiers (le chevalier d'), son neveu, fut tué à la bataille de Ramillies en 1706.

Famille de Beauce : d'or à six annelets de gueules.

18

7466. Imbert de Bourdillon (Raymond-Denis d'), chevalier de Saint-Louis, capitaine commandant au régiment de Beaujolois-infanterie, obtint en 1587 une pension de retraite de mille livres, motivée sur ses services et ses blessures.

7467. Imbert (le sr), lieutenant dans le régiment de la Morette, est blessé au siége de Cosni en montant à la brèche, le 8 septembre 1641.

7468. Imbert (le sr), enseigne de vaisseau du port de Brest, mort commandant *la Patache* le ... 1670.

7469. Imbert (Sulpice d'), chevalier de Saint-Louis, capitaine dans les grenadiers royaux de l'Espinasse, puis lieutenant-colonel de ceux de Lyonnois et lieutenant des maréchaux de France, fut grièvement blessé et eut un cheval tué sous lui à la bataille de Laufeldt en 1747.

7470. Imbert (Jean d'), capitaine au régiment de la Reine-infanterie, mourut criblé de blessures étant le plus ancien capitaine des troupes du roy: on ne dit point en quelle année.

> On compte un assez grand nombre de familles de ce nom, en Languedoc, en Artois, dans le Nivernois, en Flandre et dans le Vivarais. MM. Imbert de Bourdillon, de l'Ile-de-France, portoient : d'argent au chevron de gueules accompagné de trois annilles de sable, devise : Nescit labi virtus. — Une autre famille de ce nom d'Imbert, nous ne savons si elle figure dans une des mentions précédentes, avoit cette autre devise : Nullis parcendo periculis.

7471. Imbeuse (l'), sous-lieutenant au régiment de Robecq, blessé le 18 août 1690 à la bataille de Staffarde.

7472. Imbleval (d'), enseigne de vaisseau du port de Brest, tué sur *le Terrible*, commandé par M. de Relingue, le 24 aoust 1704.

> Une famille de ce nom en Normandie et en Picardie, porte : de gueules à trois quintes-feuilles d'or.

Imécourt (d'.) (*Voy.* Vassinhac.)

7473. Imès (le sʳ), lieutenant au régiment de Touraine, blessé à la bataille de Minden en 1759.

7474. Im-Feld (le capitaine André), d'Underwalden, capitaine au régiment de Tammann-suisse, tué à la bataille de Dreux en 1562.

7475. Im-Feld (André), officier suisse au service du roy, blessé à la même bataille.

7476. Inard (le sʳ), capitaine au régiment de la marine, est blessé le 17 juin 1704 devant Verceil.

7477. Inchy (le seigneur d'), tué à la bataille d'Azincourt le ... octobre 1415.

Incourt (d'). (*Voy.* Dincourt.)

7478. In-der-Halden (N...), officier suisse au service du roy, tué à la bataille de Navarre en 1513.

7479. In-der-Halden, autre officier suisse au service de France, fut blessé à la bataille de Dreux en 1562.

7480. Inderstorf, lieutenant au régiment suisse de Stuppa, blessé à la bataille de Fleurus le 1ᵉʳ juillet 1690.

7481. Infreville (le sʳ d'), chevau-léger de la garde du roy, blessé à la bataille de Dettingen en 1743. (V. de Berment.)

7482. Ingolt (Conrad), de Soleure, officier suisse au service du roy, tué à la bataille de Dreux en 1562.

7483. Ingrand (le sʳ), capitaine au régiment depuis Guyenne, tué au siége de Landau en 1702.

7484. Inguimbert (Charles d'), *dit de Moutange*, lieutenant-colonel du régiment walon de Famechon, tué en 1693 à la bataille de la Marsaille où il fit des prodiges de valeur.

7485. INGUIMBERT (Joseph-Bernard, dit *le chevalier* d'), chevalier de Saint-Louis, chef de bataillon au régiment de Flandres, puis lieutenant-colonel commandant le régiment de recrues de Paris, blessé à la bataille de Laufeldt en 1747, et à celle de Fillenghausen en 1761, obtint sa retraite en 1767.

> La famille Inguimbert, du comtat Venaissin, prenoit pour devise : FIRMANTUR AB ASTRIS : d'azur à quatre colonnes rangées d or; au chef de gueules, chargé de deux étoiles d'or.

IOLET (d'). (*Voy.* DIOLET.)

7486. IRRUMBERY (le chevalier d'), enseigne de vaisseau du port de Rochefort, tué à Rio-Janeiro sur *l'Oriflamme*, le 19 septembre 1720.

> Ce nom étoit celui de MM. de Salabéry, d'origine navaroise, qui payèrent l'impôt du sang de plus d'une manière, car le père de l'ancien député de ce nom périt sur l'échafaud révolutionnaire. — Il y a des descendants.

ISAMBERT DE MÉDINE. (*Voy.* de MÉDINE.)

7487. ISARN-CAMBON (Louis-Alexandre d'), chevalier de Saint-Louis, lieutenant-colonel du régiment de Touraine, mort de la suite des blessures qu'il reçut à la défense de Cassel en 1762.

7488. ISARN DE VILLEFORT DE MONTJEU (Louis-François d'), seigneur de l'Estang, chevalier de Saint-Louis et capitaine de l'ordre de Saint-Lazare, lieutenant aux gardes-françoises, puis gouverneur de la citadelle de Valenciennes, fut dangereusement blessé au siége de Philipsbourg en 1734.

7489. ISARN (le sr), capitaine aide-major du régiment royal-artillerie, blessé mortellement au siége du fort Saint-Philippe en 1756 (Mahon).

MM. d'Isarn de Villefort, originaires du Languedoc et dont il reste des descendants, portent : d'azur à la fasce d'argent accompagné en chef de deux losanges du même, et en pointe d'un croissant d'or.

7490. ISAUT (le s^r), capitaine au régiment de Picardie, blessé au combat de Senef en 1674.

7491. ISAUT (le s^r d'), capitaine d'une compagnie de chevau-légers et attaché au service du cardinal de la Valette, est tué le 9 octobre 1737 à l'attaque de Pont-sur-Sambre.

7492. ISCARD (Claude d'), seigneur de Chenerilles, perdit la vue par un éclat de canon qui le blessa dangereusement sous le règne de Louis XIII ou plutôt sous celui d'Henri IV.

7493. ISELÉE (le s^r l'), officier auxiliaire, tué sur *le Petit-Annibal* dans le combat du bailly de Suffren aux Indes contre l'amiral Hugues, le 20 juin 1783.

7494. ISELIN (le s^r), de Glaris, capitaine au régiment vieux-Stuppa, puis capitaine-lieutenant et aide-major de celui de Brendlé, blessé au combat de Steinkerque en 1692, fut tué à la défense d'Ath en 1706.

Famille suisse, établie en Franche-Comté: de gueules à la fleur de lys d'or en bande.

7495. ISEMBERERG (le marquis d'), capitaine au régiment royal-Deux-Ponts, tué à la bataille de Sundershausen en 1758.

7496. ISERN (le s^r d'), capitaine au régiment de Normandie blessé de deux coups de pique au siége d'Orbitello le 27 juin 1646.

Famille de Dauphiné : de gueules au griffon d'argent, au chef cousu du champ. Dev. MAGIS INSITA CORDI.

7497. ISIGNY (le marquis d'), blessé en 1644 dans la guerre, contre les Bavarois. (*Mercure de 1644.*)

7498. Isle-Marivaux (N... de l'), capitaine aux gardes-françoises, fut tué en 1559 au service du roy.

7499. Isle (Augustin de l'), son frère, marquis de Marivaux, aussi mestre de camp d'un régiment de cavalerie, tué au combat de Senef en 1674.

7500. Isle-Marivaux (Robert de l'), mestre de camp d'un régiment de cavalerie, tué au siége de Montmédy en 1657.

7501. Isle (Hardouin de l'), autre frère, marquis de Marivaux, chevalier de Saint-Louis et lieutenant général des armées du roy, blessé en 1703 au siége du fort de Kell, mourut le 15 décembre 1709.

De gueules à la fasce d'argent.

7502. Isle Bouchard (le seigneur de l'), tué à la bataille d'Azincourt en 1415.

Famille de Touraine : de gueules à deux léopards d'or l'un sur l'autre.

7503. Isle du Gast (le sr de l'), officier au régiment d'Enghien, tué en 1644 au siége de Fribourg. (*Mercure* de 1644.)

Famille de l'Ile-de-France : de gueules à la croix d'argent.

7504. Isle Jourdain (Bertrand, comte de l'), lieutenant général pour le roy en Languedoc, fut grièvement blessé au siége de Bergerac en 1645.

Famille d'Armagnac : de gueules à la croix de Toulouse d'or.

7505. Isle (Claude-Joseph de l'), seigneur de Brainville, officier au régiment de Duras-cavalerie, reçut plusieurs blessures aux batailles d'Oudenarde et de Malplaquet en 1708 et 1709 ; il fut depuis abbé de Saint-Léopold de Nancy en 1747.

Famille de Lorraine : d'azur au chevron d'or, chargé de trois croisettes tréflées et accompagnées de trois têtes de lions d'argent.

7506. ISLE (Jean de l'), chevalier, tué à la bataille de Poitiers en 1356.

7507. ISLE (Ancel de l'), seigneur de Puiseux, premier échanson du roy, tué à la bataille d'Azincourt en 1415.

7508. ISLE (Georges de l'), seigneur de Trassereux, tué au siége de Thérouanne en 1553.

7509. ISLE (Louis de l'), seigneur de Pontillant, tué près de Donnaus en 1576, portant la cornette blanche de l'armée conduite par M. de Montmorency (de Thou).

7510. ISLE (Philippe de l'), seigneur de Puiseux, mort au siége de Montauban en 1621.

7511. ISLE (François de l'), seigneur de Boisemont, lieutenant de cavalerie, tué au siége de Candie.

7512. ISLE, du port de Rochefort, mort sur *l'Ambitieux*, le 28 juillet 1693, capitaine de vaisseau.

7513. ISLE DE LA TOUCHE (Gilbert), enseigne de vaisseau, du port de Rochefort, mort à la Grenade le 29 juin 1711.

7514. ISLE DE LA MOTHE (le sr l'), lieutenant de vaisseau et capitaine en second de la frégate *la Junon*, fut tué dans le combat qu'elle soutint le 11 septembre 1778 dans les environs d'Ouessant, contre une frégate angloise.

7515. ISLE (Louis des Moulins, marquis de l'), maréchal des camps et armées du roy, tué à la bataille de Parme, le 29 juin 1734, à l'âge de 43 ans.

Famille de Normandie : d'azur à la cigale d'argent accompagnée de trois coquilles d'or. — Seroit mieux placé au mot MOULINS (des).

7516. ISLEBONNE (le sr de l'), officier au régiment de Normandie, blessé à la défense de Grave en 1674.

7516 *bis.* Isnardon, capitaine de frégate du port de Toulon, tué au siége de Toulon le 1er septembre 1705.

7517. Ismards (Jean des), dit *le cadet de* l'Isle, fut tué à Merindol, avec plusieurs autres officiers catholiques qui y avoient été attirés par surprise; au mois d'octobre 1562.

7518. Isnards (Charles des), seigneur d'Odofred, capitaine de trois cents hommes de pied, tué en 1565 à la porte Saint-Just de Lyon, qu'il défendoit avec sa compagnie.

7519. Isnards (N... des), tué en Flandres en 1580, servant dans l'armée du duc d'Alençon.

7520. Isnards (Horace des), aide-major et capitaine au régiment Dauphin, tué au siége de Bade en Hongrie en 1684 ou 1686.

Du comtat Venaissin : d'or au sautoir de gueules cantonné de quatre molettes d'azur. — *Dev.* Qui me touche je le pique.

7521. Issert (Bernard d'), enseigne au régiment de Périgord, fut tué à l'âge de 16 ans à la bataille de Plaisance en 1746, où il donna de grandes preuves de valeur.

7522. Issy (le comte d'), Italien, fut blessé à la bataille de Moncontour en 1569, dans le parti du roy.

7523. Itas (le sr), lieutenant de grenadiers au régiment de Bettens-suisse, blessé à la bataille de Laufeldt en 1747.

7524. Ivergny (Guy), chevalier, tué en 1405 à l'entreprise du château de Mercy.

7525. Ivory (le sr d'), capitaine au régiment de Champagne, tué au siége de Sancerre en 1573, est probablement le même que *le capitaine Divori servant dans vieilles bandes* qui en effet fut tué à ce siége. (Voyez ci-devant sous le nom Divori.)

7526. Ivory (le sᵣ d'), chevalier de Saint-Louis, capitaine au régiment de Provence, puis de grenadiers dans celui de Monsieur, fut blessé à la bataille de Rosbahc en 1757.

Famille de Champagne : De sable à trois besans d'argent :

7527. Ivoy (le sᵣ d'), enseigne des gardes du corps du roy, défait un parti de Croates le 21 septembre 1635 dans la Picardie, est blessé à l'attaque des retranchements des ennemis devant Arras le 25 août 1654.

Les Hancest étoient barons d'Ivray. — Peut-être celui-ci scroit-il mieux à ce nom.

7528. Ivray (le seigneur d'), tué à la bataille des Harengs en 1427.

7529. Ivri. (le chevalier d'). (*Voy.* Yvry.)

J

7530. Jabat (le sᵣ), mousquetaire de la garde du roy, tué au siége de Maëstrick en 1678 (1673 ?)

7531. Jacob (le capitaine), l'un des principaux chefs des Allemands, reçut à la bataille de Ravenne en 1512 un coup de feu à travers le corps qui, ne lui laissa que le temps, dit-on, de créer à ses camarades : *Amis, servez le roy aussi bien qu'il nous traite !—* et il expira.

7532. Jacobel (le sᵣ), capitaine au régiment de Bettenssuisse, blessé au siége de Namur en 1766.

7533. Jacobel (François-Louis), chevalier de l'ordre du mérite militaire, capitaine au régiment suisse de Veyer, fut blessé à la bataille de Rosbach en 1757. (On le croit le même qu'un sieur *Jacobel* désigné ailleurs comme lieutenant au régiment de Wittmer, et qui fut blessé à cette bataille.)

7534. JACOMEL DE BIENASSISE (Antoine-Charles), chevalier de Saint-Louis, lieutenant-colonel du régiment de Normandie, depuis lieutenant de roy à Calais et maréchal de camp en 1780, blessé d'un éclat de bombe au siége de Berg-op-Zoom en 1747, le fut encore de plusieurs coups de sabre à la bataille de Clostercamps, en 1760.

7535. JACQUERIE (le sr), lieutenant au régiment de Béarn, tué au siége d'Hulst en 1747.

7536. JACQUET (le sr), lieutenant au régiment suisse de Wittmer, blessé à la bataille de Rosbach en 1757.

7537. JACQUET DE BREY (Jean de), chevalier de Saint-Louis, capitaine aux grenadiers de France, blessé à la jambe à la bataille de Minden en 1757.

7538. JACQUIERS (le sr), brigadier d'ingénieurs, blessé d'un éclat de bombe au siége de Landau, juillet 1713.

7539. JACQUOT-D'ANDELARE (Claude-Antoine-François), marquis de Jacquot, chevalier de Saint-Louis, capitaine au régiment de Lorraine, blessé au siége de Prague en 1762.

> Famille de Franche-Comté : d'argent à trois fleurs de violette au naturel. 2 et 1 . — A des représentants.

7540. JAHANT DE BELLEGARDE (le sr), officier dans les troupes du roy, tué au siége de la Martinique sous Louis XV.

7541. JAILLE (le *sire* de la), tué en 1347 au combat de la Rochedieu contre les Anglois.

> Les Jaille, barons d'Aurillé, étoient de Touraine. — Les Jaille, barons de Mathefelon, de Provence, portoient : d'argent à une croix fuselée de gueules.

7542. JAILLERIE (le sr de la), lieutenant au régiment de Picardie, blessé à la bataille de Senef en 1674.

7543. JAMAIN, lieutenant de vaisseau du port de Rochefort, mort aux Indes en 1675.

7544. JAMBON (le s^r), lieutenant de frégate, blessé au combat d'Ouëssant en 1778.

7545. JAMBON (Gr.-Ives de), seigneur de Saint-Cyr, chevalier de Saint-Louis, brigadier des gardes du corps, reçut plusieurs blessures qui l'obligèrent à quitter le service en 1738.

Les Jambon de St-Cyr, de Normandie, portoient : d'argent à la plante de laurier de sinople au chef d'azur, chargé de trois étoiles d'or.

7546. JAMES (le s^r de), lieutenant au régiment de Touraine, tué à la bataille de Minden en 1757.

7547. JAMIN (le s^r), lieutenant du seigneur de Saint-Félis, fut passé au fil de l'épée à la reprise de Castres par les protestants en 1574 (de Thou).

7548. JAMIN (le capitaine), est tué dans le combat du 23 août 1640 entre la flotte françoise et la flotte espagnole, près de Cadix.

7549. JAMIN jeune, également capitaine, est blessé dans le même combat.

7549. bis. Un autre Jamin est blessé le 13 mai 1707 dans un combat du chevalier de Forbin avec une flotte angloise.

7550. JAMIN (Antoine), seigneur de Fouillouze, lieutenant au régiment de Sainte-Maure, fut dangereusement blessé à la bataille de Gironne sous Louis XIV et s'acquit beaucoup de réputation par son courage et son intrépidité; ses blessures l'ayant obligé de quitter le service, il prit le parti de l'Eglise.

Famille de Lorraine. — Ecartelé au 1 d'argent à trois sapins de sinople terrassés du même, au 2 de gueules à l'épée d'argent : au 3 de gueules à la montagne sommée d'une tour donjonnée et senestrée d'un drapeau, issant le tour d'argent, au 4 d'or au cheval galopant de sable adextré en chef d'une étoile de gueules.

7551. JANCEY (le sʳ), capitaine dans le régiment Lyonnois, est blessé à l'affaire du 18 janvier 1642, aux environs de Valz en Catalogne.

7552. JANET (le sʳ de), capitaine de galère, est tué dans le combat naval livré près de Gênes le 1ᵉʳ septembre 1638.

7553. JANNEL (Claude de), capitaine au régiment de Saint-Maurice-cavalerie, tomba mort criblé de coups à la bataille de Staffarde en 1690, après s'être emparé d'un poste.

7554. JANNEL (Jean-Bernard de), seigneur des Essars, chevalier de Saint-Louis, capitaine au régiment de Beaucaire, fut criblé de blessures dans une rencontre qui précéda le siége d'Anvers et resta même pour mort pendant 24 heures, il mourut d'une autre blessure qu'il reçut à la cuisse l'année suivante à la défense du moulin d'Avas où il fit des prodiges de valeur.

7555. JANNERET (le sʳ), de Neufchâtel, capitaine lieutenant au régiment vieux-Stuppa, fut tué au siége de Charleroy en 1693.

7556. JANSAC (le sʳ de), lieutenant au régiment de Mailly, blessé à la bataille de Rosbach en 1757.

7557. JANSON (le sʳ de), lieutenant au régiment de Luzignan, blessé aussi à la bataille de Rosbach en 1757.

Voy. FORBIN-JANSON.

7558. JANVRY (le sʳ de), aide-de-camp du duc de Maine, est tué à la bataille de Fleurus en 1690.

7559. JAOUL (le s^r), lieutenant au régiment d'Eu, blessé d'un coup de feu à la bataille d'Hastembeck en 1757.

7560. JAQUELOT (le s^r), lieutenant de vaisseau, tué dans le combat du comte d'Estaing contre l'amiral Byron, près de la Grenade, le 6 juillet 1759.

7561. JAQUET, capitaine au régiment de la Couronne, frère d'un autre Jaquet, mort commandant de bataillon, au même régiment, tué : — au siége de Valence le ... 1696.

7562. JACQUIN, lieutenant au régiment de Clérembault, blessé au siége de Staffarde le 18 août 1690.

7563. JAQUNIAL DE LA COUDRAYE (Joseph), chevalier de Saint-Louis, capitaine au régiment de Grassin, puis dans les chasseurs de Bourbon-dragons et ensuite dans le 3e régiment des chasseurs à cheval, fut blessé trois fois en Allemagne et en Corse.

7564. JARDIN (le s^r du), lieutenant aux gardes-françoises, tué à la bataille de Nerwinde en 1693.

7565. JARDINE (François de la), chevalier de l'ordre du pape et gouverneur du Thor au comtat Venaissin, nommé le 21 avril 1570, se signala pour la défense des intérêts du pape et du roy, fut blessé en plusieurs combats, et eut une jambe emportée d'un coup de canon, — on ne dit pas où.

7566. JARDINS DE LAUZON (Joseph des), chevalier de Saint-Louis, lieutenant-colonel des grenadiers de France, blessé dangereusement à une jambe au siége de Prague en 1742; le fut encore à la bataille de Raucoux en 1746, ce qui lui occasionna la perte d'un œil. Il mourut le 5 janvier âgé de 84 ans.

7567. JARDINS DE LAUZON (Antoine-Joseph des), son fils, chevalier de Saint-Louis, capitaine au régiment de Lyonnois, fut grièvement blessé à une épaule au passage du Rhin en 1745.

JARENTE (de). *Voy.* de GÉRENTE.

7568. JARLAN DE SIREUIL (le sʳ), chevalier de Saint-Louis, capitaine au régiment de Gatinois, blessé grièvement au siége d'Yorck, à celui de Savannah en 1779 et très-dangereusement encore dans la campagne de 1781 en Amérique : mourut des suites de ses blessures.

7569. JAROSSAY (les de), chevalier de Saint-Louis, capitaine au régiment de Piémont, blessé à la bataille de Berghen en 1759.

7570. JARNAGE (le sʳ de), lieutenant des grenadiers de bataillon d'Artois, a une cuisse cassée à l'affaire de Louisbourg en 1758.

> Famille du Berri : de gueules à deux chevrons d'or, accompagné en chef de deux croissants du même, et en pointe d'un scorpion d'or. — D'Hozier en a donné la généalogie.

7571. JARRACÈRE (Guillaume de la), écuyer, tué à la bataille de Poitiers en 1356.

7572. JARRY (Charles, dit *le chevalier* de), chevalier de Saint-Louis, capitaine commandant au régiment d'Artois, blessé à la bataille de Raucoux en 1766, obtint en 1780 une pension de 1000 fr. motivée sur l'ancienneté de ses services et sur ses blessures.

7573. JARRY (le chevalier de), capitaine au régiment d'Aunis, tué en 1747 à l'affaire de l'Assiette.

7574. JARRY DES VALLÉES (le sʳ de), capitaine au régiment de Piémont, blessé à la bataille de Berghen en 1759.

> Famille de Paris : — de gueules à la fasce d'argent accompagné en en chef de trois étoiles d'or et en pointe d'une tête de lévrier d'argent colleté de gueules.

7575. Jansay (le s^r de), officier au régiment de Champagne, blessé en 1637 à l'attaque du Soorle.

7576. Jarzé (le marquis de), blessé au combat du 3 août 1644 devant Fribourg, contre les Bavarois.(*Mercure* de 1644.)

7577. Jarzé (le marquis de), chevalier de Saint-Louis en 1694 ,et colonel du régiment de Jarzé-infanterie, eut le poignet emporté d'un coup de canon au siége de Philisbourg en 1688 : on lui fit l'amputation au-dessous du coude. (*Lettres de Sévigné.*)

7578. Jas (Geoffroy de), seigneur de Jas, damoiseau, tué à la bataille d'Azincourt en 1415.

7579. Jas (N... de), son frère, tué à la même bataille.

7580. Jassac (Jean de), seigneur de Saint-Marsault, dit l'écuyer *Masin*, premier écuyer du roy, fut tué à la bataille de Pavie en 1525.

7581. Jassand ou Jassaud (Pierre de), capitaine dans les chevau-légers du chevalier de la Vieuville , tué au siége d'Estampes en 1652.

7582. Jasse (le s^r), lieutenant au régiment de Persan, est blessé au combat de Fribourg, août 1644.

7583. Jasse (le s^r), sous-lieutenant au régiment royal des vaisseaux, blessé au combat de Senef en 1674.

7584. Jasses (le s^r de), chevalier de Saint-Louis, chef de bataillon au régiment de Navarre, blessé à la bataille de Dettingen en 1763, mourut en 1758.

7585. Jaubert (le s^r de), major au régiment de Languedoc, est blessé d'un coup de mousquet au bras au combat de Crémone, 1648.

Plusieurs familles de ce nom, au Quercy, au Périgord, en Limousin et en Champagne.

7586. JAUCH (Ambroise et Jost de), du canton d'Ury, officiers suisses au service du roy, blessés à la bataille de Dreux en 1562.

7587. JAUCHESLAY (le s^r de), lieutenant au régiment de Mailly, blessé à la bataille de Rosbach en 1757.

7588. JAUCOURT (Bernard de), enseigne d'une compagnie de gendarmes, tué au Port-de-Villers en 1569.

7589. JAUCOURT (François de), tué au siége de Bois-le-Duc en 1629.

7590. JAUCOURT (Louis de), tué au siége de Maëstrick en 1632.

    Il étoit de la maison de Villarnoux, en Bourgogne, neveu du gendre de Duplessis-Mornay.

7591. JAUCOURT (Jean de), seigneur de la Vaiserie et des Fameras, capitaine et sergent-major du régiment d'Enghien, tué au siége de Fontarabie en 1638.

7592. JAUCOURT (Théophile de), seigneur de l'Andeux, tué au service du roy à l'entreprise faite sur la ville de Venlo dans le pays de Gueldres contre les troupes de l'archiduc, le 1er octobre 1606: il étoit officier au régiment de Châtillon.

7593. JAUCOURT (Edme de), tué près de Villarnoul dans une rencontre en 1594, par des ligueurs de la garnison d'Espagne.

    La maison de Jaucourt, l'une des plus anciennes de la province de Bourgogne, a eu plusieurs alliances avec les maisons souveraines et a possédé de grandes charges dès les temps les plus reculés.

7594. JAULLARD DU DEFFAND, capitaine de vaisseau du port de Brest, mort à Brest, sur *le Saint-Philippe*, commandé par M. le chevalier de la Rochalard, le 23 juin 1734.

7595. JAUNAY (Antoine), chevalier Diaco dans l'ordre de Malte et capitaine au régiment de Cotentin-infanterie, tué au siége de Barcelone en 1697.

Famille de l'Anjou — d'Hozier, dans l'article qu'il lui consacre de 1821 t. Ier, p. 339, s'attache surtout à mettre en relief les actes de bravoure et les nombreux services de François Jaunay, fils du précédent, mais que la fortune semble avoir préservé de toute blessure.

7596. JAUSSAUD (le sr), capitaine de grenadiers au régiment suisse de Waldner, tué à la bataille de Minden en 1759.

7597. JAUSSAUD DE BUGNAC (le sr), commandant de bataillon au régiment de Roussillon, mort à Hesdin des blessures qu'il avoit reçues en plusieurs actions, notamment au siége de Saint-Sébastien.

7598. JAUVELLES (N... de), capitaine lieutenant de la 2e compagnie des mousquetaires, sauta en l'air par l'explosion d'un fourneau au siége de Condé en 1676 : toutefois il en fut quitte pour quelques meurtrissures.

7599. JAUVELLES (le sr de), chevalier de Saint-Louis, capitaine au régiment de Piémont, blessé en 1746 dans les environs de Ramillies, et en 1747 à l'assaut de Berg-op-Zoom où il commandoit l'avant-garde des volontaires de M. du Plessis : le fut encore en l'armée d'Allemagne en 1758.

7600. JAY (François), mort dans la guerre d'Allemagne, aux termes d'un acte du 27 octobre 1648.

7601. JAY (Louis), son neveu, enseigne de vaisseau, tué devant Carthagène en Amérique en 169...

7602. JAY (Pierre), frère du précédent, dit *le chevalier de Jay*, sous-brigadier de la marine à Toulon, fut tué aussi à Carthagène, servant sous les ordres de M. de Pointis, enseigne de vaisseau en 1695.

7603. Jay (Jean le), seigneur des Salles, sous-lieutenant aux gardes-françoises, tué pendant le siége de Besançon en 1674.

7604. Jay (Charles-Marie le), son frère, seigneur de Villiers, aussi sous-lieutenant aux gardes-françoises, tué au siége de Cambray en 1677.

7605. Jay (Louis le), autre frère, seigneur de Tilly, aussi sous-lieutenant des gardes-françoises, tué à la bataille de Saint-Denis en 1678.

7606. Jay de Miappe (le sr de), chevalier de Saint-Louis, est blessé au siége de Nice, en février 1694.

> Plusieurs familles du nom le Jay, notamment dans l'Ile-de-France et dans le Berri.

7607. Jean (le sr), capitaine de Navarre, blessé au siége de Prague en 1742.

7608. Jean (François de), lieutenant au régiment de la Reine, quitta le service sous Louis XIV, à raison de ses blessures. — Peut-être est-ce le même que le suivant ?

7609. Jean (le sr de), lieutenant au régiment de Condé, est blessé au siége de Luxembourg en juin 1684.

7610. Jean de Roquemann (Jean-Georges de), chevalier de Saint-Louis, commandant de bataillon au même régiment et depuis maréchal de camp, fut blessé en 1747 à l'attaque des retranchements du col de l'Assiette.

> Plusieurs familles du nom de Jean en Guyenne, dans l'Ile-de-France, en Languedoc et en Normandie : cette dernière qui a des représentants porte : d'azur à trois glands d'or 2 et 1.

7611. Jeannel, lieutenant au régiment de Saint-Mauris, tué à la bataille de Staffarde le 18 août 1690.

Jeannin. — V. d'Autteville.

7612. Jeaunie (le s^r de la), lieutenant au régiment de Navarre, tué à la bataille de Creweldt en 1758.

7613. Jeay (le chevalier de), enseigne de vaisseau du port de Rochefort, mort à Carthagène sur *l'Apollon* le 31 mai 1697.

7614. Jechars (le s^r de), chevau-léger de la garde du roy, tué au siége de Mons en 1691.

7615. Jegère (Barthélemy), officier suisse au service du roy, tué au combat de Marciano en 1554.

7616. Jehannot (Antoine), seigneur du Croc, tué en Lorraine au service du roy en 1635.

7617. Jehannot de Bartillat (Etienne-Michel), seigneur de Bartilloc, lieutenant général des armées du roy, tué à la bataille de Fleurus en 1690.

> Famille du Lyonnais : d'azur au chevron d'or, au chef du même, chargé d'un lion léopardé de gueules.

7618. Jenin (le s^r), lieutenant au régiment de Lavograde, est blessé à l'attaque du fort et de l'abbaye de Berelon en décembre 1655.

7619. Jenner (le s^r), de Berne, capitaine d'un régiment suisse, mort en 1703 d'une blessure qu'il reçut au combat d'Ekeren.

7620. Jenner (Samuel), chevalier de l'ordre du Mérite militaire, colonel du régiment de Jenner et maréchal de camp en 1761, fut grièvement blessé aux fausses attaques que le marquis d'Armentières fit exécuter devant Munster la nuit du 11 au 12 juillet 1759, et mourut le 17 décembre 1779.

> Famille de Bavière et de Suisse, au service de France. Le célèbre médecin de ce nom était d'origine angloise.

7621. Jeoffroy de la cour au Chantre (Abraham de), de
Vévey au canton de Berne, chevalier de Saint-Louis, colonel
du régiment de Besenval et brigadier des armées du roy,
blessé à la bataille de Steinkerque en 1692 d'un coup de feu
à l'épaule, mourut à Amiens le 17 mars 1740.

Jessaud. — V. Jaussaud.

7622. Jesset de la Porte (le s^r), enseigne de vaisseau,
blessé sur *le Comte-de-Provence* dans l'escadre du comte
d'Aché, aux Indes, en 1758.

7623. Jeummont (le seigneur de), tué à la bataille d'Azincourt en 1415.

7624. Jeune (Jean le), seigneur de Bonnevau et de la Furjonnière, chevalier de l'ordre du roy, gentilhomme ordinaire
de sa chambre, mestre de camp d'un régiment d'infanterie,
gouverneur des ponts de Cé et capitaine des gardes de
Charles de Valois, comte d'Angoulême, fut grièvement blessé
à la bataille de Mirambeau en 1577 et mourut à Saumur au
mois de décembre 1621.

7625. Jeune (Pierre le), seigneur de la Furjonnière, chevalier de Saint-Louis et lieutenant du grand-maître de l'artillerie de France, mourut en 1706 de la suite d'une blessure
qu'il reçut en la même année au siége de Barcelone.

7626. Jeune (Charles le), seigneur de la Grande-Roche,
lieutenant général d'artillerie et chevalier de Saint-Louis par
provision du 3 mars 1706, où il est dit qu'il avoit reçu plusieurs blessures, mourut au Neuf-Brisach en 1717.

7627. Jeune (Charles le), son fils, lieutenant au régiment
de royal-artillerie, mort en 1711 à Brisach des blessures qu'il
avoit reçues au service.

7628. JEUNE (François-Michel le), seigneur de la Grande-Roche, capitaine au même régiment, mort le 17 décembre 1735 des suites d'une blessure qu'il reçut au siége de Philisbourg en 1734.

7629. JEUNE DE LA FURJONNIÈRE (Charles-Pierre-Philibert le), lieutenant au régiment de Languedoc, tué en 1756 à l'affaire du lac du Saint-Sacrement, en Canada.

7630. JEUNET DU VAL (François-Joseph), chevalier de Saint-Louis, capitaine au régiment des grenadiers provinciaux de Péronne, fut blessé d'un coup de feu dans une attaque près d'Ath le 6 mai 1745.

7631. JEUNI, lieutenant au régiment de la Couronne, tué à Gibraltar le... 1705.

7632. JOANNIS (le s^r), lieutenant au régiment de Normandie, blessé au siége de Philisbourg en 1680.

7633. JOANNIS (le s^r Paul de), enseigne de vaisseau de l'escadre du comte d'Aché, est blessé dans l'Inde à bord du *Saint-Louis* en 1759.

Famille de Provence : d'or au lion de sable armé et lampassé d'argent au chef d'azur, chargé de trois étoiles d'or.

7634. JOBAL (Théodore-Jean-François de), dit le chevalier de Pagay, chevalier de Saint-Louis, capitaine et major du régiment de Brissac, depuis Vivarois, ensuite lieutenant-colonel de celui de royal-Comtois, lieutenant de roy de la citadelle de Metz, puis de Besançon, et maréchal de camp en 1791, fut blessé à la bataille de Rosbach en 1757.

Famille de l'Ile-de-France.

7635. JOFFREY (le s^r), capitaine lieutenant du régiment de Suibeck-suisse, tué à la bataille de Nerwinde en 1693. (V. de

Jeoffroy de la Cour au Chantre, peut-être de la même famille.)

7636. JOFFROY (le s^r); capitaine au régiment de royal-vaisseaux, blessé en 1714 à l'attaque du poste de Galinkerken en Autriche, fut tué à la bataille de Laufeldt en 1747.

7637. JOHANNE (Samson de), seigneur des Landes, fut tué au siége de la Rochelle en 1628.

7638. JOHANNE (N... de), dit *le chevalier de Saumery*, capitaine de vaisseau, mourut à Cadix au mois de mai 1705 des blessures qu'il reçut au siége de Gibraltar.

7639. JOHANNE DE LA CARRE (Jean-Baptiste de), marquis de Saumery, chevalier de Saint-Louis, cornette des chevau-légers de la garde, puis maréchal de camp et envoyé extra-ordinaire à la cour de Bavière, reçut à la bataille de Ramillies en 1706 une contusion à la jambe que lui fit un coup de canon ; mais, quoique fort incommodé de sa blessure, il n'abandonna le combat qu'il ne fut terminé : si bien que sa jambe s'étant beaucoup enflée, il fut au moment de se voir faire l'amputation. Il mourut à Paris le 5 mai 1716.

7640. JOHANNE DE LA CARRE (Alexandre de), dit le *chevalier de Saumery*, chevalier de Saint-Louis, chef de brigade des gardes du corps, maréchal de camp en 1748, major et commandant à Oberheim, fut grièvement blessé à la bataille de Fontenoy en 1745; il mourut en 176...

7641. JOIGNY (le comte de), tué en 1363, dans une rencontre avec les Anglois.

7641 *bis*. JOIGNY (le s^r de), est blessé à la bataille de Sintzeim en juin 1674 ; puis, capitaine commandant des grenadiers, l'est encore le 7 août 1690 à la prise de Cahors.

7642. Joigny de Bellebrune, enseigne de vaisseau du port de Saint-Louis, tué en mer, en 1693.

De ces trois dernières mentions la première seulement peut être attribuée à la maison de Joigny qui au XIV° siècle se confondait avec la maison de Joinville ; depuis et dès le XV° la terre de Joigny passa aux seigneurs de la Trémoïlle, de Châlons, de Sainte-Maure et de Laval. — Puis à la maison de Gondy — de Blanchefort et de Villeroy. Nous ne savons si les Joigny dont il vient d'être question se rattachoient à l'une de ces maisons.

7643. Joinville (Jean, *sire* de), chevalier, grand sénéchal de Champagne, l'un des principaux et des plus fidèles conseillers et ministres d'Etat du roy saint Louis, fut blessé à la bataille de la Massoure, en 1247, d'un si grand coup de glaive entre les épaules qu'*il le getta*, dit-il, *sur le coul de son cheval*, et au retour de cette journée les Turcs lui donnèrent, ajoute-il, *de si grands coups que son cheval se agenouilla à terre du grant poix qu'il sentoit et le jettèrent oultre par-dessus ses oreilles* ; il n'eut pas plutôt trouvé le moyen de se remonter qu'il rencontra encore une bande de Turcs qui vint fondre sur lui, et en passant le gettèrent à terre, passant, dit-il, par-dessus moy cuidans que fusse mort, doit-il n'en failloit guère. — Il dit ensuite dans un autre endroit de son histoire qu'il fut blessé en *cinq lieux* et que son cheval reçut quinze blessures ; il mourut vers l'an 1318, âgé de plus de cent ans.

Plusieurs des ancêtres de notre sénéschal, que son dévouement au saint roi, et sa précieuse chronique ont rendu si célèbre, s'étoient déjà illustrés en Palestine et que l'un d'eux, Geoffroy IV, armé chevalier par Richard-Cœur-de-Lion, au siége d'Aire, avoit reçu de ce prince le lion issant dont il chargea les armes de la maison et porta : d'azur à trois broyés d'or, au chef d'argent, chargé d'un lion issant de gueules.— Cette maison s'éteignit par alliance dans celle de Lorraine en 1416.

7644. Joinville (le s^r de), ingénieur, est dangereusement blessé le 30 mai 1697 au siége d'Ath.

7645. Joinville (le s^r de), capitaine au régiment de Normandie, blessé au combat de Chiari en 1701.

Il reste une famille de ce nom qui semble vouloir se rattacher à la grande maison de Joinville, à en juger par les armes qui, comme celles du Sénéchal, sont : d'azur à trois brois d'or, et le reste *ut supra.*

7646. Joinvilliers (le fils du s^r de), servant comme aide-de-camp, fut tué en 1638 au siége de Fontarabie. (*Mercure de* 1638.)

7647. Jolas (le s^r), capitaine de grenadiers au régiment de Bouzols, depuis Guyenne, tué à l'affaire de Weissembourg en 1764.

7648. Joli de Paris, sous-lieutenant de galiote et d'artillerie du port de Toulon, périt sur l'*Eclatant* le 18 avril 1743.

7649. Jolibert-Guay, capitaine de brûlot du port de Brest, mort à la Havane, commandant *l'Indiscret*, le 15 juillet 1702.

7650. Jolibert-Gay, lieutenant de frégate du port de Brest, mort sur *le Jason*, commandé par M. de Courserac, le 26 novembre 1707.

7651. Jolis (le s^r), enseigne de vaisseau, fut blessé sur *le Comte-de-Provence* dans un combat du comte d'Aché, aux Indes, en 1758.

7652. Jollées (le s^r de la), gendarme au régiment de la garde du roy, blessé au combat de Louzo en 1691.

7653. Joly (le s^r), lieutenant au régiment de Navarre, tué au combat de Senef en 1674.

7654. Joly (le s^r), lieutenant d'infanterie, est tué en repoussant un parti ennemi dans le voisinage de Mirebeau en Bourgogne. (*Gazette de France* du 20 septembre 1636.)

7655. Joly (le s^r), sous-lieutenant au 3e régiment des chasseurs, tué au siége de Savannah en 1779.

7656. Joly (le s^r), lieutenant au régiment d'Uxelles, est blessé dangereusement la nuit du 5 au 6 mai 1675 au siége de la ville de Roses.

7657. Joly des Aulnois (N...), officier au service du roy, tué en Flandre dans les guerres de Louis XIV.

7658. Joly de Saint-Picq (Nicolas-Pierre), chevalier de Saint-Louis, chef de bataillon au régiment de Picardie avec rang de lieutenant-colonel, blessé d'un coup de feu à travers le corps à l'attaque d'Herborn le 2 janvier 1760.

7659. Joly (Jean de), baron de Chaillouvres, seigneur de la Chassagne, capitaine au régiment de Conti, gouverneur de Bourg et bailly de Bresse, blessé d'une grenade aux reins au siége de Dôle en 1636, mourut de la suite de cette blessure.

Nous ne savons si aux Joly que nous venons de citer se rattache une famille de ce nom, originaire de Guyenne, qui a encore ses représentants et dont les armes sont : d'azur au chevron accompagné de trois fers de lance renversés, celui de la pointe accompagné de trois étoiles, le tout d'or.

7660. Jon (le s^r de), capitaine au régiment de Mailly, blessé au siége du fort Saint-Philippe en 1756.

7661. Jonchère (le s^r), lieutenant au régiment de Bourbonnois, blessé au siége d'Ypres en 1744.

7662. Jonchère (le chevalier de), contribue à la défaite de douze cents Croates de l'armée du cardinal-Infant, près d'Aire, le 14 août 1639. Capitaine au régiment de la Ferté-Senetère, se trouva à la bataille de Rocroy et est blessé à la levée du siége de Lérida, septembre 1646.

7663. Jonchères (le s^r de), officier au régiment de Normandie, tué à la défense de Grave en 1674.

7664. Joncy (le seigneur de), tué en 1552 au siége de Metz.

7665. Jonquière (le s^r de la), officier servant dans l'armée du maréchal de Montreuil, fut blessé à la joue dans un combat contre les camisards en 1704. (Histoire des camisards.)

7666. Jonquière (le s^r de la), lieutenant au régiment de Navarre, fut blessé aux batailles de Senef et de Cassel en 1674 et 1677.

7667. Jonquière de la Pomarède, gouverneur et lieutenant de la *Nouvelle-France*, en 1741 ; après de longs et glorieux services, commande le 1er mars 1746 une escadre de trois vaisseaux, une frégate, et la flotte du Canada ; est pris en 1747 par une escadre de 14 vaisseaux anglois après un combat de quatre heures, y reçoit un coup de feu au travers du corps et sauve par cette résistance la flotte qui arrive à bon port au Canada. — Mort le 17 mars 1752.

7668. Jonquoy (le s^r du), capitaine au régiment de Saint-Chamond, blessé à la bataille de Rosbach en 1757.

7669. Jonval (le s^r de), gendarme de la garde du roy, blessé au combat de Leuze en 1691.

7670. Jonvilliers (le s^r de), capitaine au régiment de Picardie, reçut un coup de mousquet dans le ventre au siége de Bar-le-Duc en 1652.

7671. Joquanville (de), capitaine de vaisseau du port de Brest, tué en mer sur *l'Argonaute* le 5 novembre 1738.

7672. Jordis-Morevau (des), lieutenant de vaisseau de Port-Louis, noyé sur *la Diana*, armée au Port-Louis, M. de Vauxjoux capitaine, le... juin 1705.

7673. Joriffle (le s^r), lieutenant du régiment de Languedoc, est tué au combat de Crémone, juillet 1648.

7674. Jossa (Casimir-Léopold de), chevalier de Saint-

Louis, capitaine au régiment de Royal-Bavière, reçut en Italie, en 1746, un coup de feu qui lui fracassa le genou droit.

7675. Jossaud (le sr de), chevalier de Saint-Louis, major du régiment de Navarre, blessé à la défense de Landau en 1713, mourut en 1734.

7676. Jossaud (le sr), commandant de bataillon au régiment suisse de Planta, est blessé et fait prisonnier à la bataille de Rosbach le 5 novembre 1757.

7677. Josse (le sr), lieutenant au régiment de Trassy-cavalerie, blessé au siége de Fribourg en 1644. (*Mercure de* 1644.)

7678. Josserand (Jean), tué à la bataille de Pavie en 1525.

7679. Jost (le sr), officier au régiment des gardes suisses de l'escadre du capitaine Thurot, a un bras emporté dans le combat naval avec les Anglois près de l'île de Man, sur les côtes d'Irlande, le 28 février 1760.

76°0. Jouan de Loisy, capitaine de vaisseau du port de Brest, mort à Saint-Domingue le 4 février 1732.

7681. Jouanzi (le sr de), est tué au siége de Candie, mars 1669.

7682. Jouard du Magnon (Charles-Elysé de), chevalier de Saint-Louis, capitaine au régiment de Rohan, depuis Crillon et la Tour-du-Pin, et major de Toul, blessé à la bataille de Dettingen en 1743, eut encore la jambe cassée à celle de Fontenoy en 1745, et mourut en 1773.

7683. Joubert, lieutenant de vaisseau du port de Toulon, mort de ses blessures sur *le Vaillant*, devant Barcelone, le 10 juillet 1697.

7684. Joubert de Nantheuil (Louis), chevalier de Saint-Louis, lieutenant-colonel du régiment des dragons du roy et maréchal de camp en 1767, fut blessé en différentes actions, entre autres dans l'armée du Haut-Rhin en 1764 ; il mourut en 1780.

7685. JOUENNE-D'ESGUGAY (Jean de), chevalier de Saint-Louis et capitaine au régiment de Forez, reçut une blessure considérable à la tête, qui l'obligea de quitter le service en 1734.

7686. JOUGUENOS, lieutenant au régiment de la Couronne, tué à Creweldt, le... 1758.

7687. JOUI (François-Alexis), capitaine au régiment suisse de Courten, blessé à la bataille de Fontenoy en 1745.

7688. JOULAIN (le s^r), enseigne de vaisseau, blessé à bord du *Duc-de-Bourgogne*, dans un des combats du comte d'Aché, aux Indes, en 1758.

7689. JOUMART (Jean), seigneur de Fougerat, écuyer de la grande écurie du roy, tué au siége de Clérac en 1622.

7690. JOUMART-TIZON-D'ARGENCE (François), seigneur de Dérac, de Sufferte et de Montançais, l'un des quatre premiers barons et gouverneur d'Argonnois, chevalier de l'ordre du roy et désigné sous-gouverneur de M. le Dauphin, fut blessé au corps et au bras au siége de Montmédy en 1657.

7691. JOUMART DES ACHARDS (Gaspard), vicomte de Lézé, maréchal de camp, tué à l'affaire de Casteljaloux.

7692. JOUMART-TIZON-D'ARGENCE (N...), capitaine au régiment de Navarre, blessé au siége de Prague en 1742.

7693. JOUMART-TIZON-D'ARGENCE (François), son frère, capitaine au même régiment, blessé à la bataille de Dettingen en 1743.

7694. JOUMART-D'ARGENCE (N...), lieutenant de carabiniers, fut grièvement blessé d'un coup de feu à la bataille de Minden en 1759.

7695. JOURDA DE VAUX (Noé), comte de Vaux, maréchal de France, chevalier grand-croix de l'ordre royal et militaire de Saint-Louis, commandant en Corse, gouverneur de Thionville et de l'isle d'Oléron, précédemment colonel du régiment d'Argonnois et colonel-lieutenant de celui de Bourbon-infanterie, fut blessé au siége de Prague en 1742.

7696. JOURDIÉ (le s^r de), enseigne aux gardes-françoises, tué à la bataille de Saint-Denis en 1678.

7697. JOUSSEAUME (Esprit de), marquis de la Bretêche, chevalier de Saint-Louis, mestre de camp du régiment de la Bretêche-dragons en 1734, puis lieutenant général des armées du roy et gouverneur de Leure dans le Brabant, eut la jambe emportée d'un coup de canon au siége de Maëstrick en 1673 et mourut en 1706.

7698. JOUSSEAUME (le s^r de), lieutenant au régiment d'Aquitaine, est blessé à l'affaire du 24 juin 1762, auprès de Cassel ; l'est encore à la journée de Grebenstein, le 11 août 1762. (V. de la BRETÊCHE.)

7699. JOUSSELIN (Claude), seigneur de Fretai, lieutenant au régiment de Bretagne, tué de deux coups de mousquet au siége de Stenai en 1654.

7700. JOUSSON (le s^r de), capitaine au régiment d'Orléans-dragons, blessé d'un coup de feu à la jambe gauche au forcement des lignes de Dettingen, d'un coup de sabre à la main gauche lorsque les ennemis furent chassés de Braunow, et d'un coup de fusil à la hanche gauche au siége de Philisbourg.

7701. Jouste (Olivier de la), fut tué en 1436, servant sous le connétable de Richemont, dans une affaire contre le damoiseau de Commercy, rebelle au roy.

Jouvenel. Voy. Juvenel.

7702. Jouville (le s^r de), capitaine, est blessé à la prise de Charmes en Lorraine, 1635.

7703. Jouvin de la Blachette (Claude-Alexis), chevalier de Saint-Louis, lieutenant-colonel du régiment de Flandre et brigadier des armées du roy, fut blessé à la bataille de Fillenghausen en 1761.

7704. Joux (le chevalier de), Anglois, mestre de camp d'un régiment de cavalerie et sous-lieutenant des gendarmes anglois, tué au siége de Maëstrick en 1673.

7705. Jouy (le s^r de), lieutenant au régiment de Piémont, blessé le 22 mai 1684 au siége de Luxembourg.

Jovel (de). V. de Jauvelles.

7706. Joyeuse (Louis de), fils de Charles, vicomte de Joyeuse, tué à la bataille de Pavie en 1525.

7707. Joyeuse (Jean de), fils de Foucault de Joyeuse, comte de Grandpré, tué à la bataille de Moncontour en 1569.

7708. Joyeuse (Anne, duc de), pair et amiral de France, chevalier des ordres du roy, premier gentilhomme de sa chambre, l'un de ses chambellans ordinaires, conseiller en son conseil privé, capitaine de cent hommes d'armes et gouverneur de Normandie, beau-frère d'Henri III par son mariage avec Marguerite de Lorraine, sœur puînée de la reine, reçut au siége de la Fère, en 1580, une blessure qui lui emporta sept dents et une partie des mâchoires, et fut tué à la bataille de Coutras en 1587.

7709. Joyeuse (Claude de), frère du précédent, seigneur de Saint-Sauveur, tué pareillement à la bataille de Coutras.

7710. Joyeuse (Antoine-Scipion de), grand-prieur de Toulouse, duc de Joyeuse, après Henri, son frère aîné, pair de France , commandant dans le Languedoc pour la Ligue, fut blessé au bras d'un coup d'arquebuse en faisant le siége de Cuzé en Languedoc en 1588, et se noya dans le Tarn après la défaite de Villemur en 1592.

7711. Joyeuse (René de), baron de Verpel, fils d'Antoine et de Marguerite de Barbançon, fut tué à l'âge de vingt ans devant Neufchâtel en Lorraine, en 1589, en combattant avec beaucoup de valeur, dit de Thou.

7712. Joyeuse (Robert de), comte de Grandpré, gentilhomme ordinaire de la chambre du roy et mestre de camp des régiments de Poitou et de Champagne, fut tué en 1589, percé de dix-huit coups dans un combat qu'il soutint pendant trois jours près de Châlons-sur-Marne.

7713. Joyeuse (Henry, duc de), connu dans sa jeunesse sous le nom de comte du Bouchage, puis comme capucin sous celui du P. Ange, chevalier des ordres du roy, pair et maréchal de France, l'un de ses chambellans, gentilhomme ordinaire de sa chambre, capitaine de cent hommes d'armes de ses ordonnances, conseiller en son conseil privé, maître de sa garde-robe, gouverneur d'Anjou, de Touraine, du Maine et du Perche, puis du Languedoc pendant la Ligue, eut au siége de la Fère, en 1580, les dents cassées d'une mousquetade et mourut capucin à Rivoli, près de Turin, le 17 septembre 1608.

7714. Joyeuse (Pierre de), comte de Grandpré, tué au siége de Montauban en 1621.

7715. Joyeuse (Robert de), lieutenant de la compagnie des gendarmes du comte de Joyeuse-Grandpré, blessé grièvement à la bataille de Sedan, 1642.

7716. Joyeuse de Grandpré (Charles-François, comte de), gouverneur de Mouzon et de Beaumont en Argonne en 1632, à l'âge de douze ans, en récompense des belles actions de son père, mort au service du roy. Défait le 7 février 1652, près de Mouzon, un parti de dix-huit cents Espagnols et est blessé le 7 juin dans un combat entre les troupes du roy et celles des princes, près Estampes. Mort le 8 mars 1680, à l'âge de 60 ans.

Tallemant des Réaux dit de lui d'assez plaisantes choses.

7717. Joyeuse (Robert de), baron de Verpel, commandant le régiment du comte de Grandpré, fut tué au siége de Valenciennes, sous Louis XIV.

7718. Joyeuse (Jean-Armand de), baron de Saint-Jean et de Verpel, maréchal de France, chevalier des ordres du roy, gouverneur de Nancy, de Metz et de Verdun, grièvement blessé d'un coup de mousquet à la cuisse à la bataille de Nerwinde en 1693, retourna au combat malgré sa blessure et mourut le 1er juillet 1710.

La maison de Joyeuse, issue des Châteauneuf-Randon, dans le Gévaudan, faisoit remonter sa généalogie au delà du XIᵉ siècle. Elle s'étoit, dès la fin du XVᵉ siècle, divisée en plusieurs branches. Du rameau principal, éteint avec Henri de Joyeuse, comte du Bouchage, mort capucin en 1608, s'étoient détachées : la branche des seigneurs de Bothéon, seigneurs de Grandpré, par le mariage de Louis de Joyeuse, sieur de Bothéon, avec Isabeau de Gallwin, comtesse de Grandpré ; la branche des seigneurs de Saint-Lambert, celle des comtes de Grandpré et enfin celle des seigneurs de Montgobert et de Verpel. Armes : pallé d'or et d'azur de six pièces, chargé de trois hydres d'or, écartelé d'azur au lion d'argent à la bordure de gueules, chargé de 8 fleurs de lys d'or.

7719. Joyeux (le s^r de), enseigne de vaisseau, est blessé dans une expédition faite au mois d'avril 1706 sur l'isle de Nièves, une des Antilles, occupée par les Anglois.

7720. Jubert du Thil (François-Edouard), chevalier de Saint-Louis, brigadier des armées du roy, mort de ses blessures au fort d'Arleux en 1711.

7721. Jublas (le s^r de), capitaine de grenadiers au régiment de Champagne, tué à l'attaque des retranchements de Denain en 1712.

7722. Juers de Boismé, enseigne de vaisseau du port de Rochefort, mort des suites de ses blessures, prisonnier en Angleterre ou à Flessingue le 5 avril 1712.

7723. Juge (le s^r le), officier d'artillerie, fut grièvement blessé sur *le Brillant* dans le combat du bailly de Suffren aux Indes, près de Negapatnam, le 6 juillet 1782.

7724. Juge (Guillaume le), capitaine au régiment de Lyonnois, tué d'un coup de canon au siége de Dôle sous Louis XIV.

7725. Jugnu (le s^r), officier auxiliaire, blessé dans le combat d'Estaing contre l'amiral Byron, près de la Grenade, le 6 juillet 1779.

Juigné. Voy. Clerc de Juigné et le *supplément*.

7726. Juignan (le s^r de), capitaine au régiment d'Auvergne, blessé à la bataille de Clostercamps en 1760, et tué la même année au combat de Rhinberg.

7727. Juillard (le chevalier de), enseigne de vaisseau du port de Brest, tué sur *le Sérieux* le 10 juillet 1690.

7728. Juilly (Guillaume, chevalier de), tué à la bataille de Saint-Omer en 1339.

7729. Julien (le s^r), est blessé au combat naval contre les Hollandois à Tabaco en 1677 ; le même sans doute que les *États* de la marine portent comme lieutenant de vaisseau du port de Brest, lequel périt en passant de Rochefort à Brest en mars 1682.

7730. Julliart (le chevalier) est tué le 8 juillet 1690 à la défaite des flottes angloise et hollandoise sur la côte d'Angleterre.

7731. Jully (le s^r de), sous-lieutenant au régiment des gardes-françoises, est blessé mortellement à la bataille de Cassel en 1677.

7732. Junck (le s^r), lieutenant de grenadiers au régiment d'Alsace, blessé d'un coup de feu à la bataille d'Hastembeck en 1757.

7733. Jumomt (le seigneur de), tué à la bataille d'Azincourt le 25 octobre 1405.

7733 *bis*. Junies (le chevalier de), capitaine au régiment de Normandie, tué à la bataille de Fontenoy en 1765.

Junot. V. d'Atilly.

7734. Jussac (le s^r de), premier gentilhomme de la chambre du duc du Maine, est tué à la bataille de Fléurus le 8 juillet 1690.

7735. Justamont (le s^r de), lieutenant au régiment de Gâtinois, tué au siége de Savannah en 1779.

7736. Juvenel (François), capitaine au régiment de Ganges-dragons, tué au siége de Namur sous Louis XIV.

K

7737. KAERGOUET (le *sire* de), tué à la bataille d'Auray en 1364.

On sait que Charles de Blois ou de Châtillon, compétiteur de Jean de Montfort au duché de Bretagne, perdit la vie avec cette célèbre bataille d'Auray, où Duguesclin lui-même fut fait prisonnier. Il n'est pas dit auquel des deux partis étoit lié le sire de Kergouet. Nous supposons qu'il étoit du côté de Charles de Blois, que soutenoient Philippe de Valois et après lui le roi Charles V. — La maison de Kergouet, originaire de Bretagne, portoit de gueules à la croix d'or frettée d'azur.

La même province a fourni plusieurs familles de ce nom, qui toutes ne sont pas éteintes.

7738. KAIBERT (le s^r), capitaine-lieutenant au régiment de Suibeck-suisse, blessé au siége de Landau en 1703, fut tué au combat de Denain en 1712.

7739. KALB (N... de), chevalier de Saint-Louis, brigadier des armées du roy, tué en Amérique au mois d'août en 1780.

7740. KALT (le capitaine Beat), de Soleure, capitaine au régiment de Tammann au service de France, mort des blessures qu'il reçut à la bataille de Dreux en 1562.

7741. KARDAVANT (le s^r de), lieutenant au régiment de Piémont, blessé et fait prisonnier à la bataille de Rosbach en 1757.

7742. KARUEL (le s^r de), lieutenant de vaisseau, tué sur *le Palmier* dans le combat du comte de Grasse contre l'amiral Rodney, au mois d'avril 1782.

Famille de Normandie ayant pour armes : d'argent à trois molettes de sable, à la bordure de gueules, avec la devise : OMNIA NOBIS PROSPERA.

7743. KAUKOL (Charles-Emmanuel de), chevalier de Saint-

Louis, capitaine au régiment de royal-Bavière, blessé d'un coup de sabre sur l'épaule à Emsdorff le 16 juillet 1760.

7744. Kayser (François-Antoine), chevalier de Saint-Louis, capitaine et major du régiment de Fischer, puis de la légion de Coutans, ensuite lieutenant-colonel du régiment de Saxe-hussards, fut blessé au combat de Warbourg en 1760.

> Nom très-fréquent en Prusse, en Saxe, en Bavière, et même en Suisse.

7745. Kecbach (Jean-Baptiste), chevalier de Saint-Louis, capitaine au régiment de Diesbach-suisse, puis capitaine avec rang de colonel dans celui de Châteauvieux, fut blessé à la bataille de Laufeldt en 1747 et au siége de Maëstrick en 1748.

7746. Kehly (Abraham), lieutenant de grenadiers au régiment de Pfiffer, reçut un coup de feu à la cuisse au combat de Denain en 1712.

7747. Kehrer de Fortun (Jean-Louis-Christian), capitaine au régiment de royal-Bavière, ayant perdu un bras sous Louis XV, obtint en 1765 une pension de 400 fr.

7748. Kejan (le s^r de), capitaine au régiment de Vermandois, tué en 1756 au siége du fort Saint-Philippe.

7749. Keller ou peut-être mieux *Kelair*, enseigne au régiment de Stoup, blessé le 1er juillet 1690, à la bataille de Fleurus.

7750. Kellenbach (le s^r de), capitaine au régiment d'Alsace, blessé d'un boulet à l'épaule et à la joue à la bataille d'Hastembeck en 1757.

> Les Kellenbach de la province rhénane : coupé, au 1 d'azur au léopard d'argent au 2e d'argent plein.

7751. Keller (le s^r), capitaine au régiment de Pfiffer-suisse, tué à la bataille de Senef en 1674.

7752. Keller (Louis, *baron* de), chevalier de Saint-Louis, capitaine au régiment de Rosen puis de royal-Allemand-cavalerie, fut blessé à la bataille de Sundershausen en 1758.

Nom extrêmement commun en Suisse et dans les provinces rhénanes.

7753. Kermedy (Jean-Théodore de), chevalier de Saint-Louis, capitaine au régiment de Dillon-irlandois et lieutenant de roy de Marbourg, reçut un coup de feu à travers la jambe droite, à Mayence en 1736, et eut le bras cassé d'un pareil coup à la bataille de Laufeldt en 1747.

Deux frères et deux cousins du même nom, les deux premiers officiers au régiment de Dillon, furent tués à la même bataille de Laufeldt.

7754. Ker (le s^r de), lieutenant au régiment d'Alsace, blessé à la bataille de Clostercamps en 1760.

Famille d'Ecosse, où ce nom est fort répandu.

7755. Kerberio de Coetlogon, enseigne de vaisseau du port de Brest, mort sur *la Valeur* le 23 juillet 1729.

Voy. au nom de Coetlogon.

7756. Kerbiquet (le s^r de), officier auxiliaire, blessé de deux coups de feu en 1779 sur la frégate *la Concorde*, dans un combat contre une frégate angloise.

Famille de Bretagne : d'argent à la quinte-feuille de sable.

Kercroy en Bretagne (de). V. de Maine.

7757. Kerdano (le s^r de), lieutenant au régiment de Piémont, tué ou mort des blessures qu'il reçut à la bataille de Rosbach en 1757.

7758. Kergariou-Coëtlès (le chevalier de), chevalier de Saint-Louis et lieutenant de vaisseau du roy, commandant la frégate *la Belle-Poule*, fut tué le 15 juillet 1780 dans le fameux combat qu'il soutint contre le vaisseau anglois *le Sans-pareil* de soixante-quatre canons, dans les environs du Croisic.

7759. KERGARIOU-LOGMARIA (Thibaut-René, dit *le comte* de), chevalier de Saint-Louis, capitaine de vaisseau, chef de division des armées nouvelles et commandant la garde de l'amiral, fut blessé le 2 janvier 1783 à bord de la *Sibille*, qu'il commandoit dans un combat qu'il soutint aux isles, en conduisant un convoi qu'il sauva par sa manœuvre hardie.

> Les Kergariou de Bretagne portent : d'argent fretté de gueules, au franc quartier de pourpre, et d'un tour d'argent maçonné de sable, avec cette devise : LA OU AILLEURS, KERGARIOU !

7760. KERGORLAY (le sire de), tué à la bataille d'Auray en 1364.

7761. KERGORLAY (Alain-Marie, *comte* de), officier aux gardes-françoises, se distingua entre autres affaires à la bataille de Fontenoy, où il dut la vie à son domestique qui le tira de la mêlée sanglant et grièvement blessé et le porta à l'ambulance ; — mort en 1784, lieutenant-général et chevalier de Saint-Louis.

> La maison de Kergorlay, d'ancienne chevalerie de Bretagne, a paru aux croisades dans la personne de Pierre de Kergolay qui accompagna Saint-Louis à Tunis en 1270. Il y a des représentants. — Armes : Vairé d'or et de gueules. *Devise :* AYDE-TOI, KERGORLAY, ET DIEU T'AYDERA.

KERGOUET (de). V. de Kaergouet.

7762. KERGUZ (le s^t de), capitaine au régiment de la Tour-du-Pin, depuis Béarn, blessé le 8 juillet 1758 à l'affaire de Carillon en Canada.

7763. KERGUZ (le chevalier de), capitaine au régiment de la Martinique, fut blessé grièvement à l'attaque de la Grenade en 1779.

> La Bretagne a fourni plusieurs familles de ce nom : les Kerguz de Belleville, les Kerguz de Kerguz de Kerstang, les Kerguz de Troffagan dont les armes diffèrent.

7764. KERHOENT (Maurice-Sébastien de), dit *le comte de Coet-*

aufao, capitaine de cavalerie au régiment de Toulouse, tué
à la bataille de Ramillies en 1706.

7765. KERHOENT DE KÉGOURNA DE (François-Toussaint de),
son frère, marquis de Coëtaufao, sire et comte de Penhoël,
chevalier des ordres du roy, lieutenant-général de ses armées, premier sous-lieutenant des chevau-légers de la garde,
et chevalier d'honneur de Madame la duchesse de Berry, fut
grièvement blessé à la même bataille de Ramillies, et à celle
de Malplaquet en 1709, il eut l'épaule droite démise; un coup
de sabre lui coupa la main, et un pareil coup qu'il reçut sur
le front l'obligea de se faire trépaner; il mourut le 25 février
1721.

7766. KERHOENT DE KEGOURNADE (Jean-Sébastien de), autre
frère, marquis de Coëtaufao, sire et comte de Penhoët-Gyé,
chevalier de Saint-Louis, brigadier des armées du roy, major
général et premier sous-lieutenant de la gendarmerie, gouverneur de Morlaix, de Saint-Paul de Léon, de Roscoff et de
l'isle de Bas, reçut quatre blessures considérables à la bataille
de Munderkingen en 1703 et fut encore blessé à celle de Malplaquet en 1709 ; il mourut le 9 avril 1744.

7767. KERHOENT (le chevalier de), chevalier de Saint-Louis,
capitaine au régiment d'Auxerrois, fut blessé d'un éclat à la
tête dans le combat du comte de Guichen, près de la Martinique, contre l'amiral Rodney en 1780.

Famille de Bretagne : losangé d'argent et de sable.

7768. KERLERA (le sr de), blessé sur *la Ville-de-Paris* dans
le combat du comte de Grasse contre l'amiral Rodney au
mois d'avril 1782.

7769. KERMAN (de), colonel du régiment de Navarre ;
il fut tué d'un coup de mousquet dans le front au siége de
Nimègue le ... 1672.

Kermorvan de Gouzillon (de). V. de Gouzillon.

7770. Kerné (le s^r de), chevalier de Saint-Louis et capitaine au régiment de Viennois, fut considérablement blessé à la jambe dans le combat du comte de Guichen contre l'amiral Rodney, près de la Martinique, en 1780.

7771. Kermelec (le s^r de), colonel du régiment des volontaires de Bretagne, en revenant de conduire un convoi à Berg-op-Zoom, est tué près d'Anvers dans une rencontre de son détachement avec un corps de hussards ennemis, novembre 1747.

7772. Kerniel (le s^r), lieutenant au régiment de Rohan, depuis Béarn, blessé à la bataille de Dettingen en 1743.

7773. Kerock (le s^r), officier de la marine, périt en commandant un bateau dans les isles de France et de Bourbon vers l'an 1782.

7774. Kerolain (le s^r de), garde de la marine, tué sur *la Bourgogne* dans le combat du comte de Grasse contre l'amiral Rodney au mois d'avril 1782.

7775. Kersaint (le comte de), chevalier de Saint-Louis, capitaine de vaisseau, reçut neuf blessures sur *l'Intrépide*, qu'il montoit, dont plusieurs fort graves, dans le combat qu'il soutint avec son escadre contre l'escadre angloise en 1758.

7776. Kersaint (le s^r de), commandant *le Thésée* dans le combat engagé le 20 novembre 1759, à la hauteur de Belle-Isle, entre le maréchal de Conflans et l'amiral Hawke, périt avec son vaisseau qui coula à fond. — Peut-être est-ce le même que le précédent?

Famille de Bretagne : d'argent à trois tours crénelées de gueules.

Kersauson (de). V. de Quersauson, si toutefois c'est le même nom mal orthographié.

7777. KERVERT DE LA FUGLAYE (le s^r de), capitaine au régiment de Picardie, blessé à la bataille de Raucoux en 1746.

7778. KESTERGAT (Engelbert de), chevalier banneret, tué à la journée d'Azincourt le 25 octobre 1415.

7779. KIESEMWETTER (le s^r), capitaine au régiment de la princesse royale au corps des Saxons, tué à la bataille de Minden en 1759.

7780. KILLIES (le s^r), Suédois, capitaine au régiment de Bourbon, tué en 1782 au siége de Gibraltar.

7781. KILMALEC (Mylord), colonel du régiment de dragons à pied du roy d'Angleterre, puis colonel du régiment de Dillon, tué au combat de Chiari en 1707.

7782. KLINGLING (le s^r), lieutenant au régiment d'Alsace, blessé à la bataille de Clostercamps en 1760.

7783. KOCH (Philippe-Louis de), chevalier de l'ordre du Mérite militaire, capitaine commandant au régiment d'Alsace, blessé à la bataille de Clostercamps en 1760.

7784. KOCK (le s^r), lieutenant de grenadiers au régiment d'Alsace, blessé d'un coup de feu à l'épaule à la bataille d'Hastembeck en 1757.

Famille de Flandre dont descendoit, croyons-nous, le romancier si populaire de ce nom. — Armes : d'argent à la bande de gueules chargée de trois marmites d'or, au chef cousu d'or, chargée d'une aigle hissante de sable.

7785. KOLIN (le s^r), officier suisse au service du roy et secrétaire général du canton du Gug, tué à la bataille de Dreux en 1562.

7786. KONNERITZ (le s^r de), enseigne au régiment Prince-Lubomirsky, au corps des Saxons, blessé à la bataille de Minden en 1759.

Famille saxonne, au service de France.

7787. KREMETI (le sr), sous-lieutenant au régiment de Sui-beck-suisse, tué en 1702 à l'attaque du fort de Kykuit, près des Hulst.

7788. KRIEG (le sr), lieutenant au régiment de Castella-suisse, blessé à la bataille de Rosbach en 1757.

7789. KRIEGER (le sr de), lieutenant de vaisseau danois au service du roy, blessé le 5 septembre 1781 devant la baie de Chesapeak, dans le combat du comte de Grasse contre l'ami-ral Howe.

7790. KUHN (Jean-Antoine de), chevalier de Saint-Louis, ca-pitaine au régiment de Turpin-hussards, puis major de celui de Chamberout, fut blessé à la bataille de Laufeldt en 1747.

Famille allemande de Nuremberg établie en France.

7791. KUON (André), d'Ury, officier suisse au service du roy, fut blessé à la bataille de Dreux en 1562.

Nous nous arrêterons à la lettre K pour notre troisième volume, que nous terminerons par une liste de tués et de blessés de la bataille de Saint-Denis, liste que d'Hozier n'a pas connue, et qui, malgré sa rédaction sommaire, comblera quelques lacunes.

L'affaire de Saint-Denis, une des moins nécessaires à la politique du moment et à la marche des affaires, fut cependant une des plus meur-trières de l'époque. Elle est assez peu connue, et le relevé de ses morts et de ses blessés que nous trouvons dans un manuscrit de la Biblio-thèque nationale, nous fournit l'occasion d'en dire quelques mots.

Saint-Denis (de Broqueroy) étoit une abbaye de bénédictins des Pays-Bas, dans le Haynaut, située à une lieue et demie de Mons, au levant, dans un fond, entre deux montagnes. Dès le mois de mars 1678, Louis XIV avoit fait attaquer la Flandre de tous côtés. Cette campagne avoit son but : la paix. — Le roi, qui ne l'eut pas subie après une défaite, la proposa aux Hollandois après ses victoires. La paix avec ceux-ci fut signée le 10 août. — Cependant, jusqu'à complète ratification du traité par les puissances intéressées, le maréchal de Luxembourg continuoit le blocus de Mons. Mais plein de confiance dans la foi jurée, le maréchal étoit tranquille dans le village de Saint-Denis et dînoit chez l'intendant de l'armée, quand le prince d'Orange, qui venoit de recevoir des Anglois un renfort de dix mille hommes, vint brusquement attaquer et surprendre le quartier du maréchal. Celui-ci, qui ne s'attendoit à rien moins qu'à cette surprise, se lève précipitamment de table, monte à cheval, fait sonner le boute-selle et rassemble à grand'peine ses troupes éparpillées. Elles plient au premier choc; mais ramenées à la charge, elles reprennent le village de Catcau dont l'ennemi s'étoit emparé. La nuit seule mit fin à un combat sanglant, opiniâtre, et qui fut également funeste aux deux partis par la perte d'hommes qui se fit de part et d'autre. — On raconte que pendant l'action le commandant des troupes espagnoles s'avançant pour faire le coup de pistolet, le maréchal courut à lui, l'atteignit, le blessa et le ramena prisonnier. — Il en coûta aux Anglois deux mille hommes de leurs meilleurs soldats, et aux François une partie des régiments des gardes-françoises, de Feuquières, de Navarre et de plusieurs autres dont la liste qu'on va voir énumère les victimes.

La bataille de Saint-Denis, livrée en pure perte, ne profita à personne, ne changea rien au traité de paix dont les articles furent signés par toutes les puissances intéressées ; ce qu'il eut de plus remarquable, c'est que les Hollandois, contre lesquels la guerre avoit été entreprise et qui s'étoient vus sur le penchant de leur ruine, furent les seuls à qui tout fut rendu, même avec une barrière de plus, tandis que toutes les autres puissances qui avoient pris les armes en leur faveur perdirent et se trouvèrent épuisées. Quant à Louis XIV, il eut l'honneur de soutenir seul la guerre contre la coalition des plus redoutables puissances du continent, de donner la loi à l'Europe et d'ajouter à ses états la Franche-Comté, Dunkerque et la moitié de la Flandre : c'est l'époque glorieuse du grand roi.

ÉTAT DES OFFICIERS, SERGENTS, SOLDATS, TUÉS OU BLESSÉS AU COMBAT

DE SAINT-DENIS, LE 14 AOUT 1678.

GARDES-FRANÇOISES.	Lieutenants.
Capitaines.	Silly, mort.
	Casalle, mort.
Fouillès, le pouce cassé.	Arboville, fort blessé.
Montigny, un bras cassé.	Meaux, blessé au corps.
Bauregard, blessé à la main.	Loupir, blessé de trois coups.
Saillant, une cuisse cassée.	Varennes, blessé.
Pomereuil; blessé légèrement.	

Sous-lieutenants.

Le chevalier de Montigny, mort.
Le chevalier de Fiquiers, mort.
Marsac, mort.
Gaigni, mort.
Themericourt, fort blessé.
Saint-Salverte, un œil crevé.
La Moresan, le pouce cassé.
Luzenci, la cuisse percée.
Meneuilles, au travers de la jambe.
La Trousse, le bras cassé.
Montpiou, blessé à mort.
L'Autroy, au travers du bras.
Grénée, blessé.
Paluoisin, blessé de trois coups.
Saint-Simon, blessé à la teste.
Paulastron, au travers du corps.

Enseignes.

Boisdonnel, mort.
Thiricour, mort.
Matonville, mort.
Jourdigue, une jambe emportée.
Constantin, au travers de la jambe.
Ledouy, blessé légèrement.
Noisy, la cuisse percée.
Le Gras, blessé dangereusement.
Bouesonne, le bras emporté.
Le chevalier d'Artagnan, blessé à
l'épaule.

Sergents, 7 morts, du même rég.
— 21 blessés. —
Soldats, 194 morts. —
— 430 blessés. —

GARDES-SUISSES.

Capitaines.

Marchèse, blessé.
Vigiers, blessé.
Vagnaires, une contusion.
Clavel, major, mort.

Lieutenants.

Altermat, blessé au visage.
Salis, blessé à la cuisse.

Sous-lieutenants.

Mulaire, ou Müler, le bras cassé.
Cadouche, blessé au ventre.

Enseignes.

Sommis, blessé à la cuisse.

Gugelbourg, blessé aux deux jambes.

Sergents, 3 morts, du même rég.
— 10 blessés. —
Soldats, 76 morts. —
— 175 blessés. —

NAVARRE.

Capitaines.

Verdusan, mort.
Moté, mort.
Du Hallier, blessé.
La Festière, blessé.
Vineus, blessé.
Bretonnière, blessé.
Victord, blessé.
Fontac, blessé.
Colamberg, blessé.
Dolé, blessé.
Lignière, blessé.
Ville-Beitiers, blessé.
Deschamp, blessé.
Le chevalier de Mole, blessé.

Lieutenants.

Malens, aide-major, mort.
Sargué, mort.
Crepas, mort.
Charlanton, blessé.
Pinan, blessé.
Noutouse, blessé.
Denuitaux, blessé.
Tasy, blessé.
La Forest, blessé.
De Congé, blessé.
Latvatus, blessé.
Daudigue, blessé.
La Jonquière, blessé.

Sous-lieutenants.

Morat, mort.
Montoban, mort.
Bouchau, mort.
Trebon, blessé.
Gérardin, blessé.
Targues, blessé.

Sergents, 18 morts, du même rég.
— 12 blessés. —
Soldats, 90 morts. —
— 88 blessés. —

RÉGIMENT FEUQUIÈRES.

Feuquières, les deux cuisses percées.

Capitaines.

Lenclos, mort.
Le chevalier de la Barre, blessé.
Nanteuil, blessé.
Lesteval, blessé à mort.
Saint-Degré, blessé à mort.
Guilmou, de même.
Desval, blessé.
La Varenne, blessé.
Guidar, blessé de cinq coups.
Siterville, blessé.
La Touche, blessé.
Baliaque, lieutenant-colonel, une contusion.
Lintot, de même.

Lieutenants.

De Vaux, blessé.
Corès, blessé.
Du Tresme, blessé.
Du Bois, blessé.
La Touche, blessé.
Mouchy, blessé.
La Martigue, blessé.

Sous-lieutenants.

La Quevinnière, mort.
Duhamel, blessé de deux coups.
Selnone, blessé dangereusement.
La Marche, blessé.
Birabinte, blessé.
Campagnol, capitaine aide-major, un cheval tué sous lui.

Sergents, 8 morts.
— 2 blessés.
Soldats, 103 morts.
— 200 blessés.

RÉGIMENT DU ROY,

Saint-Geayes, le bras cassé.

Capitaines.

Rocart, mort.
Bonastre, mort.
La Rouerie, blessé.
Guigné, blessé.
La Luminade, blessé dangereusement
Chauvignière, blessé.
De Carts, blessé.
Viutor, fort blessé.
Savonette, blessé.
Serignan, blessé.

Lieutenants.

Cornetelle, mort.
Fondusat, mort.
Le chevalier de Chamba, mort.
Le chevalier de Nogent, blessé.
Saint-Hilaire, blessé.
Banconne, blessé.
Basoche, blessé.
Rondel, blessé.
Le Moisne, blessé.
Du Prat, blessé.
Cabanac, blessé.

Sous-lieutenants,

Ville-Meny, mort.
Saint-Jous, blessé.
Fontrose, blessé.
Cantolle, blessé.
La Madelaine, blessé.
Brase, blessé.
Marel, blessé.
Frédéric, blessé.

Sergents, 6 morts.
— 9 blessés.
Soldats, 148 morts.
— 198 blessés.

RÉGIMENT LYONNOIS.

Capitaines.

Saint-André, mort.
Le Chevalier, blessé à mort.
Jeunetine, blessé.
La Tuillerie, blessé.
Martinet, blessé.
L'Ecluse, blessé.
Baulieu, blessé.
Momont, blessé.

Lieutenants.

Du Rosés, mort.
Des Coutiens, mort.
Du Fenouil, aide-major, **blessé**.
La Ponchonnière, blessé.

Sous-lieutenants.

Largis, mort.
Maluose, blessé.

Sergents, 3 morts.
— 5 blessés.
Soldats, 130 morts.
— 53 blessés.

RÉGIMENT DAUPHIN.

Capitaines.

Giaret, mort.
Balsac, mort.
Latrinque, mort.
La Tomié, mort.
Sérizy, mort.
Glacsac, mort.
Tagny, mort.
Pomarin, blessé.
Vessouse, blessé.
Rivière, blessé.
Moléon, blessé.
Poncet, blessé.
La Maniane, blessé.
Daveican, blessé légèrement.
Vineu, blessé.
Vicouse, blessé.
Razine, blessé.
Vartillau, major, blessé.

Lieutenants.

Duclos, mort.
Barière, mort.
Montaignau, mort.
Bernière, mort.
Coullance, blessé.
D'Aubarès, blessé.
Laval, blessé.
Des Monts, blessé.
Dartilière, blessé.
Des Noiers, blessé.
Frolange, blessé.

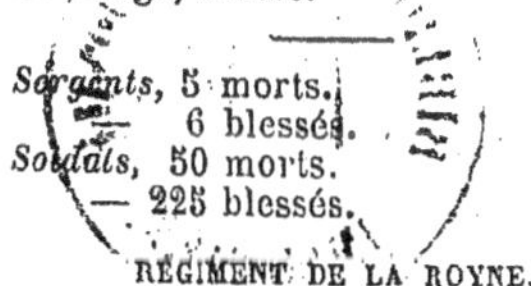

Sergents, 5 morts.
—   6 blessés.
Soldats, 50 morts.
—   225 blessés.

RÉGIMENT DE LA ROYNE.

Capitaines.

Bruslard, blessé.
Feuillet, blessé.
Malguiche, blessé de deux coups.
Lescamousière, blessé.
Sevily, blessé.
Veu-Croissant, blessé.

Lieutenants.

Genesteste, mort.
La Motte, fort blessé.
Ratte, blessé.

Montmoreau, fort blessé.
Beauchamp, blessé.
La Fossé, blessé.
L'Espinal, blessé.
La Veaublanche, blessé.

Sous-lieutenants.

Bouchonnent, blessé.
La Beussonnerie, blessé.
La Housaye, blessé.
Breaux, blessé.

Sergents, 7 tués.
—   9 blessés.
Soldats, 38 morts.
—   138 blessés.

RÉGIMENT D'ALSACE.

Capitaines.

Le chevalier Talmon, mort.
Saint-Chosnois, blessé.
D'Aist, blessé.
Montein, blessé.
Hiot, blessé.

Lieutenants.

Lozy, blessé.
La Roche, blessé.
Chaumedet, blessé.
Haumatin, blessé.
Ladou, blessé.
Venac, blessé.
Alluelle, blessé.
Farière, blessé.
Haubègue, blessé.

Sergents, 6 morts.
—   5 blessés.
Soldats, 105 morts.
—   70 blessés.

RÉGIMENT DU ROUSSILLON.

Capitaines.

Caudeleuse, blessé.
Vilfoumy, blessé.
Dalin, blessé.
Avat, blessé.

Lieutenants.

Racqueblanc, blessé.
Armant, blessé.
Fanel, blessé.

La Haugade, blessé.
Fontillière, blessé.
Le Sary, blessé.
Castelan, blessé.
Charry, blessé.

———

Sergents, 4 morts.
Soldats, 30 morts.
— 50 blessés.

RÉGIMENT DESTOUPA.

Capitaines.

Plastaire, blessé.

Lieutenants.

Lahire, lieutenant, aide-major, blessé,
   son cheval tué.
Vousing, blessé.
Esterg, blessé.

Enseignes.

Dubuisson, blessé.
La Hyre, blessé.

———

Sergents, 3 morts.
Soldats, 30 tués.
— 80 blessés.
Piffer.
Jacgear, major, légèrement blessé.

Sergents, 6 blessés.
Soldats, 46 morts.
— 56 blessés.

FUSILIERS.

Capitaines.

Darté, blessé.

Lieutenants.

La Motte, blessé.
Ferret, blessé.
Cabestant, blessé.

———

Sergents, 16 blessés.
Soldats, 9 morts.
— 30 blessés.

———

Total des morts :
Capitaines, 14.
Lieutenants, 15.
Sous-lieutenants, 10.
Enseignes, 3.
Sergents, 69.
Soldats, 1,400.
Total des blessés :
Capitaines, 79.
Lieutenants, 88.
Sous-lieutenants, 36.
Enseignes, 21.

(*Bibl. nat. anc. Bl. manl. 63. Fr. 25461 fo 474.*)

FIN DE LA PREMIÈRE PARTIE DU TOME DEUXIÈME.

Paris. — Imp. de E. DONNAUD, rue Cassette, 9.